MAESTROS

ALFREDO ARANTEGUI

THIRTY THREE

INDICE

DEDICATORIA

La creación de este libro está dedicada a mis padres quienes son mi fuente de inspiración y empuje; en ellos encontré esa llave que me lleva por senderos con muchas puertas para abrir. Ellos, que han sabido estar firmes allí en mis momentos felices y difíciles, en momentos donde los he necesitado y en momentos donde he demostrado lo que me han enseñado, agradecido siempre voy a estar de ser su hijo. Este libro es un regalo hacia a ustedes, un reto mas cumplido y una satisfacción de lo que es vivir, gracias

Mamá y Papá

INTRODUCCION

"Al final del silencio comienza el principio de la
sabiduría"

Meditación: La palabra «meditación» viene del
latín *meditatio*, que originalmente indica un tipo de
ejercicio intelectual. De este modo, en el ámbito religioso
occidental se ha distinguido entre «meditación» y
«contemplación», reservando a la segunda un
significado religioso o espiritual. Esta distinción se vuelve
tenue en la cultura oriental, de forma que al comienzo de
la influencia del pensamiento oriental en Europa, la
palabra adquiriría un nuevo uso popular.

La meditación se caracteriza normalmente por tener
algunos de estos rasgos:

• Un estado de concentración sobre la realidad del
momento presente.

- Un estado experimentado cuando la mente se disuelve y es libre de sus propios pensamientos.

- Una concentración en la cual la atención es liberada de su actividad común y es focalizada en Dios (propio de las religiones teístas).

- Una focalización de la mente en un único objeto de percepción, como por ejemplo la respiración o la recitación constante de un vocablo o de una sucesión de ellos.

La meditación no solo tiene propósitos religiosos sino también está enfocada en el mejoramiento de la salud física y/o mental, e incluso puede usarse con propósitos de conexión cósmica para encontrar respuestas a preguntas universales que a lo largo de la Historia el ser humano ha tenido. Existe una amplia variedad de guías y enseñanzas para la meditación, que van desde las que se presentan en las religiones hasta las terapéuticas, pasando por las ideologías propias de ciertos individuos.

Estudios científicos han demostrado que algunas técnicas de meditación pueden ayudar a mejorar la concentración, la memoria, mejorar el sistema inmunitario y la salud en general.

Para Rudolf Steiner, fundador de la antroposofía, la meditación es el camino para el conocimiento del mundo espiritual y requiere ejercicios especiales, según lo explicado y descrito en *Wie erlangt man Erkenntnisse des hoheren Welten?* (¿Como conocer los mundos superiores?).

Para mí todo comenzó en el año 1991, cuando descubrí el arte de meditar, aunque ya lo había experimentado antes sin saber; allí fue cuando logre entender de lo que se trataba. Mi primer curso estuvo basado en la enseñanza de un gran maestro, José Silva y su extraordinario método de meditación mejor conocido como "El método Silva".

José Silva fue parapsicólogo de origen mexicano, creador del Método Silva de Control Mental, los primeros resultados los obtuvo con la mejoría, a lo largo de varios años, en las calificaciones escolares de sus hijos. Silva interpretó que habían mejorado a causa de su método, y eso le animó a continuar perfeccionando su nueva técnica. José Silva experimentó también con el "biofeedback" o retroalimentación, como modo para entrenar la mente y el cuerpo, mediante la observación de los resultados producidos en la pantalla de un aparato mientras estos fenómenos se producen, (ritmo cerebral, cardíaco, etc.) pudiendo modularlos voluntariamente el sujeto, mientras son observados directamente por él.

En 1956, comenzó a elaborar un programa de entrenamiento cuyos principios se usan aún hoy día en sus cursos. La prosperidad de su empresa de electrónica le proporcionó recursos suficientes para poder invertir las ganancias y financiar los más de veinte años de investigaciones y ensayos que finalmente condujeron a la creación y desarrollo del llamado Método Silva de Control Mental en 1966. Desde entonces se dedicó por entero al perfeccionamiento y promoción de su método.

También fue gran parte de mi enseñanza la grandiosa maestra Conny Méndez, Compositora, cantante, ensayista, caricaturista y actriz. Se inició en los estudios de Metafísica en 1939 en el comienzo de la Segunda Guerra Mundial. En 1946 se hace discípula directa del famoso Maestro Metafísico y conferencista Emmet Fox. En 1960 conoce las enseñanzas del Maestro Saint Germain de quien recibe instrucción durante dos años en Nueva York. Es la primera persona que escribe e instruye sobre Metafísica en el mundo hispano parlante, dando a conocer los Rayos, los Maestros y la Ley de Mentalismo.

Además de la maestra Méndez, tuve oportunidad de leer libros del doctor Brian Weiss, sus controvertidos libros tratan sobre el amor y la reencarnación, a través de la terapia regresiva con medios hipnóticos. Esencialmente, su teoría trata sobre la influencia de vidas pasadas en nuestra vida actual y de la actual en vidas posteriores. Según esto, se pueden tratar problemas psiquiátricos actuales, provocados por vidas anteriores.

El Dr. Weiss nos habla desde el punto de vista psicoanalítico donde nos dice que no solo amamos en el momento presente, por el contrario el amor es algo que arrastramos por siempre en otras etapas de vidas que experimentamos en la Tierra por así decirlo.

En el año 2007 tropiezo con las enseñanzas de el maestro Wayne Dyer, su trayectoria, como sabrán aquellos que se hayan interesado en la figura de este autor que ha contraído matrimonio en tres oportunidades, no sólo incluye colaboraciones en varios periódicos, la participación en programas de radio y televisión, el dictado de múltiples conferencias y actividades docentes, sino también la publicación de numerosos libros que se enmarcan en la denominada psicología humanista.

A partir de llegar Dyer a mi vida, fue como logre en parte comenzar a responderme la pregunta religiosa que muchos tenemos en inquietud ¿Quién es Dios? Por ser católico mi educación siempre estuvo basada en esos principios de la religión Católica Cristiana. A raíz de mi apertura a la enseñanza espiritual tropecé con el magnífico libro catalogado como uno de los más antiguo, el "Tao-Te Ching", no tiene un significado como tal, es un manual que te educa a aprender a vivir en armonía con lo que te rodea. Sus 81 versos muy cortos pero llenos de grandes lecciones, nutren el alma de mucha madurez y sabiduría. Tanto fue lo que me cautivo que actualmente existe una edición en la mesa de la sala en la casa.

De pronto sentí que estaba estancado nuevamente y fue cuando tocando a mi puerta llego el próximo maestro, alguien de quien les traigo material para estudiar, poner en práctica y considerar, algo suficientemente valioso como para emprender una nueva ruta, vida o dirección. Esta es la parte en la cual está basado el libro. Consta de un proceso antiguo que ha existido desde siempre, pero que lamentablemente hemos olvidado y muchos aun desconocen.

Su nombre Neville Goddard, nativo de Barbados, arribó a América como otro emigrante mas, en busca de oportunidades y logros, fue uno de los maestros más influyentes y discretamente dramáticos por muchos años en el campo del Nuevo Pensamiento. En sus simples y elegantes conferencias el maestro era capaz de explicar a muchos la naturaleza de Dios y su relación con cada y una de las personas. Neville definía a Dios con una intimidad única, como si lo conociera desde siempre y muy bien lo cual era verdad en cierto modo.

Bajo circunstancias inusuales, conoció a un judío negro llamado Abdullah, que daba conferencias sobre cristianismo. Neville fue a escucharle, un tanto molesto, solo para satisfacer la constante insistencia de un amigo que tenia, "Cuyo juicio no respetaba," dijo Neville, "porque no hacía más que pobres inversiones financieras."

Neville dijo que estaba sentado en el auditorio esperando a que iniciara la conferencia, cuando Abdullah que nunca había conocido a Neville, bajó por el pasillo desde la parte posterior del auditorio hasta el escenario y le dijo: "¡Llegas tarde, Neville!" ¡Seis meses tarde! Los hermanos me habían dicho que te esperara. Yo permaneceré aquí hasta que hayas recibido todo lo que debo darte como he sido informado. Luego partiré [de este plano]." A partir de esta introducción, Neville estudió con Abdullah siete días a la semana durante los próximos siete años. "Abdullah le enseñó hebreo, le enseñó la Cábala, y le enseñó más sobre el cristianismo real (esotérico) que cualquiera que él hubiese conocido".

Neville originalmente llegó a los Estados Unidos para estudiar arte dramático a la edad de diecisiete años (septiembre de 1922). En 1932 abandonó el teatro afectado por la gran depresión de 1929 para dedicarse por completo a sus estudios de misticismo cuando comenzó su carrera como conferenciante en la ciudad de Nueva York. Después de viajar por todo el país, finalmente estableció su hogar en Los Ángeles donde, a finales de los 50's, dio una serie de charlas en televisión y radio, y por muchos años, dio conferencias con regularidad a grandes audiencias en el Teatro Wilshire Ebell. En la década de 1960 y primeros años de los 70's, se limitó a dar la mayoría de sus conferencias en Nueva York, San Francisco y Los Ángeles.

Neville hablaba sin apuntes o notas cuando daba sus lecciones y concluía con una sección de preguntas y respuestas. Cuando le preguntaban si tenía grabaciones de sus lecciones para la venta, el respondía, no tengo grabaciones. Algunos aquí están grabándome para uso personal, lo que considero perfecto, pero yo no tengo grabaciones que ofrecer. Neville partió del plano terrenal en la ciudad de Los Ángeles en Octubre 1, 1972.

En las grandes religiones monoteístas judaísmo, cristianismo, islamismo, fe bahá'í y sijismo, el término «Dios» se refiere a la idea de un ser supremo, infinito, perfecto, creador del universo, que sería pues, el comienzo y el final de todas las cosas. Dentro de las características principales de este Dios Supremo estarían principalmente:

- Omnipotencia: poder absoluto sobre todas las cosas;

- Omnipresencia: poder de estar presente en todo lugar;

- Omnisciencia: poder absoluto de saber las cosas que han sido, que son y que sucederán.

Estas definiciones de poder han sido otorgadas a Dios, todas ciertas y validas. La posible imagen que se tiene sobre Dios, se trata de un hombre de cabellos blancos largos rizados con larga barba, una forma grafica de poder definir lo que la escritura o la iglesia nos ha dicho, pero coinciden tantas personas en decir que no lo han visto. En oportunidades es posible sentir que algo magnifico y majestuoso está encima de nosotros, tiene el control de nuestras vidas y de alguna manera lo que hagamos depende de él, es el poder de Dios.

En el transcurso de la lectura, notaras que serás expuesto a fragmentos de la Biblia; abre tu mente, a pesar de eso, este no es un libro religioso, es un libro espiritual y abierto a compartir ideas y hechos reales basados en las escrituras sagradas, pero sin seguir ningún tipo específico de doctrina religiosa.

He logrado recopilar valiosas enseñanzas de este maestro, movido por sus ejemplos y lecciones, me siento comprometido a brindar esta brillante herramienta procedente de ancestros y sus explicaciones; son básicas y fácilmente de comprender, pero la constancia de sus lecturas formaran en ti esa persona que anhelas ser, crear, formar. Dentro de lo que leerás podrás ver repeticiones de sus palabras, entiende que muchas lecciones que llevamos han sido el resultado de repeticiones creando un cristalizado patrón que sigues consciente o inconsciente, según como consideres deberás alterar o modificar o simplemente abrirte para poder entender lo que leerás.

El maestro Neville nos dejo muestra de enseñanzas basadas en sus experiencias y no sus creencias;

menciono esto, porque cuando experimentas algo en carne propia puedes dar detalles, puedes describir a piel que se siente, puedes atestiguar con validos argumentos que es verdad. En mi caso particular, este libro es un llamado que ha hecho el mismo, es una parte de mi vida que debo cumplir; exponer sus lecciones o sus experiencias es algo que me hace sentir bien y sé que existen muchos que al leerlo se identificaran y comenzaran a revivir ese dormido ser que llevan dentro.

"La imaginación es más importante que el conocimiento"

[Albert Einstein]

Todos tenemos la capacidad de imaginar, nadie te puede juzgar por hacerlo. El mundo que te rodea es tu propia realidad y proviene de tu imaginación consciente o inconsciente.

Cuando en tu mente logras imaginar algo y ese algo persiste se manifiesta. Tu persistencia es acumulación de energía hacia donde diriges esa atención y en el momento perfecto aparece y cobra vida, este fenómeno ocurre con todo absolutamente todo lo que tú puedas imaginar y persistir en tu mente hasta que cobra vida propia.

El maestro del cual expongo material aun está entre nosotros, ofreciendo sus consejos, ayudas y aportes, en el momento en que te alineas con él, el te hablara con mensajes, señales y formas de cómo ayudarte; leyendo sus lecciones lograras poder oír su voz, su acento y su carisma.

Usa sus técnicas y persiste en tus deseos y veras como tú también podrás lograr todo lo que te ha parecido imposible, veras poco a poco como se comienza a manifestar, no es magia ni una casualidad, es tu estado de conciencia que se alinea con tus deseos y al hacerlos consciente los identificas más fácilmente. Sus enseñanzas son basadas en las escrituras de los ancestros con una interpretación particular en la cual te invita a atestiguar por ti mismo si sus palabras son verdaderas o simple engaño.

El significado que él ha traído bajo su experiencia en mi vida es el poder ser parte yo también vivida de sus consejos y apuntes. Sé que en principio dudaras como yo lo hice, se que pensaras que las cosas ocurrieron porque tenían que ocurrir de alguna u otra forma; la realidad es que todo ocurre porque le das vida y persistencia a los deseos y peticiones en tu mente.

Encontraras como fácilmente harás de este pequeño libro un manual del viajero, donde estará el alimento para continuar, palabras adecuadas al abrirlo, lecciones que te harán seguir luchando, palabras que eliminaran dudas y te permitirán creer. No encuentro ninguna razón por la cual no merece que le regales una oportunidad, esa que puede cambiar tu vida y la de tus cercanos amigos y familiares.

Lo próximo que leerás son charlas del maestro Goddard, sus originales en el idioma Ingles, pero han sido traducidas para que puedas entenderlas y poder poner en práctica. Notaras en la lectura que se repite mucho el concepto del que hablara, pero es necesario para poder comprenderlo y entender que se puede usar para cualquier evento o circunstancia que se presente o inquiete.

CAPITULO I

COMO USAR TU IMAGINACION

CAPITULO I

CÓMO USAR TU IMAGINACIÓN

El propósito de esta grabación es mostrarte cómo usar tu imaginación para lograr cada uno de tus deseos. La mayoría de las personas están totalmente inconscientes del poder creativo de la imaginación e invariablemente se inclinan ante los dictados de los "hechos" y aceptan la vida sobre la base del mundo exterior. Pero cuando tú descubres este poder creativo dentro de ti mismo, audazmente afirmarás la supremacía de la imaginación y pondrás todas las cosas en sujeción a ella. Cuando una persona habla de Dios "en el hombre", es totalmente inconsciente de que este poder llamado Dios "en el hombre" es la imaginación del mismo.

Este es el poder creativo en el hombre. No existe nada bajo el cielo que no sea tan plástico como la arcilla del alfarero para el toque del espíritu formativo de la imaginación.

Una vez un hombre me dijo: "Sabes, Neville, me encanta oírte hablar sobre la imaginación, pero como yo lo hago, invariablemente toco el sillón con mis dedos y empujo mis pies en la alfombra sólo para mantener mi sentido de la realidad y la profundidad de las cosas."

Bueno, indudablemente él está aún tocando el sillón con sus dedos y empujando sus pies en la alfombra.

Bien, déjenme contarles de otra persona que no tocó con sus dedos y no empujó ese pie suyo sobre la plataforma del tranvía. Es la historia de una chica joven que acababa de cumplir los diecisiete años. Era víspera de Navidad, y ella tenía el corazón triste, pues ese año había perdido en un accidente a su padre, y regresaba a lo que parecía ser una casa vacía.

Ella no estaba preparada para hacer nada, así que se consiguió un trabajo de camarera. Esa noche era bastante tarde ya, víspera de Navidad, estaba lloviendo, el coche estaba lleno de chicos y chicas riendo regresando a casa por sus vacaciones de Navidad, y ella no pudo contener las lágrimas.

Afortunadamente para ella, como dije, estaba lloviendo, de modo que levantó su cara a los cielos para mezclar sus lágrimas con la lluvia. Y entonces, agarrada a la baranda del tranvía, esto es lo que dijo: "Esto no es lluvia, esto es rocío del océano; y esto que saboreo no es la sal de las lágrimas, pues es la sal del mar en el viento; y esto no es San Diego, es un barco, y estoy entrando en la bahía de Samoa." Y allí ella sintió la realidad de todo lo que había imaginado. Entonces llegó al final del viaje y todos salieron.

Después de diez días, esta chica recibió una carta de una firma de Chicago diciendo que su tía, algunos años atrás cuando navegó hacia Europa, les depositó tres mil dólares con instrucciones de que si ella no volvía a América, este dinero le debía ser pagado a su sobrina. Ellos acababan de recibir información de la muerte de la tía y estaban ahora actuando según sus instrucciones. Un mes después esta chica zarpó para Samoa. Cuando entraba en la bahía era tarde esa noche y había sal del mar en el viento. No estaba lloviendo, pero había rocío en el aire. Y sintió realmente lo que había sentido un mes antes, sólo que esta vez ella había realizado su objetivo.

Ahora, toda esta grabación es técnica. Yo quiero mostrarte hoy cómo poner tu maravillosa imaginación justo en la sensación de tu deseo cumplido y dejarla que permanezca ahí y caer dormido en ese estado. Te prometo, por mi propia experiencia, que realizarás el estado en el que duermes – si pudieras efectivamente sentirte justo en la situación de tu deseo cumplido y continuar en ella hasta que te quedes dormido. Cuando te sientas justo en ella, permanece ahí hasta que le des todos los matices de la realidad, hasta que le des toda la vivacidad sensorial de la realidad. Mientras lo haces, en ese estado, tranquilamente quédate dormido.

Y de un modo que nunca sabrás (tú nunca podrías concebir conscientemente los medios que se emplearían) te encontrarás moviéndote a través de una serie de acontecimientos que te llevan hacia la realización objetiva de este estado.

Ahora, he aquí una técnica práctica: Lo primero que haces; debes exactamente saber qué quieres en este mundo.

Cuando sepas exactamente qué deseas, haz una representación tan parecida a la vida como te sea posible de lo que verías, y de lo que tocarías, y de lo que harías si estuvieras físicamente presente y físicamente moviéndote en tal estado. Por ejemplo, supongamos que yo deseara una casa, pero no tengo dinero (pero aún así yo sé lo que quiero). Yo, sin tomar nada en consideración, haría una representación física tan parecida a la vida de la casa que me gustaría, con todas las cosas en ella que yo querría. Y entonces, esta noche, cuando me fuera a la cama, lo haría un estado somnoliento adormecido, el estado que bordea el sueño. Imaginaría que efectivamente estoy en tal casa; que si saliera de la cama pisaría el suelo de esa casa; si saliera de esta habitación, entraría en la habitación adyacente a mi habitación imaginada en esa casa. Y mientras estoy tocando el mobiliario y sintiendo que es sólidamente real, y mientras estoy pasando de una habitación a la otra en mi casa imaginaria, entraría en un profundo sueño en ese estado. Y yo sé que de un modo inconsciente podría concebir mi casa. Lo he visto funcionar una y otra vez.

Si yo deseara una promoción en mi empleo me preguntaría a mí mismo: "¿Qué responsabilidades extras tendría si se me dieran esta gran promoción? ¿Qué haría? ¿Qué diría? ¿Qué vería? ¿Cómo actuaría? Y entonces, en mi imaginación comenzaría a ver y a tocar y a hacer y a actuar como yo exteriormente vería y tocaría y actuaría si yo estuviera en esa posición ya.

Si yo ahora deseara el compañero de mi vida, si ahora fuera en busca de alguna maravillosa mujer o algún maravilloso hombre, ¿qué me encontraría yo haciendo realmente que implicara que he alcanzado mi estado? Por ejemplo, supón que yo fuera una señora, una cosa que seguro haría es que llevaría un anillo de boda. Tomaría mis manos imaginarias y sentiría el anillo e imaginaría que está ahí. Y seguiría sintiéndolo y sintiéndolo hasta que me pareciera que es sólidamente real. Le daría toda la vivacidad sensorial de la que soy capaz de dar a algo. Y mientras estoy sintiendo mi anillo imaginario (que implica que estoy casada) me dormiría. Esta historia se nos cuenta en El Cantar de los Cantares, o El Cantar de Salomón. Se dice: "Por las noches busqué en mi lecho al que ama mi alma. Lo busqué, y no lo hallé. Me levantaré ahora, y rodaré por la ciudad; por las calles y por las plazas buscaré al que ama mi alma; lo busqué, y no lo hallé. Me hallaron los guardias que rondan la ciudad,

7

y les dije: ¿Habéis visto al que ama mi alma? Apenas hube pasado de ellos un poco, hallé luego al que ama mi alma; y no lo dejé, hasta que lo metí en casa de mi madre, y en la cámara de la que me dio a luz. ." Si yo tomara este bello poema y lo pusiera en español moderno, en lenguaje práctico, sería esto: "Mientras estoy sentado en mi silla yo me sentiría justo en la situación de mi deseo cumplido, y habiéndome sentido en ese estado, no lo dejaría ir, conservaría ese estado de ánimo vivo, y en ese estado de ánimo me dormiría." Eso es llevarlo "justo a la alcoba de mi madre, a la alcoba de ella en que me concibió."

Como sabes, la gente está totalmente inconsciente de este fantástico poder de la imaginación, pero cuando el hombre comienza a descubrir este poder dentro de él, nunca desempeña el papel que anteriormente desempeñaba. No vuelve atrás y se convierte en un mero reflector de la vida; de ahí en adelante él es el afectador de la vida. El secreto de ello es centrar tu imaginación en la sensación del deseo cumplido y permanecer ahí. Pues en nuestra capacidad de vivir en la sensación del deseo cumplido reside nuestra capacidad para vivir la vida más abundante. La mayoría de nosotros tenemos miedo de imaginarnos a nosotros mismos como personas importantes y nobles, seguros de nuestra contribución al mundo sólo porque, en el mismo momento en que empezamos nuestra asunción, la razón y nuestros sentidos niegan la verdad de nuestra asunción.

Parecemos estar en las garras de una urgencia inconsciente que nos hace aferrarnos desesperadamente al mundo de las cosas familiares y resistir todas esas amenazas de desprendernos de nuestros familiares y aparentemente amarres seguros.

Bueno, yo apelo a que lo intentes. Si lo intentas, descubrirás esta gran sabiduría de los antiguos maestros. Pues ellos nos la contaron en su propia extraña y maravillosa forma simbólica. Pero desgraciadamente tú y yo malinterpretamos sus relatos y los tomamos por la historia, cuando ellos lo intentaron como enseñanza para simplemente conseguir cada y uno de nuestros objetivos. Como ves, la imaginación nos pone interiormente en contacto con el mundo de los estados. Estos estados existen, están presentes ahora, pero son meras posibilidades mientras pensemos en ellos. Pero se convierten en poderosamente reales cuando pensamos desde ellos y moramos en ellos.

Sabes, hay una amplia diferencia entre pensar en lo que tú quieres en este mundo y pensar desde lo que tú quieres.

Déjame que te cuente cuando por primera vez oí hablar de este extraño y maravilloso poder de la imaginación. Fue en 1933 en Nueva York. Un viejo amigo mío me lo enseñó. Fue al decimocuarto de Juan y leyó esto: "En la casa de mi Padre hay muchas mansiones. Si no fuera así, te lo habría dicho. Voy a preparar un lugar para ti, y si voy y preparo un lugar para ti, yo vendré de nuevo y te recibiré en mí mismo, para que ahí donde yo estoy tú puedas estar también." Me explicó que este personaje central de los Evangelios era la imaginación humana; esa "mansión" no era un lugar en alguna casa celestial, sino simplemente mi deseo. Si yo hiciera una viva representación del estado deseado y luego entrara en ese estado y permaneciera en ese estado, lo realizaría.

En ese momento yo quería hacer un viaje a la isla de Barbados, en las Indias Occidentales, pero no tenía dinero. Él me explicó que si yo esa noche, mientras dormía en Nueva York, asumía que estaba durmiendo en la casa de mi padre terrenal en Barbados y cayera en un profundo sueño en ese estado, yo realizaría mi viaje. Bueno, yo le tomé la palabra y lo intenté. Durante un mes, noche tras noche mientras me quedaba dormido yo asumía que estaba durmiendo en casa de mi padre en Barbados. Al final del mes llegó una carta de mi familia invitándome a pasar el invierno en Barbados. Yo zarpé para Barbados a principios de Diciembre de ese año.

Desde entonces supe que había encontrado a este salvador en mí mismo. El viejo me dijo que nunca fallaría. Incluso después de que ocurrió, yo difícilmente podía creer que no habría ocurrido de todos modos. Así de extraño es todo esto. Reflexionándolo, sucede tan naturalmente que empiezas a sentir o a decirte a ti mismo: "Bueno, podría haber sucedido de todos modos", y rápidamente te recuperas de esta maravillosa experiencia tuya.

Nunca me falló, si yo le daba al estado de ánimo imaginado vivacidad sensorial. Podría contarte innumerables historias de casos para mostrarte cómo funciona, pero en esencia es simple: Tú simplemente sabes lo que quieres. Cuando sabes lo que quieres, estás pensando en ello. Eso no es suficiente. Debes ahora empezar a pensar desde ello.

Bueno, ¿cómo puedo pensar desde ello? Yo estoy aquí sentado, y deseo estar en otra parte. ¿Cómo puedo yo, mientras estoy sentado aquí físicamente, ponerme con la imaginación en un punto del espacio apartado de esta habitación y hacer que eso sea real para mí? Bastante fácil, mi imaginación me pone en contacto interiormente con ese estado.

Imagino que estoy efectivamente donde deseo estar. ¿Cómo puedo decir que estoy ahí? Hay un modo de demostrar que estoy ahí; pues lo que una persona ve cuando describe su mundo es, cuando lo describe, relativo a ella misma. Así, lo que el mundo parece depende enteramente de dónde yo estoy cuando hago mi observación. Así, si como yo describo mi mundo está relacionado con ese punto en el espacio que me imagino que estoy ocupando, entonces debo estar ahí. Yo no estoy ahí físicamente, no, pero estoy ahí en mi imaginación, ¡y mi imaginación es mi yo real! Y donde voy en mi imaginación y lo hago real, ahí iré en la carne también.

Cuando caigo dormido en ese estado, está hecho. Nunca lo he visto fallar. De modo que esta es la sencilla técnica de cómo usar tu imaginación para realizar cada uno de tus objetivos.

He aquí un ejercicio muy sano y productivo para la imaginación, algo que deberías hacer diariamente: Revive diariamente el día como tú deseas haberlo vivido, revisando las escenas para hacerlas conformes a tus ideales. Por ejemplo, supón que el correo de hoy trajo noticias decepcionantes. Revisa la carta.

Reescríbela mentalmente y hazla conforme a las noticias que tú deseas que hubieras recibido. O, supón que no recibiste la carta que deseas que hubieras recibido. Escribe la carta tú mismo e imagina que recibiste tal carta.

Déjame contarte una historia que tuvo lugar en Nueva York hace poco tiempo. Sentada en mi audiencia estaba esta señora que me había oído numerosas veces, y yo estaba contando la historia de la revisión – que el hombre, no conociendo el poder de la imaginación, se va a dormir al final de su día, cansado y agotado, aceptando como definitivos todos los acontecimientos del día. Y yo estaba intentando mostrar que el hombre debería, en ese momento antes de dormirse, reescribir el día entero y hacerlo conforme al día que deseaba haber experimentado.

He aquí el modo en que una señora utilizó sabiamente esta ley de la revisión: Parece que hacía dos años ella fue echada de casa de su nuera. Durante dos años no hubo correspondencia. Había enviado a su nieto al menos dos docenas de regalos en ese intervalo, pero ninguno fue nunca reconocido. Habiendo oído la historia de la revisión, esto fue lo que hizo: Cuando se retiró por la noche, mentalmente construyó dos cartas, una imaginó que venía de su nieto, y la otra de su nuera. En esas cartas ellos expresaban un profundo afecto por ella y se preguntaban por qué no había llamado para verlos.

Hizo esto durante siete noches consecutivas, sosteniendo en su mano imaginaria la carta que ella imaginaba que había recibido y leyendo esas cartas una y otra vez hasta que se despertaba dentro de ella la satisfacción de haberlo oído. Entonces se dormía. Al octavo día recibió una carta de su nuera. Dentro había dos cartas, una de su nieto y otra de la nuera. Prácticamente reproducían las cartas imaginarias que esta abuela se había escrito a ella misma ocho días antes.

Este arte de la revisión puede ser utilizado en cualquier situación de tu vida. Toma el tema de la salud. Supón que estuvieras enfermo. Trae ante tu ojo mental la imagen de un amigo. Pon en esa cara una expresión que implique que él o ella ve en ti lo que tú quieres que todo el mundo vea. Simplemente imagina que él te está diciendo que nunca te ha visto con mejor aspecto, y tú respondes: "Nunca me he sentido mejor." Supón que te heriste en el pie. Entonces haz esto: Construye mentalmente un drama que implique que estás andando – que estás haciendo todo lo que harías si el pie estuviera normal, y hazlo una y otra y otra vez hasta que tome los matices de la realidad.

Siempre que lo creas en tu imaginación lo que te gustaría hacer en el mundo externo, eso HARÁS en el mundo externo.

El único requisito es despertar tu atención de un modo y con tal intensidad que te vuelvas completamente absorto en la acción revisada. Experimentarás una expansión y refinamiento de los sentidos con este ejercicio imaginativo y, finalmente, lograrás la visión en el mundo interior. La vida abundante que se nos prometió es nuestra para disfrutarla ahora, pero hasta que tengamos el sentimiento del creador como nuestra imaginación no podemos experimentarla. La imaginación persistente, centrada en la sensación del deseo cumplido, es el secreto de todas las operaciones exitosas. Sólo este es el medio de cumplir la intención.

Cada etapa de progreso del hombre está hecha por el ejercicio voluntario consciente de la imaginación. Entonces comprenderás por qué todos los poetas han resaltado la importancia de la imaginación vívida controlada.

Escucha esto del gran William Blake:

"En tu propio seno llevas tu cielo y tierra,

Y todo lo que contemplas, aunque parece fuera,

Está dentro, en tu imaginación,

De la cual este mundo de mortandad no es sino una sombra."

Inténtalo, y tú también comprobarás que tu imaginación es el creador. (William Blake 1757 – 1827. Pintor, grabador y poeta británico, una de las figuras más singulares y dotadas del arte y la literatura inglesa. Fue para algunos un místico iluminado, un religioso atrapado en su propio mundo, y para otros un pobre loco que sobrevivía gracias a los pocos amigos que, como Thomas Butts, creían en su arte y le compraban algunos grabados. La posteridad, sin embargo, ha considerado a William Blake como un visionario.)

CAPITULO II

IMAGINAR ES CREAR

CAPITULO II

IMAGINAR ES CREAR

El creador del mundo trabaja en la profundidad de tu alma, subyaciendo en todas tus facultades, incluyendo la percepción, y fluye en la superficie de tu mente menos encubierto bajo la forma de la imaginación creativa. Vigila tus pensamientos y le atraparás en el acto de crear, ¡porque Él es tu mismísimo *Yo*! Cada momento del tiempo estás imaginando aquello de lo que eres consciente, y si no olvidas lo que estás imaginando y se vuelve realidad, has encontrado la causa creativa de tu mundo.

Debido a que Dios es pura imaginación y el único creador, si te imaginas un estado y haces que se cumpla, le has encontrado. Recuerda: Dios es tu conciencia, tu *Yo Soy*; así que cuando estás imaginando, Dios lo está haciendo. Si imaginas y olvidas lo que imaginas, puede que no reconozcas tu cosecha cuando aparezca. Puede ser buena, mala o indiferente, pero si olvidas cómo llegó a ser, no has encontrado a Dios.

No tienes que ser rico para ser feliz, ¡pero debes ser imaginativo! Podrías tener una gran riqueza y estar temeroso por las necesidades del mañana, o no tener nada y viajar por el mundo, ya que todas las cosas existen en tu propia maravillosa imaginación humana.

Pero tanto si me crees como si no, yo sé por experiencia que Dios y tú son una gran imaginación, ¡y no hay otro Dios! Un día, la imaginación en ti se despertará y tú – plenamente consciente de quien eres realmente – sabrás que todas las cosas están sujetas a ti. Ese es tu destino.

El momento presente es un acto imaginario formado. Capturándolo puedes cambiarlo en ti mismo siguiendo las indicaciones dadas en el capítulo 18 del Libro de Jeremías: "'¡Levántate! Ve a la casa del alfarero y yo te permitiré escuchar mis palabras. Así que fui a la casa del alfarero y allí estaba trabajando en su rueda. La imagen en su mano era deforme, pero la reelaboró en otra imagen según le pareció mejor al alfarero hacer."

La palabra "alfarero" traducida significa imaginación, y se nos dice que el Señor no sólo es nuestro Padre, sino el alfarero, y que nosotros somos el barro en sus manos. (Isaías 64) Al recordar el día que tu jefe te criticó, estás moldeando una imagen de ti mismo basada en lo que él te dijo. Siendo indeseable, esa imagen está deforme. Incapaz de descartarte a ti mismo, ve a casa del alfarero tomando la misma escena y remodélate a ti mismo recordando el día que tu jefe te felicitó por tus logros. ¿Cambiará este acto [imaginario] tu mundo? ¡Sí! Te digo: el Dios del Universo te da forma durante la mañana, la tarde y la noche mientras aceptas las palabras, las acciones y los eventos de los aparentes "otros" individuos.

Te insto a darle forma a tu mundo desde dentro y ya no más desde fuera. Descríbete a ti mismo como te gustaría ser visto por los demás y cree tus palabras. Camina en la asunción [suposición] de que son ciertas y (porque ningún poder puede frustrar a Dios) lo que Él está imaginando tú lo experimentarás.

No eres alguien aparte (separado) de Dios, pues el *Yo Soy* no puede ser dividido. El Señor, nuestro Dios, es un único *Yo Soy*, ¡no dos! Si el *Yo Soy* de Dios y tu *Yo Soy* es el mismo *Yo Soy*, define lo que te gustaría ser. Entonces, ¡cree que tú eres el Señor! Sé como la chica que transformó un tranvía en un crucero. Piérdete en tu nuevo estado, mientras tu mundo externo sigue siendo, de momento, el mismo.

Ahora, tu mente racional puede decir que ella tenía una tía que tuvo la presencia de ánimo de morir y dejarle los 3.000 dólares en ese momento en particular. Y siendo joven no consideró el futuro; pero te digo: así es como la ley trabaja. Nunca falla si das todo de ti mismo y crees que tu imaginación humana es Dios.

21

Porque Dios no puede morir, ¡él es un Dios de vida! Así que cuando la vestimenta que llevas ahora llegue a su fin, tú – el ser vivo en ella – continuarás viviendo. Seguirás viviendo en un mundo como éste hasta que despiertes del sueño de la vida. Entonces te trasladarás a una era totalmente diferente, para realizar la unidad del ser que realmente eres. Hasta entonces, cree en lo que te estoy diciendo, porque es la verdad.

Cuando imaginas para un aparente otro [ser] eres bendecido, porque no hay otro y te estás dando tu regalo imaginario a ti mismo.

Oye a tu amigo contándote sus buenas noticias, ve la alegría en su rostro, siente la emoción del cumplimiento, y deja que tome lugar en tu mundo. Y cuando lo haga, reconoce tu cosecha. Date cuenta de que eres el responsable de su consumación. El mundo eres tú mismo proyectado afuera. Pregúntate qué es lo que quieres y luego dátelo. No preguntes cómo se producirá; simplemente sigue tu camino, sabiendo que la prueba de lo que has hecho debe aparecer, y lo hará.

El año pasado, mientras estaba en Barbados, un amigo recibió una llamada de su madre contándole que su hermano había matado a un hombre. Mientras recolocaba el teléfono, tuvo una visión en la que una mujer dijo: "Encuentra a Neville y él te pondrá el arco iris en el cielo". Mi amigo me llamó a Barbados, y cuando escuché su historia dije: "Está hecho. Dios es infinita misericordia, y no hay nada más que perdón del pecado."

Cuando el espíritu de Cristo se forma en ti, perdonas a una persona, sin importar lo que haya hecho. El Faraón no dejaba ir a su gente porque Dios había endurecido su corazón, así que ¿cómo puedes condenar al Faraón por algo que hizo Dios? Esta noche mi amigo me contó que su madre le había llamado para decirle que su hermano había sido puesto en libertad.

Quiero decirte ahora, que nadie puede llegar al final del viaje sin haber matado a alguien. Todos deben desempeñar cada parte, de modo que cuando la memoria regrese él pueda perdonar todo. La parte del ladrón, del asesino, del violador y la persona violada – cada estado será experimentado. Todo lo que puede hacer el hombre está registrado en las escrituras, y para cumplir las escrituras el hombre debe hacer cada cosa.

Si yo no hubiera jugado todas las partes, yo no hubiera nacido desde arriba. Mi amigo, que ama a su hermano y que no podía entender cómo había hecho tal cosa, ha asesinado, como todos hemos hecho. Debemos hacer todas las cosas que el mundo condena para que el espíritu de Cristo – que es el perdón continuo del pecado – sea formado en nosotros. Y cuando esto te suceda, no verás a nadie a quien condenar. No es que le seas indiferente a la guerra o al asesinato, sino que verás el mundo como una obra de teatro contigo – el autor – jugando todas las partes.

Recuerda: no tienes que soportar nada de lo que te disguste. No es más que una vasija en tu mano que no está adecuadamente formada. Ve a la casa del alfarero y refórmala en otra vasija que te parezca ideal para ti, y el alfarero, la hará.

No sólo puedes reformar el concepto de ti mismo en uno nuevo, sino que puedes reformar a otro [ser]. Si alguien no está bien o no gana lo suficiente para pagar sus gastos, el concepto está deforme. No le preguntas a la vasija si puedes reformarla, más bien te sientes como si hubieses atestiguado el cambio o hubieses oído las buenas noticias. Debe haber acción, pues una idea sola no produce nada. Debes actuar dentro de ti mismo entrando en la idea. Cuando alguien te llama o te hace una petición, debes actuar en respuesta a ella produciendo un elemento motor dentro de ti mismo. Puede ser el sonido de su voz contándote que ya ha sucedido. O puedes sentir el toque de su mano. Lo que sea que hagas, debe ser algo que tome el deseo partiendo del punto de ser una idea y lo mueva al interior del estado creativo de cumplimiento.

El mismo primer acto creativo registrado en las escrituras es cuando el espíritu del Señor se movía sobre la faz de las aguas. Aquí está el movimiento. Si te gustaría estar en otra parte, todo lo que necesitas hacer es cerrar tus sentidos a la sala que ahora ocupas y sentir la sala en la que te gustaría estar. Si abres tus ojos tus sentidos negarán cualquier cambio, pues el tuyo es un movimiento psicológico. Al cerrar tus ojos el aquí obvio se desvanece, y a través del acto de asunción (suposición) el allí se convierte en el aquí. Viendo el mundo en relación con tu nueva posición, respiras la realidad dentro del estado y, habiéndote movido desde donde estás hasta donde quieres estar, lo has creado.

Sé que esto no tiene sentido, pero como dijo Douglas: "El secreto de la imaginación es el mayor de todos los problemas a cuya solución aspiran todos los místicos, pues el supremo poder, la suprema sabiduría y el supremo deleite se encuentran en la solución de este remoto misterio".

¿Cómo se desentraña este misterio? Afirmando que eres todo imaginación. Luego te envuelves a ti mismo en el espacio, y mentalmente ves tú mundo relativo a tu posición asumida en el espacio. Haz eso y te has trasladado.

El presidente Hoover dijo una vez: "La historia humana, a través de sus muchas formas de gobiernos, sus evoluciones, sus guerras – de hecho el ascenso y la caída de las naciones – podría ser escrita en términos de la ascensión y la caída de las ideas implantadas en las mentes de los hombres".

Aquí puedes ver que el cambio de los gobiernos es el resultado del cambio de las ideas implantadas en la mente. ¿Puedes ver ahora cómo estamos implantando los horrores del mundo? Si lees el periódico de la mañana, ves la televisión, o escuchas la radio, podrás observar como sus palabras te asustan con el fin de llamar tu atención.

Ves un titular que dice que alguien fue asesinado y te detienes a leerlo. Ves otro diciendo que las cosas están bien y lo ignoras, ya que no significa nada. Ves la sección de los escándalos [la prensa del corazón], hablando sobre alguna persona prominente que ha sido infiel y te encuentras disfrutando un poco del cotilleo. Todas estas son ideas implantadas en la mente, las cuales causan el ascenso y la caída de las naciones.

Te digo: ¡la imaginación crea la realidad! Si quieres cambiar tu vida ¡debes tomar conciencia de las ideas que estás plantando en tu mente sobre los demás! Cuando te encuentres con alguien negativo, pon una idea hermosa en lugar de lo que expresa. Entonces, cada vez que pienses en él, imagina que te está diciendo algo encantador. Y, porque ahora caminas en un mundo que no se ve perturbado por su estado negativo, cuando él se encuentre no teniendo ya pensamientos negativos, nunca sabrá que tú fuiste su fuente. Tú lo sabrás y eso es lo único importante.

Toma conciencia de los pensamientos que estás pensando y conocerás una vida más agradable. No importa lo que otros hagan; planta pensamientos amorosos y bondadosos y serás bendecido al hacerlo.

Créeme: Aquí hubo una niña de dieciséis años que transformó sus lágrimas en la espuma salada del mar, un tranvía en un barco, y San Francisco en Samoa. Ella es ben decida, pues cuando sucedió, nunca olvidó su momento de desesperación cuando imaginó un estado y aconteció.

Te pido ahora creer en el Dios invisible que se convirtió en ti. Cuando dices *"Yo Soy"*, piensas en la cara que luces, pero no eres esa cara. Tú eres mucho más grandioso de lo que nunca ella podría ser.

Un día, David el hijo de Dios mirará dentro de los ojos del ser que realmente eres y te llamará padre. No te llamará por el nombre de la máscara que llevas puesta, pues David es la imagen expresa de tu invisibilidad. Reconociéndote como su eterno padre, David significa que tu viaje dentro del mundo de la muerte llega a su fin. Y desde ese momento compartirás tus experiencias con cualquiera que quiera escuchar y salvarás a todo el que conozcas.

Salvarás a alguien que esté desempleado a través de oírle mentalmente decirte que ahora tiene un trabajo remunerado y que está ganando más dinero que nunca antes. Habiendo oído sus buenas noticias, te apropiarás subjetivamente de tu esperanza objetiva y nunca retrocederás dudando de la realidad de lo que has hecho. Simplemente la verás llegar a suceder. Entonces sabrás que has encontrado a aquel de quien Moisés y la ley y los profetas escribieron: ¡Jesús de Nazaret, quien es el Señor Dios, y Padre de todos!

He revelado la única y sola fuente de los fenómenos de la vida. Todo lo que te ha sucedido alguna vez o te está sucediendo o te sucederá, viene de Dios, que

27

es tu propia maravillosa imaginación humana. Te insto a usarla sabiamente.

Ahora, una señora me escribió diciendo que escuchó una voz maldiciéndola, y – no entendiendo – se cuestionó y oyó las palabras: "Porque te necesito". En el Libro de Gálatas, Pablo les dice a aquellos que han llegado al final de su viaje, que rechacen todas las leyes e instituciones que puedan interferir con la comunicación directa con su propio Dios individual. (Gálatas 5:1-14).

En el mundo del espíritu, todas las sociedades organizadas están personificadas. Los ríos, las montañas, las ciudades – cada cosa es humana, pues Dios es el Hombre. Incluso el edificio *Los Angeles Woman's Club* está personificado en el mundo del espíritu. Representa una necesidad de las damas que lo poseen, cuando es visto en el mundo del espíritu, y al tratar de separarte de ello, te maldecirá, porque quiere alimentarse de ti.

Así que cuando abandonas las instituciones religiosas, las organizaciones, las costumbres y las leyes que puedan interferir con tu comunión individual directa con tu Dios, te maldecirán, porque te habrán perdido. Simplemente déjalas solas. Las he visto todas y no son más que sombras.

Una vez vi a una bruja monstruosa en una cueva enseñándoles a niños pequeños las artes negras. Cuando me vio, gritó: "Oh, Hombre de Dios, ¿qué tienes que hacer conmigo?"

La Biblia cuenta la misma historia. Aquellos que enseñan las artes negras y cómo lastimar a la gente, aquellos que quisieran controlar tu mente y hacerte dependiente de ellos, son sólo personificaciones de organizaciones que te retienen de contactar al único Dios que está dentro de ti. Cada grupo religioso ortodoxo te esclavizaría por el resto de la eternidad si pudiera; pero cuando abandonas esa creencia su personificación maldecirá tu abandono, sin embargo su maldición no significa nada. No pueden tocarte cuando rechazas completamente cualquier intermediario entre tú mismo y Dios.

Ahora para volver al tema de esta noche: ¡La imaginación crea la realidad! ¿Has imaginado algo y no ha sucedido? Entonces, ¿qué estás imaginando ahora mismo? ¿Estás imaginando que eres John Brown? No naciste sabiendo que eras John Brown. Naciste y otros empezaron a llamarte John. Con el tiempo empezaste a asumir que eras John Brown y comenzaste a responder cuando oías el nombre John.

Cuando imaginaste que tenías seguridad, ¿olvidaste la sensación? ¿Estás imaginando ahora que te encuentras seguro? Puede que no tengas evidencias de tu seguridad, pero a medida que les permitas a otros decirte cuán amado y querido eres, cuán exitoso y famoso eres, comenzarás a asumirlo, y la imaginación habrá creado su realidad. Inténtalo, pues ya eres esa realidad.

CAPITULO III

IMAGINACION, MI ESCLAVA

CAPITULO III

IMAGINACIÓN, MI ESCLAVA

Me gustaría hacer esta serie tan productiva y tan útil como la serie de otoño. Pues yo siento que en la serie de otoño alcanzamos un límite muy alto. No sólo en lo que hemos logrado en el mundo del César, sino en la vida espiritual. Aquí todo está orientado hacia un centro y ese centro es Dios y dónde estamos en relación con Dios.

Así, llevamos a cabo no sólo los cambios que deseamos en este mundo exterior, sino el cambio real entre la mente superficial nuestra y el yo más profundo, que es Dios. Y para lograr eso, tengo que pedirte que hagas lo que hicimos el pasado otoño: compartir conmigo tus sueños y tus visiones, y tus experiencias cuando aplicas esta ley para lograr cambios en este mundo externo. Eso lo hace mucho más real, más maravilloso. Y si compartes conmigo cosas, todos nos animaremos mutuamente con la fe del otro.

Si tú tienes la fe suficiente para aplicarla – cuando tropiezas con ella, entonces cuéntame qué sucedió, para que yo pueda luego desde el estrado contárselo a los demás. Esto animará a los que están presentes a intentarlo y, por tanto, aumentará su fe. Así que comparte conmigo tus sueños. Pues Dios está hablando al hombre a través de los sueños y cuando elijo la palabra Dios, aquí, déjame dejarlo bastante claro. Cuando utilizo la palabra Señor, Dios, Jehová, Jesús, Cristo, *Yo Soy*, Imaginación, para mí son sinónimas e intercambiables.

Yo no tengo un Dios flotando en el espacio que difiere del que hablo como *Yo Soy*. Cuando hablo de la imaginación, hablo de Dios, hablo de Jehová; hablo de Jesús, hablo de Cristo. Así que, estos términos, para mí, son sinónimos e intercambiables. Cuando digo que Jesucristo es mi yo más profundo, podría decir que la Imaginación es mi yo más profundo y, sin embargo, mi esclava para sus propios fines. Yo personifico la imaginación porque yo soy una persona, y mi ser real es todo Imaginación.

Por lo tanto, la Imaginación, para mí, es una persona. Pero este yo más profundo, y para sus propios fines, él es mi esclavo. Por eso digo que él me sirve a mí, a ti, nos sirve a todos nosotros – rápidamente, impersonalmente, sin esfuerzo alguno. Cuando nuestra voluntad es mala o cuando es buena, eso no supone ninguna diferencia para lo profundo de mí mismo. Estoy en un estado y estoy pensando en cosas desagradables, pero él me sirve con la misma rapidez. Y evocará para mí imágenes de mal salidas de la nada. Déjame cambiar el estado y sentirme en un estado de amor, de bien, y la misma presencia evocará para mí, instantáneamente, imágenes de amor.

Así que él me sirve muy rápidamente, muy velozmente. No importa que yo esté en la superficie de este ser, él evoca e irradia a través de mí, sobre la pantalla del espacio, todo lo que estoy imaginando. Así que yo digo que el mundo exterior entero está solamente producido a través de imaginar. Si mi mundo externo se produce únicamente a través de imaginar, entonces no puedo cambiar el mundo exterior sin cambiar la imaginación.

¿Cuánto tiempo llevará? Tanto como me lleve a mí cambiar el estado que estoy imaginando. Así que me imagino que soy esto, aquello o lo otro. No me gusta lo que estoy viendo y odio admitir que es causado por lo que estoy imaginando. Si es causado por la imaginación, no tardará más cambiarlo de lo que tarde en cambiar lo que estoy imaginando. ¿Es cierto?

Te pido que lo compruebes. Ve si funciona... ¿si hay evidencia de ello, realmente importa lo que piense el mundo? Si esta noche tú lo compruebas, y se demuestra en la realización, ¿realmente importará lo que alguien en este mundo piense acerca de este concepto? No, si se

35

demuestra en la realización. Así que te pido que lo compruebes. Esta noche compartiré con ustedes la experiencia de un hombre.

Una de sus muchas responsabilidades en su trabajo actual es publicar una revista. Es de muy alta calidad en mano de obra y es producida a cuatro colores. Antes del último número que se estaba preparando él estaba aburrido y cansado de esto y no hizo nada del contenido de la revista.

Dos semanas antes de la fecha de publicación, allí estaba él sin nada y tuvo que empezar desde cero para sacar la revista en dos semanas – prácticamente imposible. Sentado en su oficina dijo, que aunque no significaba nada para él si salía o no, significaba tanto para tanta gente, especialmente para su jefe, y que estaba siendo extremadamente egoísta. Algo sucedió en él y se volvió completamente excitado con llevarla a cabo. Decía que parecía que las historias, ilustraciones, artículos – todo – venía a través de las paredes. Escribió tres piezas cortas él mismo con mucho entusiasmo. Luego editó todos los artículos, historias, todas las cosas que iban a ser utilizadas y luego los hombres que nunca habían trabajado antes en esta publicación fueron asignados para obtenerlo todo. Los fotógrafos fueron sacados de sus puestos y enviados a las tareas y sus impresores, tipógrafos y todos los demás implicados trabajaron en tres turnos durante las dos semanas que quedaban y la sacaron.

¿Cómo empezó esto? Antes de comenzar, esto es lo que hizo. Él sabía que no podría sacar una revista a cuatro colores en dos semanas sin historias, artículos, comentario editorial, etc., así que creó una escena en la que vio a su jefe sosteniendo la revista, con la fecha puesta en ella. Su jefe tenía una expresión en la cara que implicaba completa satisfacción con lo que estaba viendo. Luego escuchó a su jefe decirle que era el mejor número que jamás habían publicado.

Durante ese intervalo de dos semanas, cuando su mente podría fallar, volvía a ese cuadro de su jefe y le oía alabarle por el trabajo que había hecho. Él lo mantuvo hasta el final. El final es donde comenzamos. El final es mi comienzo. Siempre estamos imaginando por delante de nuestros esfuerzos. Vamos hasta el final – no importa qué es lo que queramos – vamos hasta el final. Y eso llama a todo en este mundo a cumplirse.

Llegó el día en que la revista fue publicada. Su jefe le alabó como nunca lo hizo antes. Dijo que era el mejor número que habían producido nunca – tal como había imaginado. Y como él lo había imaginado, sucedió en el mundo externo de hecho. Cuando la revista estaba fuera y enviada él fue al despacho de su jefe y su jefe estaba contento pero escéptico. Su jefe dijo que le parecía que la habían enviado unos días antes de la cuenta – ¡dos semanas para sacar una revista a cuatro colores y su jefe sentía que fue enviada unos días antes! La historia anterior y las siguientes historias están relacionadas. Su tintorero de limpieza en seco, que a él le gusta mucho, perdió los pantalones de su mejor y más caro traje. Él estaba fuera de

37

sí y, aunque el tintorero buscó en su taller tres veces, no pudo encontrar los pantalones. El tintorero le dijo que hiciera una reclamación, pero él no quería dinero, quería sus pantalones. Al día siguiente, conduciendo hacia y desde su trabajo, sentía la textura de esos pantalones en su pierna. También la sentía con sus dedos imaginarios.

Al día siguiente el tintorero llamó a su esposa para decirle que había encontrado los pantalones prendidos a un traje que estaba listo para entregar a otra persona. Así que los pantalones fueron devueltos.

Así que he aquí el cuadro, escúchalo atentamente y aplícalo a lo que oirás esta noche. Era la época de Navidad, y se sentía muy generoso y derrochador; compró docenas de regalos y firmó docenas de cheques. Un día un comerciante llamó a su esposa para decirle que un cheque que le había dado había sido rechazado. Ella llamó y se lo contó, y él estaba fuera de sí. Sabía que tenía cientos de dólares más de lo necesario en su cuenta. Él sabía que debía haber sido un error. Pero cuando revisó su estado de cuenta bancario, que había llegado unos días antes, su cara enrojeció y se sintió humillado. Había cometido un enorme error en la resta y no había fondos.

No había lugar para que lo devolviera y el siguiente pago de cheque estaba a semanas. ¿Dónde podría acudir para obtener el dinero inmediatamente? Él luchó con el problema mucho después de irse a la cama. Pensó ir a su banco al día siguiente, y explicar lo que pasó; y entonces supo que debía tener alguna imagen imaginaria que él pudiera creer. *DEBE TENER UNA IMAGEN*

IMAGINARIA EN LA QUE PUDIERA CREER... un acto imaginario en el que él pudiera creer.

Él dijo que podría creer en imaginar que Dios estaba llevándolo a que pasara de la mejor manera para todos los implicados: aquellos a quienes había engañado involuntariamente, aquellos a quienes él había planeado enviar regalos y ahora no podría; para todo el mundo implicado, y que todo saldría bien.

Así que se quedó dormido en la asunción de que Dios estaba llevando a cabo la mejor solución para todo el mundo implicado. A la mañana siguiente cuando se levantó y se dirigió al banco, no estaba completamente seguro, por lo que volvió a esa asunción de que Dios estaba llevando a cabo la mejor solución para todos. Él fue al banco y el cajero le envió a un vicepresidente que escuchó su historia y le dijo que debería ver al ayudante del gerente, quien no le preguntó nada. Él sólo lo miró y le preguntó cuándo pensaba que podría arreglar esta situación. Él le dijo al gerente la fecha de pago de su cheque y él dijo, está bien, todos los cheques serán atendidos. ¡Él no le preguntó cuántos cheques aún no se habían atendido!

Dos días más tarde recibió una bonificación extraordinaria de su jefe de casi diez veces la cantidad de dinero debido por sus cheques, y una de las razones fue por la sobresaliente labor que había hecho en la revista. Y cuando recibió el cheque llevaba puesto el traje – ¡pantalones perdidos y todo!

Al día siguiente fue al banco e hizo un depósito y llevaba puesto el traje, y él pensó que sería lo decente detenerse y agradecer al ayudante del gerente su amabilidad. Reconoció en su cara una cierta tristeza. El gerente le dijo que era porque no habían podido hacer nada por él ya que no habían llegado nuevos cheques que ellos atendieran. Al final de la carta él decía: yo debo decirle que imaginar crea la realidad. No hay nada que pueda hacer o decirle excepto "gracias". Y eso sería insuficiente.

Puedo decirle, y a ustedes, que no hay nada que puedas hacer por mí más que compartir conmigo tales experiencias. Nada de lo que puedas hacer podría complacerme más. Si me hubiera enviado un cheque, lo habría gastado. He gastado siempre todo lo que he ganado o lo que me han dado, excepto lo que me dio mi padre. Y si eso no fuera el patrimonio familiar lo habría gastado hace tiempo.

Pero yo no puedo gastar las experiencias. Sólo puedo compartirlas. Puedo contarles a mis amigos de Nueva York, de Barbados, de San Francisco. Esto es como las historias de la Biblia. Esto es tomar el principio de Dios y comprobarlo. Pues su imaginación es Dios. Tu imaginación es Dios. Déjame repetirlo. Dios, Jehová, Dios nuestro Señor, Jesús, Cristo, *Yo Soy*, la Imaginación, todos ellos son intercambiables.

Así que yo digo que imaginar es como el poder creativo en mí. "El gran poder creativo del universo es como imaginar en mí y subyace en todas mis facultades, incluyendo mi percepción. Pero fluye a mi mente superficial menos disfrazado en la forma de fantasía productiva."

Así que cuando él se sentó allí y no había revista, ni artículos – nada – y se sintió avergonzado y egoísta, y que él estaba defraudando a toda aquella gente que dependía de él, tomó el final. Eso es la fantasía productiva. Él vio a su jefe leyendo la revista y le oyó decir que era el mejor número hasta ahora. Encontró una escena en la que él podía creer y todos los artículos e historias, e ilustraciones acudieron. Todo avanzó hacia el cumplimiento de ese estado.

Así que, yo te digo, imaginar crea la realidad. Si quieres encontrar a Dios, deja de pensar a corto plazo. Tú sabes lo que es. Él es tu propia imaginación humana y él te está hablando momento a momento a través del deseo. Él está hablando en las profundidades de tu alma, a través de sueños y a través de visiones, y tú puedes decir a través de tus sueños y visiones en qué nivel estás con relación a Dios. Todo es con relación a Dios. No es en relación con nada en el mundo exterior, pues todo eso son sombras.

Todo es en relación a Dios. Así que ¿dónde estoy con relación a Él? Todo, el sueño más insignificante para el mundo exterior, tiene un profundo significado para ti, a quien se habla, y para Dios que te habla. Y el Dios en ti es tu propio ser. Déjame repetirlo: Jesucristo es mi yo más profundo, y sin embargo mi esclavo. Él es el esclavizado en mí para sus propios fines y él me sirve tan imparcialmente y tan rápidamente, cuando mis ideas y mis pensamientos, y mis deseos son malos, como cuando son buenos. Él evocará para mí en un abrir y cerrar de ojos, ideas de bien y de mal por la llamada de mi deseo. Aún más, déjame desear algo y de inmediato la idea es cumplida. Ellos dirán que salió de tu maravillosa imaginación. Yo digo que es Jehová, si prefieres, en vez de Jesucristo. Yo te digo que es Dios el Señor. Es tu propia maravillosa Imaginación humana. Eso es Dios. Y cuando tú aprendes a enamorarte de él, porque él se ha esclavizado – vertiéndose – en ti, pues tú no eres realmente dos, tú eres una extensión de sí mismo, siendo llamado de nuevo nivel por nivel por nivel hasta que finalmente eres uno; tú no eres dos.

Así que somos llamados de vuelta de una expulsión. Fue una auto-expulsión, y ahora somos llamados de vuelta a través de estos infinitos niveles de conciencia y él nos revela, a través de los sueños, el nivel en que estamos. Yo tomo las Escrituras y descubro dónde estoy por un simple sueño. Estudia las Escrituras. Pablo dijo: "Aprende de nosotros a vivir por las Escrituras." ¿Está ahí? ¿Es paralelo a tu sueño de algún modo? No tiene que ser exactamente lo mismo. El está siempre hablándote y llamándote de vuelta a sí mismo a través de capa tras capa, hasta que finalmente llegues a casa. Tú y Él son uno.

Así que este hombre tenía que tener algo, no sólo para imaginar, sino algo que él pudiera creer. Yo puedo imaginar cualquier cosa. Tú puedes imaginar cualquier cosa. ¿Hay algo que no puedas imaginar? No me digas. Yo te puedo contar la historia más fantástica del mundo y tú puedes entenderme, pero puedes no creerme. Por lo tanto eso no significa nada. Así que él dijo que debía encontrar algo que él pudiera imaginar en lo que pudiera creer. Quería una escena que no pudiera causar vergüenza a nadie. Él podría creer en Dios. Él podría creer que Dios está llevando a que pasara ahora, de la mejor manera posible para todos los implicados, una solución a la situación. Él sabía que Dios lo haría de la mejor manera posible. Y así llevó a cabo su asunto al día siguiente en el estado de que Dios lo haría. No se cuestionó cómo, él sabía que Dios lo haría. Y al final recibió un cheque que era diez veces la cantidad que necesitaba para liquidar todos los cheques que había firmado.

Así que yo digo, ve hasta el final. El final es donde comenzamos. Puedes continuar proyectando sombras y tratando de cambiar las sombras, y continuarás por siempre y para siempre y nunca cambiarás lo que está en la sombra. Pero simplemente traslada el objeto, que es un estado de conciencia, fuera de la sombra, a otra luz deseable, y permanece en él hasta que proyecte una sombra.

La sombra no tardará mucho. Tú eres la luz del mundo. "Yo soy la luz del mundo." ¿Crees que otro está hablando? Dios está hablando. Cuando digo que Dios está hablando me refiero a tu Imaginación. Tu Imaginación es la luz del mundo. Él toma la luz para iluminar el estado y el mundo exterior es sólo un reflejo. Es un acto que da testimonio del estado al que me he trasladado. Me trasladado a un estado.

Permanezco en ese estado y proyecto mi sombra en la pantalla del espacio. Cuando tú dices, supón que él hace esto, o eso, estás dando todo tu poder, que justamente te pertenece, al mundo de la sombra donde no pertenece. Así que depende totalmente de ti. Si tú lo pones a prueba esta noche se demostrará en la comprobación.

Así que por favor comparte conmigo tu carta. Pablo pide a los que lo oyeron, a los que recibieron la carta, lo compartan con él, para que todos ellos pudieran animarse por la fe del otro. De modo que, si el hombre tiene fe suficiente para intentarlo, aunque mañana por la mañana sea la fecha límite, según el mundo del César, tú puedes intentarlo esta noche y cambiar a un estado diferente, así que si tú tienes un encuentro próximo con alguien por la mañana, un encuentro en que la otra persona normalmente diría "si usted no hace esto o eso o aquello", entonces por la mañana esa persona puede no sentirse bien, o quizás él tuvo que ir a alguna parte, o tal vez sólo se ha olvidado. Las mil y una cosas que podrían suceder para impedir ese encuentro desagradable. Pero todo debe suceder basado en lo que tú estás haciendo. Tú eres el poder causal. Pero ten en cuenta que debido a que eres el poder causal, no funciona por sí mismo. Funciona sólo porque tú eres el poder operante.

La próxima conferencia será *Recuerdo de las Cosas Futuras*. Esto es cien por cien Eclesiastés, como pocos en este mundo lo aceptarán. *Recuerdo de las Cosas Futuras*: para mostrarte quién eres tú realmente. Te digo que eres Dios. No estoy aquí halagándote. Tú y yo somos uno. Dios es uno y aquí, fragmentado en la superficie de su sueño. Y entonces somos llamados de nuevo al núcleo. Todos somos llamados de nuevo, y somos uno. Pues volvemos uno por uno por uno. El mundo externo entero está solamente producido por la imaginación. "Todo lo que contemplas, aunque no lo parezca, está dentro, en tu Imaginación, de la cual este mundo de mortalidad no es sino una sombra."

Y si es una sombra, entonces encontremos lo que está causando la sombra. Y la causa de la sombra es tu actividad imaginativa. Lo que estamos imaginando, eso es la causa de la sombra que creemos tan objetivamente real y tan completamente independiente de nuestra concepción de ella. Todas estas cosas parecen tan completamente independientes de nuestra concepción de ellas y todas ellas son proyectadas por nuestra propia actividad imaginativa.

Así que tú entras en un estado de riqueza o salud o el estado de ser que quieras, etc.; cualquier estado, y mientras permanezcas en el estado, pueden hacer todo lo posible para borrar las sombras que tú estás proyectando, pero no pueden borrar la causa de todo ello y siempre se reproduce. El mundo entero se está reproduciendo, basado en el estado que ocupas. De modo que no pueden borrar nada de lo que tú estás haciendo borrando las cosas que haces. No importa lo que ellos estén haciendo en el mundo externo; es lo que tú estás haciendo dentro de ti.

El hombre es todo Imaginación, y Dios es el hombre y existe en nosotros y nosotros en Él. El cuerpo eterno del hombre es la Imaginación y eso es Dios mismo, el cuerpo divino de Jesús. Y nosotros, en la superficie, somos su dueño. Todos somos miembros de este único cuerpo divino y sólo de este único cuerpo, todos reunidos en la unidad del cuerpo único, que es Dios. Llámalo Dios o Jehová o Jesucristo o *Yo Soy*.

Tú puedes decir *Yo Soy* o Imaginación en un grupo como éste, que comprende y capta por detrás de los nombres y las superficies. Pero en el mundo externo no podría usarlo porque no lo entenderían. Y así, si utilizaras la palabra Jehová o Jesús, ¡eso salta ahí! Pero no está viviendo en el espacio. No aparece en el tiempo, a una distancia de miles de años en el tiempo. Pero salta si tú utilizas la palabra Jehová o Jesús. Pero si utilizas la palabra *Yo Soy*, no puede saltar. No hay sitio a donde puedas ir. Tú no puedes salir fuera del momento presente. Y si de hecho le muestras a la gente qué quieres decir con eso, que *Yo Soy* es el poder creativo y tú creas imaginando, entonces eso tiene que estar aquí. No puedes salir afuera de este momento presente del tiempo cuando utilizas estos términos. Pero sólo puedes utilizarlos en un grupo como éste.

Estoy completamente despierto y he sido enviado para decirte lo que ahora te estoy diciendo. No le estoy hablando a otro ser, sólo me estoy hablando a mí mismo; todos son aspectos maravillosos de mí mismo. Todos. Todo ser sale de mí. Todos regresan a través de infinitos niveles de conciencia al ser único que *Yo Soy*.

Lo que es lo más práctico en este mundo es lo más profundamente espiritual. Vincúlalos e inviértelos. Lo que es lo más profundamente espiritual es lo más práctico. Así que él es una persona práctica, sin embargo el mundo le llamaría un soñador... ahí sentado sin hacer nada, una revista a cuatro colores por hacer y sólo dos semanas antes de la fecha límite. Luego todo le es arrojado a la cara y está trabajando en tres turnos, y todo está a su disposición – todo se completa y la revista se envía "unos cuantos días antes de tiempo".

Pero sólo imagínate la tremenda intensidad por su parte de que él obtiene un cheque de bonificación que es diez veces la cantidad de dinero que tenía que reponer en su cuenta de cheques. Así que te pido continuar compartiendo conmigo tus experiencias y tus sueños. Ese es el único modo que puedes decir gracias. (Neville menciona aquí que en futuras conferencias él contará las visiones de Bob Cruther y su esposa y explicará la profundidad del significado en el sueño de Jan. Él dice que hay mucho más en ello de lo que ella es consciente.)

Pregunta: Una mujer, de vez en cuando, trabaja con niños psicológicamente perturbados. Para ellos su mundo es real. ¿Cómo puede ella correlacionar el mundo real de ellos con el mundo real que ella crea para ella misma y no ser uno de ellos?

Respuesta: Nadie viene a mí excepto que yo lo llame. Y él sólo puede llamar a sí mismo.

Él no puede llamar a otro. De modo que hay un disturbio en mi mundo, en algo que está despegado de mí, pidiendo ayuda. Voy a cambiar mi mundo. Voy a cambiar esa sombra.

Pero realmente está reflejando algún disturbio en mí, así que voy a cambiarlo. No importa lo que el mundo externo piense, hay más modas en el mundo de la medicina de las que hay en el mundo de la ropa. El concepto más altamente difundido de gente equilibrada o desequilibrada es simplemente modificable porque es sólo una teoría. El todo está en el ojo del contemplador. Ellos vienen a ti pidiendo ayuda. No trates instantáneamente de descubrir qué lo está causando. Reorganiza el todo.

Supón que un individuo ahora ve el mundo en lo que llamaríamos de una manera natural. Convéncete de que lo hacen y si tú puedes creerlo, esa persona se conformará a la imagen. No trates la sombra desde fuera; trátala desde dentro.

¿Si el niño ha nacido ciego, quién pecó? Nadie. Ni el niño ni sus padres, sino que la voluntad de Dios se manifiesto. Nadie se equivocó. La gente no puede entender eso. No pueden entender que Dios es amor, amor infinito, y Él no puede dañar a otro, pues no hay otro – sólo Él Mismo.

De modo que, en este caso, no sólo dependerá del acto imaginario, sino de la capacidad de uno para creer en la realidad del acto imaginario. La potencia del acto imaginario es su implicación, no el acto imaginario. Su potencia es su implicación. ¿Qué implica esto? Crea una escena que implique que el niño es normal y créela. (Neville cuenta la historia de la profesora de Nueva York con una niña con problemas que iba a ser expulsada de la escuela. La profesora aplicó el recurso de imaginar contra previsiones casi imposibles y la situación se modificó completamente. La niña se graduó; no fue expulsada y todo lo desagradable que había antes desapareció.)

Si consideras a la gente en este mundo, incluyendo a todos los doctores, médicos, vegetarianos, los que beben excesivamente y comen excesivamente – todos se mantienen durante el mismo espacio de tiempo. Pocos hombres se preocupan de vivir bien, muchos de vivir mucho. Sin embargo está dentro del poder de cualquier persona vivir bien, pero no está dentro del poder de ninguna vivir mucho.

CAPITULO IV

IMAGINACION DESPIERTA

CAPITULO IV

IMAGINACIÓN DESPIERTA

Como han oído, el asunto de esta mañana es "Imaginación despierta". Este es mi tema para la serie entera de diecinueve conferencias. Todo está encaminado hacia el despertar de la imaginación. La palabra en sí misma está hecha para servir a todo tipo de ideas, muchas de ellas directamente opuestas a otras. Pero aquí esta mañana yo espero convencerte de que este es el poder redentor del hombre. Este es el poder del que se habla en la Biblia como el Segundo Hombre, "el Señor del Cielo".

Este es el mismo poder personificado para nosotros como un hombre llamado Cristo Jesús.

En el antiguo testamento fue llamado Jacob y hay innumerables nombres en la Biblia que todos llevan y culminan en la gran flor llamada Cristo Jesús. Puede sorprenderte identificar la figura central de los Evangelios como la imaginación humana, pero estoy bastante seguro antes de que la serie termine, de que te convencerás de que esto es lo que los antiguos intentaron que nosotros supiéramos, pero el hombre ha leído mal los Evangelios, como historia, biografía y cosmología, y así se ha quedado completamente dormido en cuanto al poder dentro de sí mismo.

Ahora esta mañana te he traído los medios por los que este enorme poder en nosotros puede despertarse. Yo lo llamo el arte de la revisión: tomo mi día y lo reviso en mi ojo mental.

Empiezo con el primer incidente de la mañana. Recorro el día; cuando llego a alguna escena en mi día desplegado que me desagradó, o si no me desagradó, si no fue tan perfecta como pensaba que podía haber sido, me detengo justo ahí y la reviso. La re-escribo, y después que la he re-escrito de modo que se conforma al ideal que deseaba haber experimentado, entonces la experimento en mi imaginación como si la hubiera experimentado en la carne.

Lo hago una y otra vez hasta que toma un tono de realidad, y la experiencia me convence de que ese momento que he revisado y revivido no se desvanecerá en mi pasado. Avanzará en mi futuro para encontrármelo como yo lo he revisado. Si yo no los reviso, esos momentos, porque nunca se desvanecen y siempre avanzan, avanzarán para encontrármelos perpetuando ese extraño incidente desagradable. Pero si rehúso permitir al sol descender sobre mi ira, de modo que al final del día yo nunca acepto como definitivos los hechos del día, no importa lo objetivos que sean, nunca los acepto y revisándolos revoco el día y provoco los cambios correspondientes en mi mundo externo.

Ahora, no sólo este arte de la revisión cumplirá cada objetivo mío, sino que a medida que empiezo a revisar el día cumple su gran propósito, y su gran propósito es despertar en mí al ser que los hombres llaman Cristo Jesús, que yo llamo mi maravillosa imaginación humana, y cuando despierta es el ojo de Dios y se vuelve hacia dentro al mundo del pensamiento y ahí yo veo que lo que antes yo creía que existía en el exterior realmente existe dentro de mí. No importa lo que sea, yo entonces descubro que el conjunto de la Creación está enraizado en mí y termina en mí, como yo estoy enraizado y termino en Dios. Y desde ese momento yo encuentro mi propósito real en la vida, y mi propósito real es simplemente hacer la voluntad de Aquel que me envió, y la voluntad de Aquel que me envió es ésta – que de todo lo que Él me ha dado no pierda nada sino que lo levante de nuevo.

¿Y qué me dio Él? Él me dio cada experiencia de mi vida. Él me dio a ti. Cada hombre, mujer y niño que encuentro es un regalo para mí de mi Padre, pero cayeron en mí a causa de mi actitud hacia la sociedad, a causa de mi actitud hacia mí mismo. Cuando empiezo a despertar y el ojo se abre y veo que todo soy yo mismo hecho visible, entonces debo cumplir mi verdadero propósito, que es la voluntad de Aquel que me envió, y la voluntad es subir a aquellos que yo permití en mi ignorancia cuando estaba dormido descender dentro de mí. Entonces empieza el verdadero arte de la revisión; ser el hombre, independientemente de tus impresiones de ese hombre, independientemente de los hechos del caso que te están saltando todos a la vista, es tu deber, cuando te has despertado, levántale dentro de ti y descubrirás que él no fue nunca la causa de tu disgusto. Cuando lo miras a él y estás disgustado, mira dentro y descubrirás la fuente del disgusto. No se originó allí.

Ahora déjame darte un caso histórico para ilustrar este punto. Yo sé que algunos de ustedes fueron al banquete y quizás algunos de ustedes me oyeron el jueves pasado en TV, pero dudo que en esa audiencia de, digamos dos mil trescientos o dos mil cuatrocientos de nosotros, de los que, digamos más de ciento cincuenta lo oyeron, e incluso si lo oyeron pueden oírlo una y otra vez. pues es esto, que si lo oyes te provocará actuar sobre ello porque como te dije, y creo que lo hice el domingo pasado, pero si no lo hice déjame decírtelo ahora; si ustedes asisten a las diecinueve y se saturan con todo lo que tengo que decirles, de modo que tuvieras todo el conocimiento que se requiere para lograr tus objetivos, y no aplicaras lo que recibiste, no valdría de nada; pero un poco de conocimiento que lleves a la práctica, descubrirías que es más aprovechable que mucho conocimiento que descuidas llevar a la práctica. De modo que repitiendo este caso histórico esta mañana, aunque digamos cien o doscientos de ustedes lo hayan oído, les ayudará a recordar que deben hacer algo sobre ello.

El pasado mayo en la ciudad de Nueva York había una señora sentada que había estado viniendo durante años y yo hice una pequeña observación de que la gente debe convertirse en hacedores de la palabra, y no sólo en meros oidores. Pues si un hombre sólo la oye y nunca aplica lo que oye, nunca probará o descartará realmente lo que ha oído; y entonces conté la historia de una señora que me había oído sólo tres o cuatro veces y cómo ella transformó la vida de otro, y esta señora oyendo que una que vino sólo tres veces y este milagro tuvo lugar en su vida, se fue a casa determinada que ella realmente aplicaría lo que había oído a lo largo de los años, y esto es lo que hizo.

Dos años antes, después de una violenta pelea, fue echada de casa de su hijo por su nuera. Su hijo dijo "Madre, no necesitas pruebas mías de que yo te quiero: eso es obvio; pienso que he demostrado eso cada día de mi vida, pero si esa es la decisión de Mary, y yo lo lamento, debe ser mi decisión, pues yo quiero a Mary y vivimos en la misma casa y es nuestra casa; es nuestra pequeña familia y me apena que ella sienta de este modo sobre ello, pero tú sabes que esas pequeñas cosas culminan en una explosión como tuvo lugar hoy. Si esa es su decisión, es la mía". Eso fue hace dos años. Ella se fue a casa y se dio cuenta de que noche tras noche durante más de dos años ella había permitido al sol descender sobre su ira. Pensó en esta maravillosa familia que ella amaba y de la que se sentía apartada, expulsada de la casa de su hijo. Ella no hizo nada sobre revisarlo y sin embargo yo había estado hablando de la revisión a mi audiencia de Nueva York el año pasado.

Esto es lo que ella hizo ahora. Sabía que el correo de la mañana no traía nada. Eso era un viernes por la noche. No había habido correspondencia en dos años. Ella había mandado a su nieto al menos una docena de regalos en los dos años. Ninguno fue nunca reconocido. Sabía que habían sido recibidos pues había certificado muchos de ellos; así que se sentó esa noche y se escribió ella misma dos cartas – una de su nuera, expresando una gran amabilidad por ella, diciendo que la había echado de menos en la casa y preguntándole cuándo iba a venir a verla; luego escribió una de su nieto, en la cual él decía, "Abuela, te quiero". Luego venía una pequeña expresión de gracias por el último regalo de cumpleaños, que fue en abril, y luego venía un sentimiento de tristeza más bien porque él no la había visto y le rogaba venir y verlo pronto.

Esas dos notas cortas las memorizó y luego, mientras estaba a punto de dormirse, tomó sus manos imaginarias y sostuvo esas cartas y las leyó mentalmente para sí misma hasta que despertaron en ella la sensación de alegría porque había sabido de su familia; lo que ella había querido una vez más. Leyó esas cartas una y otra vez sintiendo su alegría porque las había recibido y cayó dormida en su proyecto. Durante siete noches esta señora leyó esas dos cartas. A la mañana del octavo día ella recibió la carta: en el interior había dos cartas – una de su nieto y una de su nuera. Esas cartas eran idénticas a las que ella se había escrito mentalmente a sí misma siete días antes. ¿Dónde estaba el alejamiento? ¿Dónde estaba el conflicto? ¿Dónde estaba la fuente del disgusto que fue como una herida sangrante durante dos años? Cuando el ojo del hombre se abre él realiza todo lo que contempla; aunque parece fuera, está dentro – dentro de la propia imaginación de uno, de la cual este mundo mortal no es sino una sombra.

Ella me dio permiso para contar esta historia. Cuando la conté y llegamos al período de preguntas y respuestas hubo una extraña reacción de esa gente. Se preguntaban qué vida de alegría podría mantener cualquiera de nosotros si teníamos que escribir nuestras propias cartas; si teníamos que hacer para nosotros mismos todo lo que aparentemente se hace con alegría, lo que aparentemente es espontáneo viniendo de otro; pero no quiero escribir yo mismo una carta de amor de mi esposa, o mi enamorado o mi amigo. Yo quiero que alguien sienta de este modo hacia mí y me lo exprese sin yo saberlo para poder recibir una sorpresa en la vida.

Bueno, no estoy negando que el hombre dormido cree firmemente que esa es la forma en que las cosas suceden. Cuando un hombre despierta se da cuenta de que todo lo que encuentra es una parte de sí mismo, y que lo que él ahora no comprende, él sabe (porque el ojo se ha abierto), que está relacionado por afinidad con alguna aún no realizada fuerza en su propio ser; que él lo escribió pero lo ha olvidado, que se abofeteó la cara pero lo ha olvidado; que dentro de sí comenzó todo el drama desplegado, y mira a un mundo, y le parece extraño, porque la mayoría de nosotros en nuestro sueño somos totalmente inconscientes de lo que estamos haciendo desde nuestro interior.

Lo que esa señora hizo, cada hombre y mujer en esta audiencia hoy puede hacerlo. No te llevará años comprobarlo; lo que te digo ahora puede sorprenderte, puede parecer que bordea la locura pues el loco cree en la realidad de los estados subjetivos, y el cuerdo sólo cree en lo que los sentidos le permitan, lo que ellos le dicten, y yo voy a decirte que cuando tu comienzas a despertar afirmas la supremacía de la imaginación y pones todas las cosas en dependencia de ello. Tú nunca más te inclinas ante los dictados de los hechos ni aceptas la vida sobre la base del mundo externo.

Para ti la verdad no está confinada a los hechos sino a la intensidad de tu imaginación. Así que aquí encontramos la encarnación de la verdad, la cual yo digo que es la imaginación humana, de pie en el drama del mundo ante la encarnación de la razón personificada por Poncio Pilatos. Y a él le es dada la autoridad para cuestionar la verdad y ellos le preguntan, "¿Qué es la verdad?" Y la verdad permanece en silencio.

Él rehúsa justificar ninguna acción suya; él rehúsa justificar nada de lo que le fue hecho a él, pues sabe que ningún hombre viene a mí salvo que yo lo llame: ningún hombre me quita la vida, la entrego yo mismo.

Tú no me elegiste, yo te he elegido a ti. Pues aquí está la verdad no viendo nada de aquí en adelante con pura objetividad, sino viéndolo todo subjetivamente relacionado consigo mismo y él la fuente de todas las acciones que tienen lugar dentro de su mundo; así la verdad permanece absolutamente en silencio y no dice nada cuando la razón le cuestiona respecto a la verdadera definición de la verdad. Porque cuando el ojo se abre sabe que lo que es una idea para el hombre dormido, es un hecho para la imaginación despierta, un hecho objetivo, no una idea. Yo albergo la idea de un amigo y construyo algún maravilloso concepto de él en mi ojo mental y cuando duermo parece ser un deseo, parece ser el anhelo de mi corazón, pero puramente subjetivo, sólo una idea. Y el ojo en mi interior se abre, y él está ante mí encarnando la cualidad que yo deseé en mi sueño verle expresar. Así que lo que es una idea para el hombre dormido, la imaginación no despierta, es una realidad objetiva para la imaginación despierta.

Ahora, este ejercicio reclama, yo diría, el uso voluntario activo de la imaginación en contra de la aceptación involuntaria pasiva de las apariencias. No aceptamos nunca como verdad y como definitivo nada a menos que se conforme al ideal que deseamos encarnar

61

dentro de nuestro mundo, y hacemos exactamente lo que la abuela hizo. Pero ahora nosotros lo iniciamos y lo hacemos diariamente. Puedes tener resultados mañana, pueden llegar al día siguiente, pueden llegar en una semana, pero te aseguro que llegarán.

No necesitas ningún extraño laboratorio, como nuestros científicos, para comprobar o refutar esta teoría. Aquí en 1905 un joven sorprendió al mundo científico con su ecuación que nadie pudo siquiera examinar. Se decía que no vivían ni seis personas que entendieran su ecuación. Pasaron 14 años antes de que Lord Rutherford diseñara los medios para probar la ecuación y descubrió que era cierta, no al 100% porque él no tenía los medios en su mano para someterla a un completo examen. Pasaron otros catorce años antes de que se pudieran hacer más exámenes. Y tú conoces los resultados de esa ecuación que Einstein nos dio en 1905. Pues el hombre de hoy, no conociendo el poder de su propia imaginación, se queda sorprendido de los resultados de esa liberación de energía. Pero él fue quien dijo, y yo lo puse en la primera página de mi nuevo libro: "La imaginación es más importante que el conocimiento".

Ese fue Albert Einstein. La imaginación es más importante que el conocimiento. Pues si el hombre acepta como definitivos los hechos que la evidencia atestigua, nunca ejercerá este medio de redención dado por Dios que es su imaginación.

Ahora voy a pedirles examinar esto: no te tomará las tres semanas que estoy aquí comprobarlo o refutarlo, pero el conocimiento de ello no puede comprobarse, sólo la aplicación de ese conocimiento puede comprobarlo o refutarlo. Yo sé por experiencia que no puedes refutarlo. Toma un objetivo, toma un trabajo, toma alguna conversación con tu jefe, toma un aumento de sueldo. Tú dices bueno, el trabajo no lo permite, o quizás el sindicato no lo permitirá. No me importa qué, no lo permite.

Ayer el correo de la mañana me trajo uno, dónde, en San Francisco, este capitán, un piloto, y él me escribe que le vi entre bastidores después de una de mis reuniones, y ahí me dijo, "Pero Neville, tú estás en contra de un muro de piedra. Soy un piloto experimentado; he ido por todo el mundo, por los siete mares; soy un buen piloto y amo el mar; no hay una cosa en este mundo que quiera hacer sino ir al mar, pero ellos me restringen a ciertas aguas a causa de ser muy mayor. No importa qué argumento les dé, el sindicato es inflexible y han cerrado el libro sobre mi solicitud". Yo dije, "No me preocupa qué han hecho ellos, tú estás transfiriendo el poder que legítimamente pertenece a Dios, que es tu propia imaginación, a la sombra que tú proyectas sobre la pantalla del espacio".

"Como aquí, estamos en esta habitación; ¿tiene que seguir siendo una habitación? ¿No puedes usar tu imaginación para llamar a esto un puente? Esto es ahora un puente y yo soy un invitado sobre el puente de tu barco, y no estás en aguas restringidas por el sindicato, estás en aguas por las que tú deseas navegar con tu barco.

Ahora cierra los ojos y siente el ritmo del océano y siente conmigo y en comunión conmigo y cuéntame de tu alegría primero al comprobar este principio, y segundo por estar en el mar donde tú quieres estar". Él está ahora en Vancouver en un barco bajando un cargamento de madera a Panamá. Él tiene una lista completa que le llevará todo el año lo que este hombre tiene que hacer. Está yendo a aguas legítimamente que el sindicato dijo que él no podía ir. Esto no es prescindir de los sindicatos, sino es no poner a nadie en nuestro lugar – a nadie, reyes, reinas, presidentes, generales, no tomamos a nadie y le entronizamos y le ponemos más allá del poder que legítimamente pertenece a Dios. Así que no violaré la ley, pero cosas se abrirán que yo nunca concebiré.

Me sentaré en silencio y dentro de mí revisaré la imagen. Oiré al mismo hombre que me dijo "No, y eso es definitivo" y le oiré decirme sí, y una puerta se abre. No tengo que ir y tirar de las cuerdas o tirar de los hilos que sean. Llamo a este maravilloso poder dentro de mí, que el hombre ha olvidado completamente porque lo ha personificado y lo ha llamado otro hombre, incluso aunque es una imagen gloriosa de un hombre, pero que no es el hombre: el hombre real no está en ningún otro mundo. Cuando la religión habla, si es una religión verdadera, habla no de otro mundo; habla de otro hombre que está latente pero por nacer en cada hombre, que tiene sintonía con otro mundo de significado, de modo que ese hombre se sentó y sintonizó con otro mundo de significado y trajo a la existencia un poder que él permitió quedarse dormido porque leyó las leyes del hombre demasiado bien. Él aceptó como definitivo el dictado de los hechos, pues le leyeron los reglamentos, le leyeron las leyes del sindicato. Y he aquí que hoy está surcando el océano como él quería hacer. La abuela ya no está excluida de la casa que ella amaba, sino que está en comunión, pero estuvo excluida por ella misma durante dos años. Y él estuvo excluido por él mismo durante más de 18 meses, y ardiendo día tras día permitiendo al sol ascender sobre su ira, cuando tenía el poder dentro de sí mismo y la llave para abrir cada puerta en el mundo.

Les digo a todos y a cada uno de ustedes que no les quitaría su comodidad externa, su religión, pues todas esas cosas son como juguetes para el hombre dormido, sino que yo vengo a despertar dentro de ustedes eso que cuando despierta ve un mundo enteramente diferente. Ve un mundo que ningún hombre cuando duerme nunca vería, y entonces empieza a subir dentro de sí mismo a cada ser que Dios le dio; y puedo decirte que Dios te dio cada hombre que anda en la faz de la tierra. Él también dio para este propósito que nada ha de ser descartado. Cada uno en el mundo debe ser redimido y tu vida individual es el proceso por el cual esta redención es llevada a suceder.

Así que no descartamos porque la cosa sea desagradable, la revisamos; revisándola la revocamos, y cuando la revocamos se proyecta en la pantalla del espacio dando testimonio del poder dentro de nosotros, que es nuestra maravillosa imaginación humana. Y digo humana

65

intencionadamente – alguien podría haberme dicho la palabra divina. La palabra misma no significa nada para el hombre. Él ha apartado de sí mismo completamente y se ha divorciado de la cosa ante la que ahora se inclina y llama por otros nombres. Yo digo la imaginación humana. Como Blake dijo "Ríos, montañas, ciudades, pueblos son todos humanos". Cuando el ojo se abre tú los ves en tu propio seno, en tu propio maravilloso seno todos ellos existen, están enraizados ahí. No los dejes caer y permanecer caídos; levántalos pues la voluntad de mi Padre es esta, que de todo lo que él me ha dado yo no debería perder nada sino subirlo otra vez, y lo subo cada vez que reviso mi concepto de otro y lo hago conformarse a la imagen ideal que a mí mismo me gustaría expresar en este mundo. Cuando yo hago en él lo que me gustaría que el mundo hiciera en mí, y viera en mí, lo estoy levantando.

¿Y puedo decirte qué le sucede a ese hombre cuando lo hace? Primero que todo, él ya se ha vuelto hacia su interior. Ya no ve el mundo con pura objetividad, sino al mundo entero subjetivamente relacionado consigo mismo, y dependiendo de sí mismo. Cuando lo levanta ¿sabes que él florece dentro de sí mismo? Cuando este ojo mío se abrió al principio contemplé al hombre como el profeta le vio. Lo vi como un árbol andando: algunos eran sólo como pequeñas cornamentas de ciervo, otros eran majestuosos en su follaje, y todos los que estaban realmente despiertos estaban en plena floración. Estos son los árboles en el jardín de Dios.

Como se nos dijo en el antiguo modo de revisión en el capítulo 61 del Libro de Isaías – "Ve y da belleza por cenizas, ve y da alegría por luto, da el espíritu de alabanza por el espíritu de opresión, que ellos puedan convertirse en árboles de justicia, plantados para la gloria de Dios".

Eso es lo que cada hombre debe hacer, eso es la revisión. Veo ceniza cuando el negocio se ha ido; no puedes redimirlo, no puedes levantarlo, las condiciones son malas y las cosas se han vuelto ceniza. Pon belleza en su lugar; ve clientes, clientes ricos, ricos en finanzas, ricos en la actitud hacia ti, ricos en todos los sentidos de la palabra.

Velos gustándole comprarte a ti si eres dueño de una tienda; si eres trabajador de una fábrica no veas nada dejándote en paro, levántalo, pon belleza en el lugar de la ceniza, pues sería ceniza si fueras despedido con una familia que alimentar. Si alguien está de luto pon alegría en el lugar del luto; si alguien está oprimido de espíritu, pon el espíritu de alabanza en lugar del espíritu de opresión, y cuando haces eso y revisas el día das la vuelta, y dando la vuelta vuelves arriba, y todas las energías que se vinieron abajo cuando estabas profundamente dormido y realmente ciego ahora vuelven arriba y te conviertes en un árbol de justicia, plantado para la gloria de Dios. Pues yo los he visto andando en esta maravillosa tierra, que es realmente el Jardín; nos hemos desconectado por nuestro concepto de nosotros mismos y nos hemos venido abajo.

Como se nos dijo en el Libro de Daniel, fuimos una vez ese glorioso árbol y fue cortado por la misma base, y el que anteriormente cobijaba a las naciones y alimentaba a las naciones y confortaba a los pájaros y daba alivio a los animales del sol del día, del calor del día; y de pronto una voz dijo desde dentro, "Déjalo caído, déjalo que se quede como está, pero no dañes las raíces; lo mojaré con el rocío del cielo y cuando lo moje con el rocío del cielo una vez más crecerá de nuevo, pero esta vez crecerá conscientemente, sabrá qué es y quién es realmente. En su pasado, fue majestuoso pero no tenía conocimiento consciente de su majestad, y lo corté" – ese fue el descenso del hombre. Y ahora, surgirá una vez más desde su interior y será un árbol andante, un maravilloso árbol glorioso.

Ahora para aquellos que están profundamente dormidos esto puede parecerles demasiado sorprendente: esto puede ser igual de sorprendente que fue la ecuación de Einstein; eso fue sorprendente también. Pero yo te digo que yo lo he visto y lo veo – los hombres están destinados a ser árboles en el jardín de Dios. Son plantados sobre la tierra con un propósito y no siempre siguen siendo hombres, se transforman cuando se vuelven hacia dentro y se vuelven hacia arriba.

Este es el verdadero significado de la transfiguración. Hay una completa metamorfosis que tiene lugar como la oruga en la mariposa. Tú no sigues siendo lo que pareces ser cuando el hombre está dormido, y no hay imagen más gloriosa en el mundo que ver a este ser humano viviente animado, pues cada rama en su interior está representada por una extensión de sí mismo llamada el otro, y cuando él levanta al otro, esa rama no sólo se vuelve follaje sino que florece y las flores humanas vivientes que florecen en el árbol del hombre que despierta. Así que éste es mi mensaje para ti este año; te lo daré para agitar a ese ser que duerme en ti, pues el hijo de Dios duerme en el hombre y el único propósito de ser es despertarlo. Así que no es para despertar a este, bueno como parece ser, pero este hombre sensual es sólo una carcasa: es llamado el primer hombre, pero el primero será el último y el último será el primero. Así que el que viene a ser segundo, como Jacob vino segundo del vientre de su madre, toma precedencia sobre su hermano Esaú que vino primero. Esaú fue el semejante a este, él fue hecho de piel y cabello y Jacob fue hecho un muchacho de piel suave, pero el que llegó segundo súbitamente se convierte en el señor de todas las naciones y el que duerme en cada hombre nacido de mujer, y el deber de un maestro o una verdadera religión es despertar a ese hombre, no hablar de otro mundo, no hacer promesas que se cumplan más allá de la tumba, sino decir le que cuando él despierta ya está en el cielo y el reino ha venido ya, hoy, en la tierra. Pues cuando él despierta revisa su día y revoca su día y proyecta una imagen más bella sobre la pantalla del espacio.

CAPITULO V

LA IMAGINACION SE MANIFIESTA

CAPITULO V

LA IMAGINACIÓN SE MANIFIESTA

Yo digo que la imaginación crea la realidad, y si esta premisa es cierta, entonces la imaginación se cumple en lo que tu vida se convierte. Aunque yo he cambiado las palabras, lo que estoy diciendo no es nuevo. Las Escrituras lo dicen de esta manera: "Lo que tú desees, cree que lo has recibido y lo habrás recibido." Esta afirmación se remonta a dos mil años, incluso antes de que Jeremías hablara del mismo principio en su historia de la vasija y su arcilla.

Pero hasta que la imaginación se vuelva una parte de tu hábito natural de pensamiento normal, tú no actuarás conscientemente. Como respirar, esta conciencia debe convertirse tanto en una parte de ti que no te vuelvas a izquierda o derecha para rogar o culpar a nadie. Cuando tú conozcas esta presencia, no importará si empezaste tu

73

vida detrás de la bola ocho [1] o en un palacio; como un niño pobre o un niño rico; te darás cuenta de que la vida está siempre exteriorizando lo que tú estás imaginando.

No tener el conocimiento de este principio, de que tú puedes reproducir tu entorno – sea agradable o desagradable – siempre y para siempre, según alimentes o tu imaginación o lo que tus sentidos dictan. Pero conociendo este principio puedes ignorar el presente, y desligado de los llamados hechos de la vida puedes imaginar el presente como tú desees que sea y que se alimente de tu deseo, y no de su omisión.

Ahora, la imaginación no se puede observar como vemos los objetos en el espacio, pues la imaginación es su realidad. Fawcett da el nombre de "Dios" a la causa del universo, diciendo: "Dios, el creador, es como puro imaginar en nosotros mismos. Él obra en las profundidades de nuestra alma subyaciendo a todas nuestras facultades, incluyendo la percepción, y surge en nuestra mente superficial menos disfrazado en forma de fantasía productiva."

¡Escucha tus pensamientos y oirás las palabras de Dios! Un pensamiento que no tiene sentido no produce nada. Pero un pensamiento que produce elementos motores ¡se reproduce! Atrapa a Dios en un momento de un elemento motor tal como la cólera, el miedo o la frustración, ser felicitado o felicitar, y sabrás lo que va a suceder en tu mundo. A menos, por supuesto, que detengas tus pensamientos y los revises. La mayoría de nosotros, sin embargo, no somos conscientes de lo que estamos haciendo, de modo que no observamos al creador. Pero podemos atraparlo cuando fluye en nuestra mente superficial menos disfrazado en forma de fantasía productiva.

Si mientras vas en el autobús, conduciendo el coche, sentado en casa o estando en un bar oyes una observación y reaccionas moviéndote en el interior, esa observación se cumplirá en lo que tu vida se convierta. Este principio te libera, si estás dispuesto a asumir su responsabilidad. Pero la asumas o no, cumplirás cada pensamiento elemento motor tuyo de cualquier modo. Así que al final, tú no simpatizarás ni condenarás, sino que simplemente le hablarás, a aquellos que pueden estar atravesando por una experiencia desagradable, de este principio, y – si ellos lo aceptan – dejarás que el principio funcione en sus vidas. Ahora, la persona media en América es cristiana o judía. Pregunta a cualquiera de ellos si creen que imaginar crea la realidad, y todas las probabilidades son que te den una respuesta negativa.

Pero aunque ellos no lo sepan, si creen en Dios, creen en la imaginación. Ellos pueden leer las Escrituras y aceptar las palabras en la superficie, pero su sentido no se ha convertido en parte de su pensamiento.

La noche pasada, por ejemplo, oí a Billy Graham por primera vez. Había miles de personas en la audiencia escuchando a un coro de miles de miembros cantar la canción "Oh, cuánto amo a Jesús." Ahora, no quiero ser

75

crítico, pero cuando oí a Billy Graham hablar, me di cuenta de que él no tenía el menor concepto de Jesús, mucho menos de su segunda venida. Él decía: "Si Jesús viniera ahora, tan sólo imagínate, no habría más cáncer, ni más fallos cardíacos, ni más muerte."

Billy Graham cree que el cielo está hecho de cuerpos de carne y hueso en estados excrementicios. Y tendrían que tener cuartos de baño ahí, si no hubiera más muerte. Si estuvieras aún en un cuerpo, eso es excrementicio. Tendrías que tomar la comida que se te da, y lo que no pudieras asimilar tendrías que expulsarlo. Y, a menos que perdieras todo sentido de la vergüenza y volvieras al mundo animal, tendrías que tener un cuarto de baño. Yo escuchaba a este hombre y me preguntaba: ¿es este el hombre que estuvo departiendo en la Casa Blanca y fue recibido por el Papa en el Vaticano? (Por otro lado, el Papa es igualmente tonto respecto al misterio de Cristo.)

Luego, al final del programa, hubo una petición de dinero. Él te dará dos libros que no habías pedido. Uno interpreta la Biblia y el otro interpreta al primero. Todo lo que tienes que hacer es enviar tu donativo a esta sencilla dirección: Billy Graham, Minneapolis, Minn. "Pero", dijo él, "este programa nos ha costado $500.000, y nosotros no tenemos ese dinero. Así que si usted está solo por favor envíe una contribución. Pero si no está solo, entonces haga una colecta entre todos los que estén con usted y envíela." Ahora, esto continúa noche tras noche ¡durante toda una semana! Él es un ser grande y maravilloso, pero no tiene ningún concepto del misterio de Cristo.

Ahora quiero mostrarte lo que quiero decir cuando digo que tú puedes ser exactamente lo que quieras ser. Déjame empezar diciéndote que durante el último par de meses me he sentido como el diablo, sin embargo sabía que yo era responsable del infierno en que me encontraba. El médico me hizo todas las pruebas posibles, y cuando le vi ayer me dijo que yo era un dilema. ¿Sabes qué es un dilema? Es un argumento que presenta dos o más alternativas igualmente concluyentes contra un oponente.

En otras palabras, si partes de la suposición de que cualquiera que tú elijas tu conclusión será errónea, tú tienes un dilema. Tú puedes utilizar cualquier cosa como un dilema. Por ejemplo a mí. Mi sangre indicaba una cosa en una cierta prueba y la opuesta en otra. Las pruebas solo confirmaron lo que yo ya sabía: que la causa de mi incomodidad descansa en la profundidad de mi alma y no en ninguna causa secundaria – tal como el tiroides, el corazón, el hígado o cualquier cosa fuera de mí mismo.

Yo estoy vistiendo un cuerpo, pero no soy yo. Yo me pongo en este cuerpo, lo cual me limita. Yo soy su poder operante. No puede ser causal, ya que sólo refleja lo que yo estoy manteniendo en mi imaginación. No debo justificarlo, condenarlo o excusarme de ningún modo. Sabiendo que no me sentía bien, yo cambié mi sensación, y cuando las pruebas (que yo había pasado para complacer a la persona que amo) volvieron, me enteré de que yo era un dilema.

Yo te pido tomar la misma responsabilidad. No pasar la pelota a ninguna persona, organización, situación o circunstancia, sino descubrir por ti mismo que imaginar verdaderamente crea la realidad. Si la causa de toda vida es Dios, entonces Dios debe ser todo imaginación. Y debido a que tú puedes imaginar, entonces – como Dios – tú eres pura imaginación en ti mismo. Independientemente de que la razón y tus sentidos lo nieguen, puedes imaginar cualquier cosa y traerla a que pase si esta premisa es cierta.

Ahora déjame compartir algunas cartas maravillosas que he recibido recientemente. Una señora escribe: "En Julio mi coche necesitaba una reparación. Cuando firmé el recibo de crédito aceptando pagar el costo de $62, me imaginé que era un cheque, pues yo nunca firmo un cheque a menos que haya dinero en el banco para cubrirlo.

Agosto y Septiembre pasaron sin ninguna solicitud de pago. En Septiembre un hombre me paró y deseoso de vender su casa me pidió ponerla en lista. Le dije que yo ya no estaba en el negocio y le recomendé a mi anterior corredor. Me olvidé completamente de ello, pero en Octubre, justo antes de que la comunicación de la reparación del coche llegara, recibí una comisión de remisión de mi anterior corredor por la cantidad de $68 – seis dólares más del costeo de la reparación de mi coche.

Aquí el dinero – como la historia en el capítulo 6 de Lucas – vino a ella apretado, sacudido y rebosando. Todo el mundo en el mundo antiguo tenía un bolsillo grande donde se colocaba el grano y se apretaba hacia abajo hasta que rebosaba. Igual que la docena del panadero, esta señora recibió más de sus $62.

Luego decía: "Durante algún tiempo mi sillón favorito había necesitado tapicería nueva. Elegir el material y el patrón fue fácil, pero el costo de $87 tuvo que ser imaginado. De modo que en vez de limitarme a una cifra exacta, simplemente imaginé mi sillón ya nuevamente tapizado. Mientras estaba sentada en él, yo negaba su forro gastado, y cuando pensaba en él estando en otra parte de la casa, siempre lo veía como yo deseaba que fuera.

A primero de Septiembre, durante las vacaciones, nuestro vecino tuvo un ataque de corazón. Su mujer, deseando estar con su marido, me preguntó, si su hijo podía quedarse con nosotros hasta su regreso. Puesto que él y nuestro hijo eran compañeros de juego e inseparables, John se quedó con nosotros durante cinco buenas semanas, y cuando su madre preguntó cuánto me debía, yo amablemente le dije, '¡Nada! Pero algún día, cuando tengas un viejo billete gastado de cien dólares escondido en tu cartera y no sepas qué hacer con él, puedes dármelo.' Y la señora contestó, 'Eso es exactamente lo que mi esposo y yo acordamos hacer', y tomó de su cartera un billete doblado de cien dólares y me lo dio. Ese dinero pagó el nuevo forro del sillón, más un suplemento de $13." De nuevo vemos el dinero venir a ella apretado, sacudido y rebosando.

Cuando tú aplicas este principio hacia el aparente otro lo estás aplicando hacia ti mismo, porque no hay otro. Se nos dijo que cuando Job se olvidó de sí mismo en su amor por sus amigos y oró por ellos, su propio cautiverio fue levantado. Luego todo lo que el aparentemente había perdido le fue retornado, multiplicado cien veces.

Cuando tú perdonas a otro pensando en él como te gustaría que fuera y convenciéndote de la realidad de tu acto imaginario, estás perdonándole por lo que él parece ser, poniéndole en un estado enteramente diferente. Haz eso y estás sustituyendo un concepto innoble por uno noble. ¡Eso es el perdón! El perdón pone a prueba la capacidad de la persona para entrar y participar de la naturaleza de lo opuesto. Un sacerdote dirá: yo te perdono, sin embargo cuando él se cruza contigo por la calle recuerda lo que fue confesado. Si él puede recordar, ¡no ha perdonado! El recuerdo de lo que fue hecho o dicho debe ser sustituido por otra cosa, de modo que lo primero no pueda ser recordado ya.

Si la actual Sra. Onassis sigue siendo la Sra. Kennedy a tus ojos tú no la has perdonado, porque estás aún viéndola en el antiguo estado. Perdónala perdiéndote tanto en la idea de su nuevo estado que sea todo lo que tú puedas recordar, y no el anterior. Sigue pensando en ella en el estado anterior y las has empujado de vuelta a él, pues hay sólo estados, exteriorizados.

Ahora aquí hay otra historia: Mi amiga fue a Pittsburgh este verano a visitar a una amiga de la infancia, que expresó el deseo de un nuevo órgano Baldwin. Ahora, poseyendo un órgano económico, mi amiga le dijo que cada vez que se sentara a tocar, imaginara ver la palabra "Baldwin" a través del frontal del órgano y afirmara que es su modelo de alta gama y haberlo pagado. Ella prometió hacerlo.

Ahora, el padre de la amiga había partido de este mundo, y cuando ella recibió un cheque de $4.500 de su patrimonio, ella lo gastó en reparaciones necesarias de la casa. Pero cuando llegó otro cheque con la cantidad de $3.500 del patrimonio, ella decidió comprar su órgano.

Aunque el Baldwin de alta gama tenía un precio de $5.000, le dijeron que se lo venderían por $4.000, y le aplicarían un segundo descuento de $1.000 dólares a cambio de su órgano actual, haciendo que el costo total fuera de $3.000 por el órgano de sus sueños. Ella accedió a pagar los $3.000 y el órgano fue instalado.

Aunque una lluvia torrencial había provocado que el tejado de su casa necesitara reparación, el presupuesto de $1.700 se retrasó; así que cuando llegó, mi amiga recibió una llamada de su amiga preguntando por qué el constructor había esperado a dar su presupuesto hasta después que el Baldwin había sido comprado. Entonces mi amiga le contó la historia de mi amiga Ana, que vivía en Nueva York. Ana era una miembro de la profesión más antigua del mundo, la de ser una dama de la noche. Ella frecuentemente venía a mis conferencias, pero este día nos encontramos en la esquina de Broadway y la Calle 72, donde me contó esta historia. Un día, mientras pasaba junto a una tienda de sombreros, se enamoró de un bonito sombrero de la vitrina con una etiqueta que indicaba que costaba $17.50. Deseándolo tanto, decidió aplicar este principio, de modo que en su imaginación se colocó el sombrero en la cabeza, y mientras subía por Broadway sentía el sombrero en su cabeza. No quería mirar en un escaparate de una tienda y ser desilusionada, y cuando llegó a casa, imaginó que se quitaba el sombrero y lo colocaba en el estante superior antes de mirarse al espejo.

Diez días después una amiga la llamó y la invitó a almorzar. Cuando llegó, la amiga le entregó una caja de sombrero, diciendo: "No sé lo que me poseyó, pero compré este sombrero y cuando llegué a casa me di cuenta de que había cometido un error. No me gusta para mí, pero pienso que te quedaría estupendamente a ti, Ana."

Abriendo la caja metió la mano y sacó, no un sombrero, sino el sombrero. Luego Ana me dijo: "¿Por qué Dios no me dio el dinero para comprar el sombrero, en vez de traérmelo a través de una amiga?" Le pregunté si ella se sintió obligada con su amiga, y cuando dijo que no con la cabeza, le pregunté cuánto pagaba ella habitualmente por un sombrero. Cuando me dijo $4 o $5, le pregunté si había comprado un sombrero de $17 antes.

De nuevo la respuesta fue que no; y cuando admitió que debía el alquiler de dos semanas, le dije: "Si mientras estabas admirando el sombrero hubieras encontrado un billete de cien dólares en la acera, ¿habrías comprado el sombrero? Yo responderé por ti: no, no lo habrías hecho. Habrías pagado el alquiler y quizás comprado algunos comestibles, pero no habrías comprado el sombrero. Dime Ana, ¿cuánto dinero debe darte Dios para lograr que compraras un sombrero de $17? Si te hubiera dado mil dólares no lo habrías comprado, pues tú no estás acostumbrada a comprar sombreros tan caros; así que Dios sabe mejor cómo darte el sombrero que tú deseabas."

Después de contar la historia, mi amiga preguntó: "¿Cuánto dinero debe darte Dios para comprar el órgano? Tú tienes el órgano porque tú lo imaginaste. Ahora aplica el mismo principio al nuevo tejado, pues la imaginación no te fallará." He aquí un principio que la señora utilizó para su órgano, pero cuando se necesitaba un tejado nuevo ella olvidó la fuente de los fenómenos de la vida. La razón entró y le dijo que todo el dinero del patrimonio de su padre se había ido. Si tú la dejaras, la razón te quitaría este regalo divino y te dejaría pobre, de hecho. Pues tú tienes el regalo de poseer todo lo que imagines, ¡si eres fiel a lo que has asumido!

Ahora, una señora escribió diciendo: "Soñé que estaba en unos grandes almacenes con una querida amiga que accedió a vigilar mi bolso mientras yo compraba. Pero cuando volví, mi amiga se había ido y mi bolso estaba puesto en una bolsa de papel en el suelo. Al abrir el bolso descubrí que faltaban 30 $ y una pequeña tarjeta que llevo señalando que soy una ministra ordenada de Unity. Desperté preguntándome por qué alguien querría esa tarjeta."

La tarjeta contenía el objeto central de la verdad en su sueño. Ella había pagado las treinta monedas de plata – el precio pagado por la verdad – y ahora ella había trascendido cualquier ordenación en este mundo. Por buena que Unity y todos esos grupos sean, están jugando sus papeles en ciertos niveles de la conciencia. Pero esta señora había ido más allá de cualquier *ismo* artificial, sea Unity, la Ciencia Cristiana o la Ciencia de la Mente. Todas esas son doctrinas artificiales, no basadas en la visión. A ella le fue mostrado que había pagado el precio por Cristo; y la tarjetita que le dio título para cierto nivel de conciencia había sido eliminada, pues ella había trascendido el nivel psicológico y entrado en el tercer nivel del arca de la vida – el nivel de la visión. Ella había encontrado a Cristo porque había pagado el precio.

Yo puedo decírtelo: ¡tú tienes dentro el poder para crear cualquier cosa! Deja a la gente ser lo que quieran ser, mientras te pones metas para ti mismo. No importa qué ha sucedido en tu vida o lo que la evidencia de tus sentidos te digan, el poder del universo está en ti. Ese poder es el Señor Cristo Jesús, cuyo nombre es **Yo Soy**. Sin embargo no lo conocerás nunca a menos que lo pongas a prueba, pues sólo entonces te darás cuenta de que Jesucristo está en ti. Me enseñaron que Cristo estaba fuera en algún lugar en el espacio. Pero acepté el desafío y me puse a prueba, para descubrir que yo soy creador. Que yo creo desde dentro y que mi vida es el cumplimiento de mis propios actos imaginarios. No siempre he sido sabio en mi elección, pues la imaginación está siempre cumpliendo su estado imaginario y yo he imaginado cosas desagradables y las he cosechado convirtiéndome en el cumplimiento de lo que estaba imaginando.

Entonces me volví más alerta y descubrí que podía atrapar a Cristo mientras fluía a mi mente menos disfrazado en forma de fantasía creativa. Si mis pensamientos eran impulsos motores y eran desagradables, yo sabía qué esperar, a menos que los revisara. Pero fueran agradables o desagradables, yo sabía que los cumpliría.

No envidies a nadie. Si un hombre tiene 500 millones de dólares y una chica está en lo alto de la escala social es porque Dios, en ellos, tuvo el deseo y se ha cumplido. Blake estaba en lo cierto cuando tituló su maravilloso cuadro: "¡Más, más! es el grito del loco.

Menos que todo no es suficiente." Las Escrituras nos dicen: "Todo lo tuyo es mío y lo mío es tuyo", pues todo lo que Dios es, es tuyo, ya que tú heredas a Dios. Él es tu posesión, así que todo lo que Dios es, cuando tú lo heredas menos que todo no es suficiente. Pero el grito de "más" es el grito del loco, pues en tanto él quiera más, nunca tiene suficiente.

La Sra. Onassis se nutre de un fondo de crédito de más de 20 millones de dólares. Tú podrías pensar que era suficiente, pero tú puedes ajustarte a un modo de vida en que no lo sería. Están las necesidades de caridad, más si tú deseas ser una de las diez mejor vestidas del país, debes tener una fortuna para gratificar ese deseo.

No hay nada malo en ello. Yo personalmente no tengo ningún deseo de ser nombrado entre los exteriormente bien vestidos. Espero estar interiormente bien vestido. Espero que mi luz sea cegadora. Yo espero que mi vestimenta sea tan poderosa que uno no pueda estar en su presencia a menos que este calificado para estar ahí. Y si yo modifico mi vestimenta para adaptarme al nivel en que otro está, para que él pueda ver al ser que yo represento, lo hago – pero ciertamente no en el exterior.

Yo te digo: imaginar crea la realidad. Créeme, pues es verdad. Fawcett estaba en lo cierto cuando decía: "El secreto de imaginar es el más grande de todos los problemas a cuya solución el místico aspira, pues el supremo poder, la suprema sabiduría y el supremo deleite descansan con mucho en la solución de este misterio."

Un amigo mío envió al Sr. Fawcett mi libro, y llamó su atención hacia el capítulo llamado "La Revisión". Él también envió una copia a un físico de una de nuestras grandes universidades. El físico sintió que puesto que las afirmaciones recogidas ahí no eran científicamente probables, el libro no era digno de su biblioteca. Mientras el viejo caballero – que fue filósofo y profesor en la Universidad de Oxford – escribió la carta más dulce, diciendo: "Yo no sé quién es Neville, pero habiendo leído el capítulo sobre la revisión como solicitaste, sé que él sólo pudo haberlo recibido de los hermanos. Nadie sino la sociedad divina podría haber dictado ese capítulo." He aquí un hombre lleno de alabanza para un pensamiento que el científico ridiculizó porque estaba fuera de su alcance.

Te pido que me tomes en serio. La imaginación se cumplirá, de modo que no te limites por nada de lo que esté sucediendo ahora, no importa lo que sea. Sabiendo lo que quieres, concibe una escena que implicaría que lo tienes. Convéncete de su verdad y camina ciegamente en esa suposición. Cree que es real. Cree que es cierta y llegará a pasar. La imaginación no te fallará si te atreves a asumir y persistir en tu asunción, pues la imaginación se cumplirá en lo que tu vida se convierta.

Ahora, tú puedes conocer a alguien que tuvo una asunción pero murió antes de que fuera realizada. Yo puedo decirte: la muerte no termina con la vida. El mundo no deja de existir en el momento en el tiempo en que tus sentidos dejan de registrarlo. En cambio tú eres devuelto a la vida para continuar tu viaje, y tus sueños – irrealizados aquí – se realizarán ahí. Tú no puedes detenerlo, pues la imaginación está siempre creando la realidad.

Cuando mi hermano Lawrence estaba haciendo su salida de este mundo, yo le dije a mi cuñada que había matrimonio en el otro mundo, y ella – en un tono muy ligero – dijo: "Yo no quiero ir ahora, ¿pero tú piensas que Lawrence me estará esperando para que podamos volver a casarnos?" Bueno, respondí yo en el mismo tono ligero, diciendo: "Dios es misericordioso." Dejaré eso ahí y tú puedes dar la interpretación que quieras respecto a lo que yo he dicho. ¿Pero imaginas a dos personas que han

87

pasado su vida peleando como el perro y el gato queriendo perpetuarlo? No. Dios es misericordioso. Realmente lo es. Una vez que tú has experimentado un estado infeliz tendrías que ser un estúpido idiota para repetirlo. Pero después de la resurrección no hay dar o tomar en matrimonio, pues estás por encima de la organización de sexos – por completo más allá de ello.

---

[1] Se usaba para explicar que se está en una posición difícil o incomoda.

CAPITULO VI

ATRAPA EL ESTADO DE ANIMO

CAPITULO VI

ATRAPA EL ESTADO DE ÁNIMO

Encontrarás el mensaje de esta noche muy práctico. No creo que moleste a nadie, pero hay ajustes que hacer en cuanto a lo que el hombre cree que es Dios, y lo que Dios es realmente. Se nos dice en las Escrituras, en el nacimiento de los gemelos, que el gran drama comienza "en tus miembros..." y estoy hablando ahora no de cualquiera, sino de tu individualidad:

"En tus miembros yacen dos naciones, razas rivales desde su nacimiento; una ganará el dominio, la más joven sobre la más vieja reinará." (Genesis 25:23, traducción de Moffatt) Estas están en tu individualidad. Se nos dice que la más joven, que naturalmente es la segunda – el "segundo hombre" – es el Señor de los Cielos. Ese es el segundo hombre; Él duerme en ti. Tú le despertarás, y Él

91

se convertirá en el Maestro. Él reinará. Por el momento, en la mayoría del mundo, están totalmente inconscientes de esto. Entonces, Él duerme, y así Él no reina. Ese conocido en las Escrituras es llamado Jesucristo. El Señor Jesucristo es tu propia maravillosa imaginación humana. ¡Ese es Dios! Ahora, el mundo entero, y todo dentro de él, no es nada más que el apaciguamiento del hambre. Eso es todo en la vida: el apaciguamiento del hambre. Y hay infinitos estados desde los cuales el Señor puede ver al mundo apaciguar ese hambre. El "primer hombre" no puede hacerlo. Él puede alimentarse sólo de lo que sus sentidos dictan. Donde quiera que esté, él se alimenta de los hechos de la vida como él ve los hechos.

Se necesita al "Segundo Hombre" para desembarazarse de esa restricción y entrar en un estado – cualquier estado en el mundo – y alimentarse de él, y luego – con el tiempo – traer al "primer hombre" para alimentarse de él.

Se nos dice en el capítulo 14 de Juan: "Que tu corazón no esté perturbado, ni tengas miedo. Crees en Dios, cree en mi también." (Juan 14:1) Ahora, este no es un hombre hablándote desde fuera. "Cree también en mi." "Crees en Dios, cree también en mi." En el mismo capítulo Él te va a decir ¡que Él es Dios! ¿Pero qué hombre creería realmente que esta presencia dentro de él es Dios?

Ahora, Él te dice: "Estén tranquilos y sepan que *Yo soy* Dios." (Salmo 46:10) Este no es otro hombre hablándote, aparte de ti mismo, "Estén tranquilos, y sepan que '*Yo Soy*' es Dios." ¿Puedes creer eso? Si puedes creer eso, entonces todas las cosas son posibles para ti. Pues "todas las cosas son posibles para Dios." (Mateo 19:26) ¿Puede un hombre realmente creer eso? Eso es lo que se me dice en el Salmo 46, "Estén tranquilos, y sepan que Yo ..." Pon la palabra correspondiente ahí ahora.

Ahora, se nos ha dicho que Él duerme, y entonces viene la llamada: "Despiértate. ¿Por qué duermes, Oh Señor? No nos rechaces para siempre." (Salmo 44:23) Éste duerme en el hombre. El Hombre tiene que despertarlo. ¡Él no sabe que su propia maravillosa imaginación humana es Dios!

Ahora, "En la casa de mi Padre hay muchas moradas. ¿Si no fuera así, Yo les hubiera dicho que voy a preparar un lugar para ustedes? Cuando vaya vendré de nuevo, y les recibiré en mí, para que donde Yo este, ahí podrán estar ustedes también." (Juan 14:2,3) Ahora, esta conversación tiene lugar en tu individualidad, entre los dos. Yo estoy hablando ahora a mi yo, "En la casa de mi Padre" – *Yo soy* el Padre "... hay innumerables moradas" – estados de conciencia. "¿Si no fuera así, les habría dicho que voy a preparar un lugar para ustedes? Y cuando vaya, vendré de nuevo, y les recibiré en mí, para que donde Yo este ustedes también puedan estar."

Yo me encuentro aquí, y mis sentidos me atan aquí a esta habitación, pero yo no quiero estar aquí. Quiero estar en otra parte. Yo conozco mi saldo en el banco. Conozco mis obligaciones en la vida. Estoy atado

93

por lo que conozco. El "hombre externo" se alimenta de eso, pero él quiere más que eso. Hay algo en mí – el "Segundo Hombre" que ha nacido del Cielo – que está diciéndome que hay "innumerables moradas" a las que yo puedo ir – tú no puedes ir –, Yo puedo ir y prepararlas para ti. Pero, "cuando Yo vaya a prepararlas para ti, vendré de nuevo y te recibiré en mí mismo, para que donde yo vaya, ahí estén ustedes también." Ahora, ¿cómo lo hago?

Yo echo una mirada a mi mundo, y estoy muy restringido. Todo sobre mí es algo que me gustaría romper – trascenderlo, convertirme en una persona más grande, una persona más segura, donde yo esté haciendo una tarea mayor en el mundo. Todas esas cosas me gustaría hacerlas, pero la razón me dice que no estoy haciéndolas, y mis sentidos confirman a mi razón. Ahora, ¿hay algo en mí, que es mi Verdadero Yo, que puede hacerlo? Sí, mi imaginación puede hacerlo.

En mi imaginación, yo voy y preparo el estado. Realmente voy al estado y lleno ese estado con mi propio ser, y veo el mundo desde ese estado. No pienso en él; pienso desde él. Cuando pienso desde él, estoy realmente preparando ese estado.

Entonces regreso a donde yo dejé a éste – "el hombre externo" –, y una vez más me fusiono con él, y nos hacemos uno, otra vez. Ahora lo llevo a través de un puente de incidentes – una serie de acontecimientos – que me lleva hacia lo que yo he preparado, y lo llevo conmigo y entro en el estado mismo. Él se alimenta ahora, literalmente, de ese estado. Esto es lo que yo llamo orar. Yo no voto por él, no hago petición, no pido a ningún ser en el mundo – a nadie, incluyendo al que el mundo diría que es Dios. Pues cuando encuentras a Dios estando tranquilo, y sabes que *"Yo Soy"* es Dios, ¿entonces a quién puedes dirigirte para algo en este mundo, si realmente crees en las Escrituras: "Estén tranquilos y sepan que *Yo soy* Dios"? Entonces, ¿a quién podrías dirigirte? Es una comunión interna con el Yo. Pero el hombre le habla a un dios fuera y suplica a un dios fuera, y mendiga a un dios fuera.

Esto me recuerda una fiesta que William Lyons Phelps dio. Si tú no sabes quién es – de hecho, quién fue –, él fue uno de los educadores verdaderamente grandes en nuestro país en este siglo veinte: William Lyons Phelps. Él y la Sra. Phelps conversaban con Edna Ferber, la escritora. Cuando se sentaron a cenar, la Sra. Phelps le dijo: "William, ¿te importaría dar gracias?" Él cerró los ojos, inclinó la cabeza, y después de quizás diez o quince segundos dijo: "Amén." Y ella le dijo: "¿Por qué, William, yo no oí una palabra de lo que dijiste?"; y él le dijo: "Yo no estaba hablando contigo, querida..."

La gente se sienta a dar las gracias así: "Bendice las manos que prepararon esta comida", todas esas palabras no significan nada. Ve adentro, y no hagas petición: aprópiate. Orar no es más que la apropiación subjetiva de la esperanza objetiva. Yo espero esto y esto;

95

Yo lo quiero como un hecho objetivo. Ahora, yo debo ir adentro y apropiármelo subjetivamente.

Así que, orar es la apropiación subjetiva de la esperanza objetiva. Eso es lo que yo llamo "fe en Dios", lo cual no es más que fe en mí Ser, pues el Ser del hombre – la verdadera identidad del hombre – ¡es Dios! Ese es el "Jesucristo" de las Escrituras. "¿No te das cuenta de que Jesucristo está en ti? Ponte a prueba a ti mismo y ve." Eso es lo que se nos dijo que hiciéramos en la Segunda Carta de Pablo a los Corintios.

Léelo en el capítulo 13, versículo 5 de Corintios II. "Examinaos a vosotros mismos, para ver si os estáis manteniendo en la fe. Poneos a prueba. ¿No os dais cuenta de que Jesucristo está en vosotros?" (Corintios II 13:5, Versión Standard Revisada).

Bueno, si Él está en mí, ¿entonces dónde iré yo a encontrarlo? ¿Cómo me dirigiré a Él? Él está en mí. Él es mi propio Ser. Yo simplemente estoy en comunión con mí Ser.

Hay innumerables estados en el mundo; así yo singularizo el estado que yo quiero expresar en este mundo, y no te pregunto a ti o a nadie más en el mundo si es bueno para mí. Yo no consulto a nadie. ¿Entra dentro del marco de la Regla de Oro? ¿Lo que estoy pidiendo ahora, lo pediría para otro?

¿Pediría a otro, si lo que estoy buscando ahora para otro es algo que yo pediría para mí mismo? La Regla de Oro es: "Haz a los demás lo que te gustaría que te hicieran a ti." Si tú mantienes eso en mente, no puedes equivocarte.

¿Qué hay de malo en pedir algo en este mundo para otro que tú pedirías para ti mismo? ¿Hay algo malo en estar seguro? Nada. ¿Hay algo malo en estar limpio, saludable y decente? ¿Hay algo malo en ser alguien que contribuye al bien del mundo? ¿Qué hay de malo en eso? ¿Hay algo malo en estar felizmente casado, orgulloso de la chica que lleva tu nombre, o ella orgullosa del hombre cuyo nombre lleva? ¿Qué hay de malo en eso? Olvida eso. El mundo entero es un campo para cosechar. Tú no escoges a esta o a esa mujer. Escoges el estado. Yo quiero ser dichosamente feliz, y si lo fuera, ¿cómo vería el mundo? ¿Y cómo el mundo me vería a mí? Bueno, aíslate del mundo y ve adentro y aprópiate de ese estado. Y desde dentro, deja que tus amigos te vean, como ellos tendrían que verte si lo que ahora estás asumiendo que eres realmente es cierto.

Por eso es por lo que he titulado la charla de esta noche "El estado de ánimo" – Alcanzar el estado de ánimo. Todo está basado en ese estado de ánimo. El capítulo 25 del libro de Génesis: "Y ella dio a luz gemelos, pues en sus miembros estaban estas razas rivales – razas rivales desde su nacimiento", llamadas en las Escrituras "Esaú" y "Jacob"; y tú piensas que fueron dos individuos que vivieron hace miles de años. No, ¡ellos están justo aquí en cada uno en este mundo! Estos son los eternos estados

97

de conciencia personificados en las Escrituras como dos muchachos.

Las Escrituras no son una historia secular. Es una historia de salvación. Y así, ellos no vivieron hace miles de años; ellos viven ahora en ti, y tú tienes que dar nacimiento a ambos. Tú has dado nacimiento al primero. El primero es tu "hombre externo", el hombre que es ahora un hombre de los sentidos – un hombre que está cubierto de pelo, como nos han dicho. Esaú vino primero, y él estaba cubierto de pelo por todas partes. Seas mujer u hombre, estás cubierto de pelo por todas partes. Ese es el tú externo, el hombre del mundo sensorial.

Luego viene el "Segundo Hijo", y él es el muchacho de piel más suave, llamado Jacob. El nombre "Jacob" significa suplantar. Él va a suplantar a su hermano; él es el segundo, pero él vendrá después del primero. El Segundo Hombre es el Señor del Cielo, y el Segundo Hijo es tu propia maravillosa imaginación humana. Cuando tú lo sacudes y lo despiertas y lo haces venir a existir, puedes hacer maravillas en este mundo.

Inténtalo ahora mismo. Tú sentado aquí en esta sala – yo de pie aquí; yo podría, en un abrir y cerrar de ojos, ponerme fuera de esta sala y verla desde ahí, y ver el interior de esta sala, no desde este atril, sino verla desde fuera. Eso es ejercer el Hombre Interno. Ve afuera mentalmente, no físicamente, y ve esta sala desde afuera. Mientras estoy aquí sentado, yo puedo ponerme en la planta baja de mi habitación del hotel, y entonces ver esta sala y pensar en ella, pero pensando desde la planta baja de mi habitación. Yo puedo ponerme en cualquier parte del mundo y pensar desde ella, y pensar en el mundo y en todo lo demás. Ese es el secreto: pensar desde lo que yo quiero, en vez de pensar en lo que yo quiero.

Cuando yo sé lo que quiero en este mundo, cuando estoy pensando en ello, está siempre más allá de mí. Cuando yo sé lo que quiero, yo entro en ese estado y pienso desde él. Ponte ahora mentalmente en tu propia casa esta noche, y ve este edificio – este club – desde tu casa, y ve este edificio, no desde él; tú piensas en él, y estás viéndolo desde tu habitación.

Ahora, el estado de conciencia al que tú más constantemente regresas es el lugar que tú realmente habitas – ese estado habitual desde el cual ves el mundo. ¿Lo ves desde la pobreza, diciendo "Yo soy pobre"? ¿Andas por la calle sintiendo "Qué pobre soy"? Tú estás viendo el mundo desde el estado de pobreza entonces. ¿Estoy viendo el mundo desde el estado de uno que es completamente desconocido y no querido? Bueno, esa es mi casa. El lugar al cual habitualmente regreso constituye mi lugar de habitación. Yo no necesito habitar ahí.

"En la casa de mi padre hay innumerables moradas. ¿Si no, les hubiera dicho que voy a preparar un lugar para ustedes?" Y cuando yo vaya y prepare el lugar, regresaré de nuevo y los llevaré conmigo, para que donde yo vaya – en ese estado preparado – ustedes también estén. Ahora, así yo tomo un estado. Yo quiero ser

99

conocido. Yo quiero contribuir al bien del mundo. Yo quiero también vivir bien – y quiero decir bien. Yo quiero sentirme seguro, no sólo financieramente, sino seguro socialmente, que cuando entre en una habitación no esté avergonzado, no importa quienes sean ellos. Ellos pueden tener todos los títulos del mundo; pueden venir de todas las grandes universidades del mundo y ser honrados por el mundo, pero yo quiero estar en su presencia y no sentirme pequeño. Yo quiero sentirme una persona; no tener que agachar la cabeza de vergüenza debido a alguna restricción en mi pasado. Si yo hubiera nacido "detrás de la bola 8"(1) socialmente, financieramente, intelectualmente, no importa. Yo quiero sentirme importante; yo quiero sentirme grande; yo quiero sentirme bueno.

Muy bien, ¿qué estado sería ese si fuera verdad? Yo concibo un estado que, si fuera verdad, haría que todos mis deseos se realizaran. Voy a ese estado. Ahora, la primera vez que yo entro en ese estado y veo el mundo desde él, es maravilloso, pero no puedo nunca re-entrar en ese estado. Por lo tanto, no es mi casa. Yo quiero hacer de ese estado mi casa perpetua, de modo que yo automáticamente habite en ese estado; y si lo habito así de automáticamente estoy en ese estado; se convierte en mi lugar de habitación. Así que, "Yo iré y prepararé un lugar para ti." No te estoy hablando a ti; me estoy hablando a mí mismo: "Yo te llevaré a ti, Neville, nacido detrás de la bola 8 – nacido desconocido, no querido, pobre; todo lo que es simplemente detrás de la bola 8 –, y yo voy a llevarte a ti,

Neville, ahora que tú me has encontrado a mí, al Segundo Hombre, al Señor del Cielo, tu propia maravillosa imaginación humana, ahora que tú me despertaste, yo iré."

Y yo habitaré en el estado y me sentiré que soy Neville – ese "hombre externo" que yo acabo de dejar en la silla o en la cama, y veré el mundo como Neville lo vería si él estuviera conmigo ahora. Yo veo el mundo desde ese estado. Y luego, cuando me parece natural, regreso al "hombre externo" físico que dejé en una silla, que dejé en la cama, y mientras regreso nos fusionamos y nos convertimos en una persona, no dos. Entonces me muevo a través de un puente de incidentes que realmente, racionalmente, yo no construí – simplemente apareció – y me muevo a través de una serie de acontecimientos que yo no determino razonablemente, simplemente suceden. Me moveré a través de ese puente de acontecimientos al estado en que yo entré y ahora habito. ¡Pero cuando llegue ahí, parecerá tan natural!

El hombre que pensaba, debido a sus limitaciones pasadas, que él no podría nunca entrar en ese estado – ahora él se encuentra en ese estado. No importa a quien encuentre, los encuentra desde ese estado, y es perfectamente natural para él. Esta es la historia que las Escrituras te enseñan a ti, a mí y a cada uno en el mundo. Pero hasta que tú encuentres a Dios, que es tu propio Ser, tú no vas a hacerlo. "Estén tranquilos, y sepan que *'Yo Soy'* es Dios." ¡No hay otro Dios!

¿Y tú piensas que eso es blasfemia? Muy bien, el que enseña la historia fue también acusado de blasfemia, pues Él dijo: "*Yo Soy* Dios", y ellos tomaron piedras para apedrearle. No significa que un hombre está haciendo una atrevida afirmación en el exterior. El "hombre externo" toma los hechos de la vida – estas son las "piedras" – para apedrearle, y entonces Él cita las Escrituras, y cita el Salmo 82: "¿No está escrito en vuestras Escrituras que yo digo: 'Vosotros sois dioses, todos vosotros hijos del Altísimo'? Si entonces Yo digo que Yo soy el Hijo de Dios, y el Hijo de Dios y Dios son uno y el mismo Ser, ¿por qué me apedreáis cuando las Escrituras os enseñan que vosotros sois hijos de Dios?" (Ver Juan 10:34-37)

Así que no pudieron apedrearle entonces porque Él estaba sólo citando su libro. Bueno, yo estoy sólo citando esta noche nuestro libro, que es mi libro. Es el libro para liberar a cada hombre en este mundo, si sabes quién eres tú realmente. ¡Tu verdadera identidad es Jesucristo! Y Jesucristo no es un ser que vino hace dos mil años y luego partió. Él dijo: "Yo estoy con vosotros siempre, incluso hasta el mismo fin de los tiempos." (Mateos 28:20) Si Él está conmigo siempre, ¿dónde está Él? Él dijo: "Yo estoy con vosotros siempre, hasta el mismo fin de los tiempos." ¿Entonces dónde está Él? Yo ciertamente sé dónde Él está.

Ahora, la conversación – yo estoy citando del capítulo 8 del Libro de Juan – está teniendo lugar en ti. Nadie más está oyéndolo. Ahora yo estoy sólo citando un pasaje del capítulo 8 de Juan: "Vosotros sois de abajo, Yo soy de arriba; vosotros sois de este mundo, Yo no soy de este mundo. Yo digo que moriréis en vuestros pecados a menos que creáis que *Yo Soy* Él." (Juan 8:23, 24) Yo solo estoy citando del capítulo 8 del Evangelio de Juan.

En las Escrituras, arriba y adentro son lo mismo; abajo y afuera son lo mismo. Así que cuando tú lees: "Yo soy de arriba", Él te está diciendo: "Yo estoy adentro", pues Él te dice: "El Reino de los Cielos está adentro de ti." (Lucas 17:21) Así que Yo estoy arriba, por tanto es Yo estoy adentro. Tú, – el "hombre externo" – eres de afuera, por tanto eres de abajo. Eres de este mundo. Yo no tengo que permanecer anclado a lo que mis sentidos dictan y me dicen que *Yo soy*. Yo no tengo que estar aquí. Tú, mirándome desde fuera, como el "hombre externo", dirás: "Neville está en el estrado." Conociendo mi mundo externo completo, conocerías mis restricciones, mis limitaciones. Tú no conoces mis ambiciones, mis sueños, mis deseos. Yo, y sólo yo, conozco mis ambiciones y mis deseos. El "Hombre Interno" los conoce, y Él sabe cómo entrar en estos estados y preparar un estado para que el "hombre externo" lo llene. El "hombre externo" no puede hacerlo. El "hombre externo" está completamente anclado por sus sentidos y confirmado por su razón.

Ahora déjame compartir contigo una sencilla historia. En el momento que esto sucedió, parecía una cosa imposible. Justo después que la guerra había acabado, tomé el primer viaje con mi mujer y mi hija pequeña a la isla de Barbados en las Indias Occidentales, Yo no hice preparativos para regresar, zarpé desde Nueva York., pensé que iría y estaría unos meses en la isla con mi familia, que eran todos de Barbados, no haciendo ningún preparativo para mi regreso.

Entonces llegó el momento para mi regreso, pues yo tenía un programa en Nueva York para la primera semana de Mayo. Yo llegué a Barbados a final de Diciembre y pasé estos casi cuatro meses celestiales. Cuando fui a la compañía de barcos, me mostraron una lista que era tan larga como de aquí a ahí (indicando) de gente esperando para tomar el barco. Eso era sólo en la isla de Barbados.

Había listas igualmente largas en las demás islas: Trinidad, San Vicente, Granada – todas las islas, y sólo dos barcos cubriendo todas las islas: uno pequeño que llevaba sesenta pasajeros y otro que llevaba ciento veinticinco pasajeros; y cientos y cientos en cada isla esperando. Bueno, ellos dijeron, "Bueno, Sr. Goddard, lo más pronto que usted podría salir de esta isla será en el mes de Octubre."

Yo dije: "¿Es ese su veredicto definitivo?" Ellos dijeron: Bueno, eso es definitivo. Mire la lista, y esto es sólo en Barbados." Estamos ahora en el mes de Abril. Yo nunca pensé en solicitar antes de eso. Mi hermano Víctor dijo: "¿Cómo demonios has podido dejar Nueva York – la capital financiera del mundo – ellos sabían ahí como hacer todas estas cosas. ¿Por qué no arreglaste ahí para regresar cuando tú saliste?" Yo dije: "Nunca se me ocurrió. Realmente no importa."

Me senté en mi habitación de hotel en Barbados y me puse cómodo, y luego asumí que estaba en un pequeño barco – una chalupa, llevándome al barco esperando en la bahía. Podía sentir mecerse el pequeño barco. En ese barco coloqué a mi familia – unos cuantos miembros de mi familia: mi hermano Víctor, mi hermana Daphne, y uno o dos más, y naturalmente mi mujer y mi hija pequeña. Entonces sentí llegar al barco junto al barco principal que nos llevaría de vuelta a Nueva York. Y entonces, en mi imaginación, asumí que mi hermano Víctor tomaba a mi hija y subía a la pasarela y caminaba con ella y yo ayudaba a mi mujer después, y luego a mi hermana Daphne, y luego subí yo, y nos fuimos. Cuando llegué a lo alto de la pasarela – todo en mi imaginación, dándole toda la vivencia sensorial, dándole todos los matices de la realidad – yo no tenía adjudicado camarote, así que no podía bajar al camarote. Yo simplemente volví a lo alto de la pasarela, caminé tres o cuatro pasos, y luego puse las manos en la barandilla, de modo que podía oler la crudeza del mar, podía sentir la sal llevada por el viento. Yo podía sentirla en la barandilla, y entonces miré hacia la isla con nostalgia. Estaba dejando una isla perfectamente encantadora con tantos miembros de mi familia, y sin embargo yo tenía un sentimiento dividido. Estaba feliz de irme porque tenía que volver a Nueva York en mi camino a Milwaukee, y luego, al mismo tiempo, estaba escondido en mi emoción porque había una pena – como una dulce tristeza dejándolos y aún feliz de irme.

Y ese es el estado de ánimo que yo alcancé. Yo alcancé esa sensación. Yo no te puedo decir, si tú no has tenido la experiencia de ir a algún lugar estando dividido entre querer ir y sin embargo de mala gana, porque estás dejando algo precioso tras de ti. Bueno, ese era mi estado de ánimo. Yo alcancé el estado de ánimo. Y luego seguí mirando a la isla, y luego lo rompí y aquí estoy, sentado en mi silla en la habitación del hotel ¡en Barbados!

A la mañana siguiente sonó el teléfono. Cuando respondí, era la Compañía de Barcos Alcoa llamando: "Sr. Goddard, acabamos de recibir un telegrama de Nueva York cancelando un pasaje en el próximo barco, que podría dejarle en Nueva York a primero de Mayo. ¿Lo desearía para usted, su mujer y su hija? Es un camarote más pequeño, realmente, hay sólo dos literas, pero su hija pequeña tiene sólo tres años, y así ella podría dormir cono usted o con la Sra. Goddard, pero hay dos literas, y hay un baño privado. Todo es perfecto, pero usted sabe; el barco es pequeño; sólo llevará sesenta pasajeros." Yo dije: "Bajaré ahora mismo." Así que bajé, y pensé que descubriría algunos detalles más. Pregunté a la agente: "¿Por qué la cancelación?" "Bueno", dijo ella, "yo podría sólo especular. Ellos no nos lo dijeron; nos telegrafiaron. Hubo una cancelación para el viaje de vuelta." Yo dije: "Muy bien, está cancelado. Por qué no se lo dio a alguno de los otros que estaban esperando?" Había cientos y cientos esperando. "Bueno", dijo ella, "tenemos una señora aquí – una señora americana que ha estado molestándonos semana tras semana para salir de Barbados de vuelta a Nueva York, así que la llamamos primero, y ella dijo, 'No me conviene irme ahora.' Así que entonces le llamamos a usted porque tienen que ir tres, y pensé que podría utilizar la habitación para ustedes tres. Y no notificaremos a ninguno de los otros cientos que están esperando."

De modo que no hice más preguntas. Lo tomé y volví a tiempo para mi deber en Nueva York y luego mi deber en Milwaukee.

Cuando cuento esa historia, la reacción habitual es: ¿Fue eso hacer una cosa justa? ¿Puedes imaginarte eso? ¿Fue eso hacer una cosa justa con todos los demás que estaban esperando? Yo no estaba dirigiendo la Compañía de Barcos Alcoa. Yo estaba aplicando el principio de Dios. No hubiera importado si un millón de personas estaban ahí; yo habría saltado por encima de un millón. Ese no es asunto mío. Yo estoy simplemente aplicando la ley de Dios: "Lo que desees, cree que lo has recibido, y lo habrás recibido", como se me dice en el capítulo 11 del Libro de Marcos, versículo 29; y haga lo que haga, diga lo que diga, si no dudas eso ocurrirá; será hecho para ti. Bueno, yo hice lo que se me dice en las Escrituras que debía hacer; creer que lo había recibido, y actuar sobre esa creencia. Así, yo actué sobre la creencia. ¿Qué haría yo si fuera verdad? Yo subiría a la pasarela.

En aquellos días, en 1945, no teníamos un puerto de aguas profundas; ahora tenemos uno. Pero entonces tú tenías que salir hacia el barco con una pequeña chalupa, de modo que yo hice exactamente lo que hubiera tenido que hacer si iba a bordo del barco. Así que yo fui a bordo del pequeño barco, y luego, cuando llegamos al barco grande, aunque parezca extraño, mi hermano Víctor subió con mi hija pequeña en los brazos – el primero en salir. Y luego vino mi mujer, vino mi hermana, justo en el orden que yo lo había imaginado. No me hubiera importado si ese orden se rompía o no, pero sucedió en el orden que yo lo imaginé.

Así que yo te digo que lo he encontrado. ¿A quién? ¿Encontrado a quién? He encontrado al Señor Jesucristo. ¿Tú lo hiciste? ¿Qué aspecto tiene? ¡Tiene el mismo aspecto que yo! ¿Tú le has encontrado? Bueno, no se parece a mí, porque cuando tú le encuentres, ¡Él se va a parecer exactamente a ti! Ese es el Señor Jesucristo: igual que tú. No hay otro Señor Jesucristo.

Él realmente se convirtió en ti, para que tú puedas convertirte en el Señor Jesucristo. Y cuando le ves, Él es igual que tú. Así, no te dirijas a nadie en este mundo y digas "Ahí está", pues eso es mentira, o "Aquí está"; eso es mentira. Así que a cualquiera que te diga que Neville es el Señor Jesucristo, tu Jesucristo, ¡niégalo! Niégalo completamente. Neville no es el Señor Jesucristo para ti.

Pero yo he encontrado al Señor Jesucristo en mí como mi propia maravillosa imaginación humana, y yo comparto contigo lo que he encontrado.

Un día tú lo encontrarás como tu propia maravillosa imaginación humana. Entonces llegará el día en que todo lo dicho del Señor Jesucristo en las Escrituras vas a experimentarlo en una experiencia en primera persona del presente del singular – todo lo dicho sobre él. Entonces sabrás quién es el Señor Jesucristo, quién es el Padre, quién realmente es Dios. Mientras tanto, ponlo a prueba. Ve a la prueba extrema. Yo te digo que lo encontrarás sin fallar nunca. Él es tu propia maravillosa imaginación humana.

Bueno, en esta historia que empezamos esta noche, los dos hijos son llevados ahora al padre. El padre es Isaac, e Isaac es ciego. Había dos hijos, el primero es Esaú. Él está cubierto de pelo. Ese es cada hijo nacido de mujer; ese es el "hombre externo", pues el pelo significa la cosa objetiva más externa en el mundo. En el hombre, el pelo viene primero, luego llegas a la piel, luego llegas a la grasa, luego llegas a los huesos; pero el pelo es la parte más externa del hombre. Así que él está cubierto de pelo. El siguiente no tiene pelo. Él es lampiño; es Jacob. La palabra significa suplantador.

El padre ha pedido una comida. Por eso es por lo que les dije antes que el mundo entero – la vida entera – no es más que el apaciguamiento del hambre. De modo que el padre tiene hambre, y él quiere un venado

109

convenientemente preparado como a él siempre le gusta y le da esa orden a su primer hijo, Esaú. Esaú era cazador. Él va a cazar el venado, y lo prepara para complacer a su padre.

Jacob escucha la petición de su padre. Recuerda, su nombre es "el suplantador", pero la orden le fue dada a su hermano Esaú; así que él sacrifica un chivo y lo despelleja, y se pone la piel sobre el cuerpo para engañar a su padre haciéndole creer que es Esaú. Él prepara el chivo y se lo lleva a su padre. Y él dice: "Padre", e Isaac responde: "Sí, hijo mío." Entonces Isaac dijo: "Yo estoy ciego, hijo mío; no puedo ver. Ven cerca que yo pueda sentirte, que pueda tocarte." Y cubierto con la piel del chivo, él se acerca, e Isaac extiende su mano y le toca. Él dijo: "Sabes, tu voz suena como la de mi hijo Jacob, pero te siento como mi hijo Esaú", y luego le dio la bendición. Y entonces, habiéndole dado la bendición, Jacob desaparece.

Luego su hijo Esaú llega con el venado, y él dijo: "¿Quién eres tú?" Él dijo: "*Yo Soy* tu hijo Esaú." "Bueno", dijo, "debe haber sido tu hermano quien vino, y yo pensé que eras tú, y le di la bendición; y yo no puedo revocarla. No puedo volverla atrás. Yo lo bendije, y la bendición sigue siendo suya."

Así, tú cierras los ojos y eres Isaac; no puedes ver. Isaac es ciego. Cierra los ojos y no puedes ver la habitación. Ahora, interiormente tienes los dos hijos. La habitación externa es tu Esaú. Elimínala completamente, y los dos se van a cazar. Esaú viene después; Jacob llega primero, y él da los matices de la realidad a su padre. Su padre es su propio maravilloso *"Yo Soy"*. Bueno, ¡ese es Dios! El nombre de Dios para siempre es *"Yo Soy"*. Así, *Yo Soy* está esperando sentir los matices de la realidad de lo que él quiere, y él siente que es tan real, tan natural.

Ahora, él sabe que esto es subjetivo, así que dice: "Tú suenas como Jacob, pero ven más cerca, hijo mío, que yo pueda sentirte"; y él lo siente como yo sentí la barandilla sobre el barco, como yo podía oler la sal del mar en el viento, como yo podía ver mentalmente la isla, como yo podía sentir el barco rodando a poca distancia bajo mis pies. Todo esto era el matiz de la realidad. Esto, ahora, es Esaú; parece real, y así yo le estoy dando una realidad a este estado – yo le estoy dando una bendición a él.

Entonces abro los ojos para encontrar que estoy sentado en una silla en mi habitación de hotel. Bueno, de pronto Esaú regresa. Bien, Esaú era el lugar que yo dejé. La habitación en que estaba sentado era mi Esaú; ese era el mundo objetivo. Vuelve y yo digo: "¿Qué he hecho?" Fui a un estado y lo vestí con la realidad. Le di todos los matices de un mundo objetivo, y me parecía tan real que le di la bendición para ser real – para nacer. Ahora este vuelve, y sin decir una palabra, me está diciendo: "Tú te engañaste. Tú fuiste engañado por mi hermano, el estado subjetivo llamado Jacob." Y yo me digo – sabiendo quién es Dios realmente: que Él no puede retirar Su bendición. Él le dio el derecho a nacer, el derecho a convertirse en objetivo, derecho a convertirse en real, y en 24 horas nació – fue real.

Y entonces, tres semanas después yo zarpé en ese barco y completé el viaje entero. Lo he repetido una y otra vez, y nunca falla. Y aquellos que lo crean y lo pongan a prueba no pueden fallar. No pueden fallar. Este es el principio de las Escrituras.

Así que ¿le darás efectivamente los matices de la realidad? ¿Creerás efectivamente, ante todo, que el Dios que tú ahora adoras como algo fuera, realmente existe dentro de ti como tu propia maravillosa imaginación humana? Si creyeras eso, y no pensaras que soy un blasfemo por decirlo y pensar que soy algo maldito por haberlo pronunciado – pero puedo decirte, yo espero por tu bien que lo creas. Pero realmente, en el fondo de mi corazón, si lo crees o no, no me preocupa, porque llegará el día que tú tendrás que creerlo porque lo experimentarás. Si sólo puedo ayudarte a acelerar ese día, eso es por lo que estoy aquí. Pero decirte realmente que te voy a golpear la cabeza y hacer que lo creas, no. No soy indiferente a que lo creas; yo sólo puedo apelar a que lo creas por tu propio bien, para que puedas tomar cualquier cosa que tengas y trascenderla por el uso de esta ley. Lo que tengas en este mundo, puedo decirte, ¡nadie está realmente satisfecho! Yo cené bien hoy, pero mañana voy a tener hambre. Y el hambre está siempre con el hombre, y Dios es la satisfacción última del hambre, pero eso no ha llegado aún a la mayoría.

Él nos dice en el capítulo 8, versículo 11, de Amos: "Yo enviaré una hambruna sobre el mundo; no será un hambre de pan, o una sed de agua, sino de oír la palabra de Dios." Ahora, eso llega al final mismo, pues el hombre medio no está hambriento de la palabra de Dios. Él es complaciente. Él dirá: "¡Yo soy cristiano!" ¡Y qué! *"Yo Soy* cristiano. Voy a la iglesia. Yo contribuyo a la iglesia", y así él piensa que eso significa todo lo que él hace como cristiano – se detiene justo ahí.

Bueno, el hambre no está satisfecha, porque cuando Él envía ese hambre sobre el individuo, nada sino una experiencia de Dios puede satisfacerla. Hasta que Él envía ese hambre, todas las demás hambres se pueden satisfacer; como el hambre de seguridad, el hambre de un trabajo mejor, el hambre de un aumento de autoridad en tu posición actual, el hambre de – lo que sea. Toda hambre puede ser satisfecha si tú aplicas este principio. Pero entonces vendrá ese día que Él enviará la hambruna sobre ti; pues tú eres la tierra de la que Él habla. Esto no tiene nada que ver con el mundo; la hambruna en el mundo, o si hay hambruna por todo el mundo, porque ellos no saben cómo satisfacerla.

Hay hambruna, pero esa no es la hambruna de la que Él habla. Él dice que no es un hambre de pan, no es una sed de agua, ¡sino de oír la palabra de Dios!

Yo estoy dándote la palabra de Dios como yo personalmente la he experimentado. De modo que, esta noche, inténtalo. Cierra los ojos a lo obvio. Ese es Esaú;

113

envíale a cazar. Y luego auto-engáñate. En su ausencia, trae al "segundo hijo", que es el Señor del Cielo, y vístelo con los matices de la realidad, y siente cuán real es. Dale toda la vividez sensorial, y cuando tome todos los matices de la realidad, ¡abre los ojos! Entonces Esaú vuelve de la caza, y entonces tú le dices lo que has hecho, y él grita porque tu hijo – el "Segundo Hombre" – te ha engañado y le ha traicionado la segunda vez.

Cada día puedes aplicar este principio y volverte auto-engañado, pero funciona. Pero siempre mantenlo dentro del marco de la Regla de Oro, de modo que nadie sea perjudicado. No importa quién obtuvo el pasaje ni importa lo que llevó a la mujer a no tomarlo. No importa qué llevó al pasajero de Nueva York a cancelarlo. Yo no tengo quejas, ni palabras. Simplemente hice lo que fui llamado a hacer. Yo quería salir. Yo me encontré encerrado – encerrado hasta Octubre como más pronto, con mis compromisos en Milwaukee en marcha. Yo no podía hacer eso. Tenía que volver, y volví. ¡Lo hice!

Así que yo te digo, este principio no puede fallarte. Pero nosotros somos el poder operante. Y no te pongas de rodillas y reces a un dios externo. Haz exactamente lo que el gran Willian Lyons Phelps hizo, y dile al mundo entero: "No estoy hablando contigo, querida," – estoy comunicando con mí Ser. Y si doy gracias por lo que ha sucedido, no te las doy a ti; se las doy al Ser dentro de mí, constante alabanza por este poder milagroso que está alojado dentro de mí. Y caminas en la conciencia de ser constantemente lleno de alabanza por este poder milagroso que se convirtió en ti, ¡para que tú puedas convertirte en Él! Y ese poder es el Señor Jesucristo que está en ti, y no hay otro.

Así, cuando el mundo entero está buscando que Él venga de afuera, como el gran evangélico hoy ha dicho: "Es inmanente. Él está en nosotros. Él ha venido. Y yo estoy aquí para darle gracias a Él." Él esperará para siempre en vano. Pues cuando Él viene, no viene de afuera. Cuando Él viene, surge desde adentro, ¡y tú eres Él! De modo que él está llegando a millones de personas, pero él está en el jardín de infancia. ¿Y qué esperas? Él no puede darles más que leche. Pero con el tiempo, tú tienes que ser destetado, y tomar carne, y luego el verdadero significado del gran misterio de la fe cristiana.

El mundo lo ha aceptado en una anécdota. Todo eso está muy bien, pero no por siempre y para siempre seguir viendo sólo la anécdota. Aprende a extraer el significado de la historia, y espera que se desarrolle dentro de ti. Mientras tanto, aplica lo que has oído esta noche, y antes de que me vaya de la ciudad al final de la próxima semana, deberías ser capaz de decirme que lo que esta noche deseas, lo tienes.

CAPITULO VII

LA PERFECTA IMAGEN

CAPITULO VII

LA PERFECTA IMAGEN

"Él es nuestra paz, quien a ambos nos hará uno derribando el muro de la hostilidad, para que pueda crear en sí mismo a un nuevo hombre en lugar de los dos, trayendo así paz." Este ser de paz es una persona, no una doctrina o filosofía. Él es una persona que derriba el muro de la hostilidad entre el tú que está sentado aquí y tu verdadera identidad, que es un hijo de Dios, uno con su Padre.

Ahora, una señora escribió diciendo: "Me vi radiantemente perfecta en una visión, sin embargo, sabía que éramos dos. Recordando las palabras 'Sed perfectos', sabía que al mismo tiempo no lo era, pero ahora mi reflejo presente es uno de perfección. Luego me desperté, salí de la cama y tropecé en la puerta, entonces perdí los estribos y les grité a mis hijos por verter jabón sobre mi bonita alfombra limpia. Así que debe haber sucedido en alguna otra dimensión de mi ser, pues desde luego yo no soy perfecta aquí." Ella está en lo cierto. Mientras llevamos estas vestimentas de carne y sangre, perdemos la paciencia, corremos hacia las puertas y hacemos todas las cosas que la gente hace aquí. ¿No fue el perfecto, el hombre modelo, quien llamó a Herodes "ese zorro", y a los escribas y fariseos "sepulcros blanqueados, hermosos por fuera pero llenos por dentro de hipocresía e iniquidad"? Mientras estás aquí, encerrado en tu cuerpo de carne y sangre, ciertamente perderás la paciencia. Tal vez no como lo hiciste antes de que fueras perfecto, pero sí hasta cierto grado en tanto continúes aquí.

Ahora, ¿cómo el que es nuestra paz derriba el muro de la perdición y hace de nosotros dos uno? Cumpliendo su deseo primordial, que era: "Hagamos al hombre a nuestra imagen, según nuestra semejanza." Dios se quedó dormido a su verdadera conciencia y comenzó una buena obra en ti, que llevará a término el día de Jesucristo – que es descrito como siendo la imagen perfecta de Dios, el que refleja e irradia la gloria de Dios. Cuando su buena obra esté terminada en ti, entonces tú – la imagen – serás superpuesto sobre él, y te conocerás como el Padre. Sólo hay Dios en el mundo. Habiendo tomado sobre sí la limitación del hombre (como tú eres) él está trabajándote a su imagen desde adentro. Y cuando tú – el hecho, seas tan perfecto como él – el Hacedor, surges como único hombre, mejorado a causa de la experiencia de hacer una imagen que irradia y refleja tu gloria. De modo que su visión era perfecta, basada toda en las escrituras.

Hay otra hermosa [visión]. Esta señora dijo, "Me encontré en un bosque, sentada en el suelo [con la espalda] apoyada en un árbol, cuando oí una voz llamando, 'Padre, Padre', pero no respondí, porque no quería ser descubierta. De pronto apareciste tú, vestido como un pastor, y me dijiste: '¿Por qué no me contestas? Te he estado buscando.' Y yo respondí: 'Tú estás siempre buscándome y encontrándome, a pesar del hecho de que el Buen Libro dice que puedo descansar en el Sábado.' Entonces me miraste y dibujaste la sonrisa de un padre indulgente; sin embargo, por extraño que parezca, yo – muy femenina – sentí que yo era el padre."

En el capítulo 4 de Gálatas se dice: "Cuando hubo llegado el momento plenamente, Dios envió el Espíritu de su Hijo a nuestros corazones, clamando: '¡Abba! ¡Padre!'" Pero el Padre, profundamente dormido en el hombre, no quiere ser encontrado, aunque el Hijo siempre está llamando: "Despiértate, ¿por qué duermes, Oh Señor? ¡Despierta!" Y cuando aquel que es llamado el Hijo de Dios despierta a la Paternidad, es enviado al mundo para despertar a sus hermanos, pero encuentra que ellos todavía quieren posponer el día del despertar, queriendo aún aferrarse a estas pequeñas prendas de carne y sangre. Pero yo siempre te encontraré y no te dejaré descansar, pues "En verdad, les digo, que los muertos oirán la voz del hijo de Dios y los que la oigan vivirán." Esta señora oyó la voz y la reconoció, por lo que no está lejos de despertar. Enviado como pastor, el hijo de Dios hace la voluntad del Padre llamando al Padre (en el hombre) para que despierte y se levante de entre los muertos.

Dios entró en este mundo con el único propósito de hacerte perfecto como él es perfecto. Cuando su trabajo esté terminado, él se superpondrá a esa imagen y ellos serán perfectamente uno. Esta señora supo que ella era perfecta. Recordó las palabras: "Sed perfectos." La frase completa es: "como vuestro Padre celestial es perfecto." Sí, sed perfectos para entonces llegar a ser uno con vuestro Hacedor; despertad de este sueño de la vida y resucitad de este mundo de muerte a un mundo de vida eterna. Sin la resurrección padecerías circuitos infinitos, repitiendo los mismos estados una y otra vez. Pero después de moverte alrededor del círculo innumerables veces, se forma la imagen perfecta, sacándote del círculo para entrar en una espiral y subir como la persona que lo creó todo. Puedes unirte a todas las doctrinas, firmar todos los contratos entre personas y naciones; sin embargo, no conocerás la perfección hasta que Él (en ti) te encuentre perfecto y los dos en ti se conviertan en uno. Así que aquel que es tu paz te hará uno con él derribando el muro divisorio de la hostilidad. Luego, sin contárselo a los demás caminarás sabiendo quién eres en realidad. Si se lo cuentas al mundo, ellos sólo se reirán de ti porque – mientras estés en este mundo, como mi amiga que tuvo la visión – correrás hacia una puerta y perderás la paciencia.

Cada uno está aquí para un propósito definido, que se desvela a través de revelaciones, dando así propósito a toda la vida. Sin propósito, ¿qué tiene el mundo que ofrecer? Si poseyeras todo lo que pudieras comprar con dinero, si tuvieras todo el dinero necesario para vivir cómodamente – y tu alma es llamada, ¿qué importaría?

El mundo puede llamarte muerto, quemar tu cuerpo y esparcir tus cenizas, pero tú eres inmortal y no puedes morir. En lugar de estar muerto, te encuentras en un mundo igual que este, caminando mentalmente por las mismas vías una y otra vez. O quizás no experimentarás las mismas situaciones, pero tu mundo será igual de real. Volverás a [ser] una hermosa forma de veinte años de edad, a casarte y envejecer, y perderás la paciencia cuando te golpees con una puerta – hasta que tu imagen sea tan perfecta que sea superpuesta sobre su Hacedor. Luego de ti depende conocerte como el único cuerpo, el único Espíritu, el único Señor, el único Dios y Padre de todo. Ese es el gran cuerpo viviente del Señor Resucitado. Parece increíble, pero es cierto. Estás destinado a conocerte como el creador del mundo. Estás destinado a participar en la unidad de ese único cuerpo, ese único Espíritu, ese único Señor, ese único Dios y Padre de todo. Lo sé, porque lo he experimentado. Fui enviado de regreso para contar mis experiencias con la esperanza de que aquellos que están a punto de moverse al mismo cuerpo, como el mismo Espíritu, puedan oír mis palabras y ser alentados por ellas.

Pablo hace la declaración: "Me presento ante vosotros en el juicio por la esperanza en la promesa que Dios hizo a nuestros padres. Oh Rey Agripa, ¿por qué debería parecer increíble para cualquiera de vosotros que Dios resucitó a los muertos? ¿No es esta la promesa a nuestros padres?" Busca en las escrituras y encontrarás que la promesa fue hecha en el capítulo 46 del Génesis. "El Señor habló a Israel en visiones de la noche diciendo, 'Jacob, Jacob.'" (Como sabes, el nombre de Jacob fue cambiado a Israel que significa "un hombre que gobierna como Dios porque sabe que él es Dios.) Jacob responde, "Aquí estoy", y el Señor dijo, "*Yo soy* Dios, el Dios de tu padre. No temas descender a Egipto, porque allí haré de ti una gran nación.

Yo bajaré contigo a Egipto y también te sacaré de nuevo." Egipto no es un pequeño lugar en el norte de África; este mundo de muerte es Egipto, donde todo aparece, crece, mengua y desaparece.

He bajado a Egipto contigo y voy a cumplir mi promesa y sacarte. Cuando este mundo estaba llegando a su fin, Pablo se encadenó ante el príncipe cuyo reino estaba desapareciendo; pero no podía renunciar a él, y dijo: ¿"Por qué crees que es increíble que Dios resucite a los muertos?" y el rey no pudo responder.

Te digo: Dios literalmente asumió las debilidades y limitaciones de la carne, con el fin de conocerte y hacerte a su imagen. Y cuando esa imagen sea perfecta como Él es perfecto, no serás ya dos sino uno. Entonces despiertas del sueño de la vida y asciendes a tu verdadero ser, llamado el reino de los cielos. Nuestra comunidad está en el cielo y somos residentes en esta extraña tierra donde estamos esclavizados. Pero ten fe y pon tu esperanza completamente en ese momento del tiempo cuando la imagen sea perfecta.

Entonces se desvelará adentro de ti para revelarte como el ser que lo hizo. Aunque tú eres el resultado, eres el Hacedor; pues el Hacedor derriba el muro de hostilidad entre ti, haciéndolos a ti y a Él uno. Entonces regresas a tu estado celestial como el que descendió, pero grandemente mejorado debido a tu viaje a Egipto.

Habiéndome impuesto a propósito esta limitación sobre mí mismo, sentí como si estuviera hablando con otro, pidiéndole cosas y dándole las gracias por su cumplimiento. Ahora no tengo sentido de otro. Me siento solo como el que me formó a su semejanza; pues cuando desperté Él y yo no éramos dos nunca más, sino uno. Esta señora me vio vestido como un pastor. Ella vio correctamente; pues aunque el Padre y el hijo son uno, es el Espíritu de su hijo quien es enviado al corazón, clamando: "Padre, Padre." Ella oyó el grito y supo que ella no era sólo Hombre, sino un padre; sin embargo en este mundo ella es una gran dama. Ella escuchó mi llamado, pero no queriendo ser molestada no respondió; pero puedo decirte, el Hijo de Dios nunca dejará descansar al Padre. Él está siempre llamando: "¡Despierta dormilón! ¿Por qué duermes, Oh Señor?" Pero el Padre en ti no puede despertar hasta que haya completado su trabajo. Él lo comenzó en ti y lo llevará a su cumplimiento en el día de Jesucristo.

Ese día, la imagen de Dios mismo es formada en ti, y te despiertas para expresar esa imagen irradiando y reflejando la gloria de Dios. Noche tras noche yo estoy clamando y clamando al Padre en todos; y aquellos que oigan mi voz empezarán a despertar del sueño de la vida y comenzarán su viaje de vuelta al ser que eran antes de que el mundo fuera, para encontrarse siendo más gloriosos, más maravillosos, de lo que eran cuando descendieron.

Esta noche algunos amigos están aquí que no me han oído hablar en muchos años. Cuando estuvieron conmigo la última vez yo estaba hablando sólo de la ley, puesto que la promesa no se había cumplido en mí. Así que por su bien déjenme decir: la promesa es la ley en un nivel más alto, y la ley es muy simple.

Hay un número infinito de estados. El estado de salud, el estado de enfermedad, el estado de riqueza, el estado de pobreza, el estado de ser conocido, el estado de ser desconocido — todos son sólo estados y todo el mundo está siempre en un estado. Todos tenemos un estado en el que nos sentimos muy cómodos, por lo que regresamos a él momento tras momento. Ese estado constituye nuestra Morada . Si no es un estado agradable, siempre podemos salir de él. Cómo se hace esto es el secreto que compartiré ahora con ustedes. Todos los estados son mentales. No puedes sacarte de tu estado presente tirando de cuerdas en el exterior. Tienes que ajustar mentalmente tus pensamientos para que procedan del estado deseado, todo dentro de ti mismo. Caíste en tu estado actual ya sea de manera deliberada o involuntariamente; y porque tú eres su vida, el estado empezó a tomar vida y a crecer como un árbol, produciendo su fruto que a ti no te gusta. Su fruto puede ser el de pobreza, o angustia, pena o dolor.

Hay todo tipo de frutos desagradables. Pero tú puedes separarte de tu cosecha desagradable haciendo un ajuste en tu imaginación humana. Pregúntate lo que te gustaría cosechar. Cuando sepas lo que es, pregúntate cómo te sentirías si tu deseo estuviera listo para ser cosechado ahora mismo. Cuando conozcas el sentimiento, trata de atraparlo. En mi propio caso me resulta más fácil capturar el sentimiento imaginando que estoy con gente que conozco bien y que ellos me están viendo como lo harían si mi deseo fuera ahora un hecho. Y cuando la sensación de realidad me posee, me quedo dormido en esa asunción. En ese momento he entrado en un estado. Ahora, debo hacer ese estado tan natural como hice mi estado presente.

Conscientemente debo regresar a mi nuevo estado constantemente. Debo sentir su naturalidad, como la de propia cama por la noche. Al principio mi nuevo estado parece poco natural, como si llevara un nuevo traje o sombrero. Aunque nadie sabe que tu traje es nuevo, eres tan consciente de él que crees que todo el mundo está mirándote. Estás consciente de su forma y de su sensación hasta que se vuelve cómodo. Lo mismo sucede con tu nuevo estado. Al principio eres consciente de su rareza; pero llevándolo regularmente, el nuevo estado se vuelve cómodo, y su naturalidad causa que tú constantemente vuelvas a él, haciéndolo así real.

Ahora bien, la mayoría de nosotros, sabiendo lo que queremos, lo construimos en nuestro ojo mental, pero nunca lo ocupamos. Nunca nos movemos al estado y permanecemos allí. Yo llamo a esto construcción perpetua, ocupación aplazada. Podría soñar con poseer una casa hermosa y esperar ir allí un día; pero si no la ocupo ahora, en mi imaginación, lo pospongo para otro día. Puedo desear que mi amigo tenga un trabajo mejor. Puedo imaginarlo teniéndolo; pero si no ocupo ese estado creyendo que él ya está ahí, meramente he construido el estado para él pero no lo he ocupado. A lo largo del día puedo desear que él o ella sean diferentes, pero si no entro en el estado y les veo desde él, no ocupo el estado, por lo que permanecen en el estado desagradable relativo a mí. Este es el mundo en el que vivimos.

No puedes concebir una cosa que no sea parte de un estado, pero la vida de cualquier estado está en el individuo que lo ocupa. No puede dársele vida a un estado desde afuera porque el nombre de Dios es *"Yo Soy"*. No es "Tú eres" o "Ellos son". ¡El nombre eterno de Dios es *Yo Soy*! Esa es la vida del mundo. Si quisieras darle vida a un estado, debes estar en él. Si estás en un estado hermoso, amable y gentil, estás viendo a los otros hermosamente, viviendo con gracia, y disfrutando la vida al máximo.

Ahora, para hacer ese estado natural, debes ver a cada uno en tu mundo como hermoso, amable y gentil. Otros pueden no verles en esa luz, pero realmente no importa lo que ellos piensen. Estoy bastante seguro de que si hiciera una encuesta sobre lo que la gente piensa de mí, no habría dos que estuviesen de acuerdo. Algunos dirían que soy un impostor, mientras que otros dirían que soy la cosa más cercana a Dios. Encontraría una gama extendiéndose desde el diablo hasta Dios, todo basado en el estado en que la persona se encuentra cuando le piden que me defina.

Puedes ser lo que quieras ser si conoces y aplicas este principio, pero tú eres el poder operante. No opera por sí mismo. Puedes conocer la ley de la A a la Z, pero conocerla no es suficiente. El conocimiento debe ser llevado a la acción. *"Yo Soy"* es el poder operante en ti. Pon tu conciencia en el centro de tu deseo. Persiste, y tu deseo se objetivará. Aprende a usar la ley, porque hay un largo intervalo entre la ley y la promesa. Los que me han oído antes de 1959 no están familiarizados con mis experiencias desde entonces, y mis palabras pueden parecerte extrañas. No puedo negar la ley, porque no he venido a anular la ley y los profetas, sino a cumplirlos. Esto he hecho.

Les he dicho que en la resurrección, el Hombre está por encima de la organización de sexos, y ese Hombre puede cambiar su sexo a voluntad. Esta semana recibí una carta hablando de una visión que da testimonio de la verdad de esta afirmación. Este señor está casado con una chica encantadora y es en todo un hombre, sin embargo esta es su experiencia. Él decía, "Me encontré tumbado en una cama sintiéndome como si fuera una mujer. Deseando a un hombre de ascendencia oriental y piel olivácea, asumí que lo había encontrado. Al instante apareció y, aunque no se realizó ningún acto, sentí la emoción de imaginarlo y del cumplimiento instantáneo de mi acto imaginario. Entonces me desperté." La visión de este hombre verifica lo que les he estado contando: que en la resurrección el Hombre cambia su ropaje sexual a voluntad, y estando por encima de la organización de sexos, no necesita la imagen divina de hombre/mujer para crear. Creo que su visión es maravillosa. Cuando regresó a este mundo, él estaba sorprendido por la experiencia; pero les digo a todos: están destinados a saber que son cada ser del mundo, ¡sin excepción!

Al igual que esta señora que es tan femenina, respondiendo cuando un pastor la llamó "padre". Aunque no quería responder a mi llamada, ella sabía que yo siempre la encontraría. Siempre lo haré, porque yo – la Palabra de Dios – fui enviado como el hijo de Dios, y no voy a retornar a mi padre vacío. Debo traer de vuelta ese propósito por el cual él me envió. Agité el sentimiento de la paternidad de Dios en ella, y traeré de vuelta conmigo a aquellos que mi padre me dio.

Pero mientras estés en este mundo del César es importante que domines la ley. Piensa de cada uno como representando un estado. No hay tal cosa como un hombre bueno o un hombre malo, sólo estados buenos o malos como tú los concibas que son; pero el ocupante de cada estado es Dios. Blake dijo en su "Visión del Juicio Final":

"En esto será visto que yo no considero que ni el justo ni el malvado están en un estado supremo, sino a cada uno de ellos estados del sueño en que el alma puede caer en sus sueños mortales de bien y mal cuando abandona el Paraíso siguiendo a la serpiente." Identifícate con un estado y eres considerado por los demás bueno o malo; pero tú sólo estás en un estado. Esta noche si estás desempleado, o encuentras difícil obtener un ascenso en tu trabajo actual, recuerda: la solución a tu estado actual ¡sigue siendo un estado!

Espero haber dejado claro cómo moverse a estados. Se hace a través del acto de asumir con sentimiento y persistencia. Asume salud. Sitúate en su centro y vístete con su sentimiento. Persiste en reclamar un cuerpo sano y una mente sana, y tu asunción se solidificará en un hecho mientras penetras y objetivas el estado de salud.

CAPITULO VIII

TODAS LAS COSAS SON POSIBLES

CAPITULO VIII

TODAS LAS COSAS SON POSIBLES

En el capítulo 9 del Libro de Marcos, se dice: "Todas las cosas son posibles para el que cree", y en el capítulo 19 del Libro de Mateo se nos dice: "Con Dios todas las cosas son posibles". Aquí vemos a Dios equiparado con el creyente.

Sentado aquí esta noche tú crees que eres un hombre o una mujer. Crees que estás aquí, ¿pero estás dispuesto a creer que puedes ir más allá de lo que tu razón y tus sentidos dictan? Tú no tienes que limitar tu poder de creencia a lo que tu mente razonadora dicta. La elección y sus limitaciones dependen totalmente de ti, pues todas las cosas existen en la imaginación humana y es de tu imaginación que tu creencia deriva. Si vas más allá de los dictados de la razón, debe ser a través de tu imaginación, y

135

ya que todas las cosas ya existen allí, tú puedes en cualquier momento ir más allá de lo que tu razón y tus sentidos dictan.

Acabamos de tener una erupción en el mundo cristiano en relación con los pequeños iconos que las personas han fabricado y adorado por más de mil años. El Salmo 115 los describe así: "Sus ídolos son plata y oro, la obra de las manos de los hombres. Tienen ojos pero no ven; bocas que no hablan; orejas que no oyen; manos que no sienten; pies que no caminan y ningún sonido se oye en sus gargantas. Aquellos que los fabrican son como ellos; así son todos los que confían en ellos."

En el periódico de hoy se cuenta la historia de una actriz famosa que tuvo un accidente mientras iba en su Rolls Royce. Sufrió heridas, pero no de gravedad y atribuyó su suerte al pequeño icono que ella llamaba San Cristóbal. Ella es igual que el que lo fabricó y se lo vendió, pero no lo sabe.

No juzgues a otros por sus posesiones mundanas. Las recibieron a través de la creencia, pero ellos no saben que su propio ser es el que las creó para ellos. Ella creyó que su pequeño icono de oro la salvó de un accidente fatal. Nada excepto su creencia en él la salvó. Compró y creyó en su pequeño icono porque ella no conoce a aquel en quien debería confiar.

Todas las cosas son posibles para el que cree y "con Dios todas las cosas son posibles". Aquí vemos que Dios y el creyente son uno. Cuando salgas de aquí esta noche, esperarás encontrar tu casa donde la dejaste. Te irás a dormir allí y creerás que te despertarás en tu cama mañana por la mañana. Crees que estás vestido ahora mismo. Yo te digo: tu capacidad para creer es la imaginación humana, la cual es el único Dios. Siendo todo imaginación, te has restringido a ti mismo por el cuerpo de sensación y razón que llevas. La razón te dice que tú estás en esta sala, que tienes una cierta cantidad de dinero y que no puedes tener más a menos que hagas un esfuerzo físico para conseguirlo. Pero desearías tener más, ¿verdad?

Asume tu deseo a través de la sensación de sentir. Esa asunción, subjetivamente apropiada y creída cierta, es la fe. ¿Puedes creer en su realidad? Sabiendo que todas las cosas son posibles para el que cree, ¿puedes convencerte de que, aunque tu razón y tus sentidos lo niegan, tu asunción hará que sea así? Blake, en su maravilloso "Matrimonio del Cielo y el Infierno", dijo: "Yo cené con Isaías y Ezequiel y pregunté: '¿Una fuerte convicción de que una cosa es así, hace que sea así?' e Isaías respondió: 'Todos los profetas lo creen, y en épocas de imaginación una firme convicción movía montañas, pero hoy muchos no son capaces de una firme convicción de nada.'" Todo aquí fue una vez sólo un deseo, creído. Este edificio, la ropa que llevas o el coche que conduces fueron primero un deseo, luego creído hasta que llegó a existir.

Sí, creo que hay un hombre llamado Neville. Él puede trabajar para ayudarte en el cumplimiento de tu deseo, si tú crees que lo tienes. Muchos hombres pueden

TODAS LAS COSAS SON POSIBLES

venir y vendrán a ayudarte, aún sin saber que lo están haciendo, si tú crees. No tienes que convencer a los demás para que te ayuden; todo lo que necesitas hacer es creer que eres lo que quieres ser y luego deja que el mundo (que no es nada más que tú mismo proyectado fuera) trabaje para hacer posible tu asunción. Te lo prometo: tu deseo se cumplirá, ya que todas las cosas son posibles para el que cree.

El fallecido Robert Frost dijo: "Nuestros padres fundadores no creyeron en el futuro, creyeron el futuro en su interior". El poder más creativo en ti es tu poder para creer una cosa en tu interior. Nuestros padres fundadores no creyeron que el paso del tiempo haría que este país fuera como ellos deseaban. Ellos querían democracia, no una monarquía, y sabían que sentarse y esperar a que llegara a suceder no lo haría – tuvieron que apropiársela, así que simplemente lo creyeron en su interior. ¿Cómo? Mediante la fe. Se apropiaron subjetivamente de su deseo.

Digamos que te gustaría estar en San Francisco ahora, pero no tienes tiempo ni dinero para hacer el viaje. ¿Qué haces? Ignoras el momento presente y subjetivamente te apropias de tu esperanza objetiva durmiendo en San Francisco esta noche. Cuando estés tumbado en tu cama, mira tú mundo a través de los ojos de alguien que está durmiendo en San Francisco. Puede que despiertes por la mañana y encuentres que todavía estás físicamente en Los Ángeles, pero mientras dormías se estuvieron llevando a cabo cambios que te obligarán a hacer el viaje. Yo te digo: tú siempre irás físicamente al estado subjetivo que te hayas apropiado. Recuerda: todas las cosas son posibles para el que cree, y con Dios todas las cosas son posibles. El hombre cree que Dios creó el mundo y todo lo que hay en él, pero no equipara a Dios consigo mismo, el creyente. Pero la Biblia equipara a Dios, el creador de todo, con el que cree. Y la creencia no tiene que ser restringida, sino que puede ir más allá de la evidencia de los sentidos y la razón.

En el mundo tienes que recurrir a lo externo para iluminar tu camino. Puedes encender una vela, una lámpara, o usar la electricidad; pero un día te volverás al interior para descubrir que tú eres la luz del mundo. Entonces sabrás que tú eres Dios, la luz del amor infinito, del poder infinito y de la sabiduría infinita. Te expandirás en estos estados a medida que rompas las barreras de la razón y los sentidos. Te reto a que te examines. ¿Te estás manteniendo en el estado que deseas experimentar? Ponte a prueba, y al hacerlo estás probando a Cristo, pues él es el poder y la sabiduría de Dios. No cuesta nada ponerle a prueba, así que inténtalo.

Se nos dice que la imaginación nos habla por medio de los sueños y se revela en visiones. Una noche se me mostró cómo ponerme a prueba. Esa noche me encontré en una mansión enorme en la 5ta Avenida de la ciudad de Nueva York a comienzos de siglo. Todo lo que el dinero podía comprar estaba en esa mansión. A pesar de que yo era invisible para las dos generaciones que estaban presentes, podía oír todo lo que ellos decían. El señor mayor habló, diciendo: "Padre solía decir, mientras estaba parado sobre un solar vacío, 'Recuerdo cuando esto no era más que un solar vacío', entonces describía el edificio que él quería que estuviera allí como si ya fuera sólido y real." Luego la escena cambiaba y veía el edificio, ahora completo, erigido en donde sólo un momento antes no había más que un solar vacío. El abuelo estaba ahora de pie junto a su hijo y su nieto y decía: "Recuerdo cuando esto era un solar vacío."

Este sueño me enseñó una maravillosa lección. Yo era el abuelo, el hijo y el nieto. Dependía de mí ahora transmitir este conocimiento a otras generaciones. Mientras te encuentras en un estado baldío puedes decir: "Recuerdo cuando esto era baldío." Si era baldío, estás dando a entender que ya no es así. Entonces puedes – mediante el ejercicio de tu sentido interno de vista, oído, gusto, olfato y tacto – ocupar el estado y permitirle que se exteriorice para ti. Te digo, no importa lo que tienes o quién eres en este mundo, todas las cosas son posibles para ti cuando crees.

Puedes creer en uno o más de los noventa extraños llamados santos que ahora han sido degradados, pero si crees, ellos han servido a su propósito. Ahora, los que antes creían en iconos en el exterior deben dar la vuelta y aprender a creer en sí mismos. Ha llevado mucho tiempo, durante más de mil años los hombres han creído estas tonterías. Tú no tienes que cubrirte la cabeza nunca más para entrar en la iglesia – por tanto, ¿fue alguna vez necesario? No tienes que creer en San Cristóbal nunca más. Nunca fue necesario; pero el hombre, en su estado infantil, no podía creer en sí mismo, así que creó con sus manos humanas algo en lo que creer y su creencia se produjo ella misma. El icono no lo hizo por el individuo. Su creencia lo hizo por él.

Todas las cosas son posibles para el que cree y con Dios todas las cosas son posibles, por tanto, ¿no es Dios uno con el creyente? Su nombre por siempre y para siempre es *"Yo Soy"*. ¿No sabes que eres tú? ¿Sabiendo eso, no estás diciendo: *"Yo Soy"*? Si tu nombre es Juan, debes ser consciente de ello antes de que puedas decir: *"Yo Soy* Juan."* Yo digo: *"Yo Soy* Neville."* Puede que no siempre diga *"Yo Soy"* antes de decir "Neville", pero soy consciente de ser Neville antes de decir la palabra. Le he dado a mi consciencia de ser un nombre. Ese nombre es Neville. No tengo que repetir las palabras *"Yo soy"* para definir aquello de lo que soy consciente; pero mi conciencia es Dios, el creyente, y no hay otro Dios.

Ahora, todas las cosas existen en la imaginación humana – no sólo las cosas buenas, sino todas las cosas. Escucha estas palabras del capítulo 32 del Libro del Deuteronomio: "Ved que yo, y sólo yo, soy él y no hay Dios fuera de mí.

Yo mato y yo hago vivir, yo hiero y yo sano, y nadie puede librarse de mi mano." ¿Quién puede matar sino Dios? Tú puedes decir: "Yo lo maté", pero ese es el

141

nombre de Dios. Tu propia maravillosa imaginación humana tiene el poder de matar y hacer vivir, herir y sanar y no hay nadie que pueda librarse de tu mano, pues no hay Dios fuera de tu propia maravillosa imaginación humana.

Mientras estás sentado aquí tienes la capacidad de creer. Puedes creer en algo estúpido, pero tú crees [en ello] y tu creencia hará que funcione. Ese del que hablo como Dios es tu yo más fuerte, y sin embargo tu esclavo, para sus propios fines. Él te sirve tan indiferentemente y tan rápidamente tanto cuando tu voluntad es mala como cuando es buena. Lo hace evocando imágenes de bien y de mal igual que si fueran reales. Permitiéndote imaginar todo lo que tú desees, él lo proyecta sobre esta pantalla del espacio con el fin de que tú lo experimentes. Puedes moverte hacia ello tan natural y tan fácilmente que puedes olvidar el momento irreflexivo en el que la semilla fue plantada, y por lo tanto no reconocer tu propia cosecha.

El ser que tú realmente eres es el Dios de las Escrituras que es tu propia maravillosa imaginación humana. ¿Puedes marcharte de este auditorio esta noche con la profunda convicción de que eres lo que quieres ser? ¿Estás dispuesto a asumir sus alegrías y pesares? Tu asunción es tu apropiación subjetiva de un hecho objetivo. Eso es la fe y sin fe es imposible agradarle.

Esta noche, cuando yo abandone este edificio conduciré hasta casa con mi amigo. Mientras viajamos pasaremos por ciertas calles y veremos objetos familiares porque estaremos viajando con la vista. Pero cuando camino por fe mis pasos son invisibles, pues estaré caminando en la asunción de mi deseo cumplido. Pablo nos dice que "caminemos por fe y ya no más por vista". Todos sabemos cómo es caminar por vista, pero ahora somos llamados a romper ese hechizo y caminar por fe.

Yo te digo que es posible ser cualquier cosa que quieras ser, ya que el creyente y el Dios del universo son uno. No te divorcies de Dios, pues Él es tu *Yo Soy*. Cree en tu *Yo Soy*, porque si no lo haces tú nunca cumplirás tu deseo. Sólo asumiendo que ya eres la persona que te gustaría ser lo lograrás. Es tan simple como eso.

No estoy diciendo que sea fácil, pero se vuelve más fácil con la práctica. Si le diera un Stradivarius a alguien que ha dominado el violín él podría elevarme a la enésima potencia de la alegría, pero si pusiera el mismo violín en las manos de alguien que no pudiera tocarlo, rápidamente me volvería loco. Es el mismo violín, sin embargo uno produce armonía mientras que el otro produce disonancia. Tú matas y haces vivir con el mismo instrumento, que es tu propia maravillosa imaginación humana. Tú puedes crear muchas disonancias hasta que aprendes cómo tocar. Nosotros estamos aquí en este mundo de oscuridad educativa aprendiendo a tocar el instrumento que es Dios.

Puede que no conozcas a nadie que te diera 10.000 dólares ahora mismo, pero si crees que todas las cosas son posibles para Dios y sabes que Dios es tu imaginación humana, tú puedes imaginar que tienes el dinero, persiste en tu creencia y lo tendrás. Cómo, no lo sé; yo sólo sé que de acuerdo a tu creencia te será hecho a ti. ¿Crees que todas las cosas son posibles para Dios? ¿Y crees que Él es tu propia maravillosa imaginación humana? Sabiendo que Dios es todo amor, y que tú eres capaz de imaginar cosas desagradables, puede que no creas que tu imaginación es Dios, pero si eso es cierto entonces Dios no es todopoderoso. Si tú puedes imaginar algo que Dios no puede, entonces tú le trasciendes. Si Dios toca sólo notas armoniosas y tú puedes tocar cuerdas que producen disonancia así como armonía, entonces tú eres más grande que Él porque tú puedes hacer algo que Él no puede. Pero yo te digo: tu propia maravillosa imaginación humana mata y hace vivir, hiere y sana, pues todas las cosas salen de la imaginación humana. Mientras estás aprendiendo a usar y creer en tu imaginación humana puedes hacer vivir eso que no quieres. Puedes herirte a ti mismo en el proceso, pero lo que tú creas en tu imaginación puedes des-crearlo.

Todo puede ser resuelto, aunque mientras estés aprendiendo cometas errores horribles. No te condenes por nada que alguna vez hayas hecho, estés haciendo o puedas hacer, mientras aprendes a tocar el instrumento que es Dios mismo y tu propia maravillosa imaginación humana, ya que no hay otro poder creativo.

Lo que ahora está probado fue una vez [algo] sólo imaginado. Mi sastre usa su imaginación para confeccionar mis trajes. Ellos tienen que ser imaginados primero antes de cortar la tela. Mi sastre no coge sus tijeras y empieza a cortar la tela con la esperanza de que algo saldrá [de ahí]; él lo imagina primero. Y cuando me siento en el sillón de mi barbero, él ve lo que debería tener en mi cabeza en lugar de lo que está ahí. Todo debe ser imaginado primero antes de que pueda convertirse en un hecho, y esa capacidad de imaginar es Dios.

Ahora bien, tú no observas al imaginar cómo haces con los objetos en el espacio, porque tú eres la realidad que se llama imaginación. Puedes observar esta sala, que fue una vez sólo imaginada, pero no puedes observar el poder creativo que la concibió. Las cosas creadas se ven, pero tú – el creador – no eres visto, y nunca sabrás que eres Él, hasta que el hijo único de Dios, David, se plante delante de ti y te llame Padre. No todo el mundo aceptará este conocimiento, porque ellos preferirán tener sus pequeños iconos. Estoy bastante seguro de que esta actriz italiana que tuvo el accidente no estaría interesada en mis palabras ni en creerlas, y ella no está sola. Hay cientos de millones esta noche que no renunciarían a sus pequeñas medallas. Yo vi donde el cardenal McIntyre había puesto su sello de aprobación en el reverso de la medallita de San Cristóbal, dándole así su bendición. En un lado hay una cara que nunca existió y en el otro, un sacerdote de la iglesia da su aprobación. Qué tontería, sin embargo las medallas funcionan porque la gente cree que lo hacen.

Es hora de que el hombre deje de creer en algo afuera y empiece a creer en su imaginación humana. Es hora de desechar todos los iconos externos. "No harás imagen tallada de mí, ni tendrás otros dioses aparte de mí." Puede que no tengas educación, ni dinero o bagaje social, y te resulte difícil creer en ti mismo; pero debido a que todas las cosas son posibles para el que cree, y con Dios todas las cosas son posibles, puedes salir de tus sentidos y creer que cualquier cosa exista. Pon a prueba tu imaginación, y si se demuestra en la práctica, ¿qué importa lo que el mundo piense?

A través de la prueba yo he demostrado la imaginación. Le he descubierto y ahora comparto mis hallazgos con los demás. Él es llamado Felipe, el amante de los caballos, el símbolo de la mente. Sabiendo que Felipe ama aprender acerca de cómo funciona la mente, le digo que "He encontrado a aquel de quien Moisés y la ley y los profetas hablaron – Jesús, el Mesías. Yo te llevaré a él." Tú estás aquí porque, como Felipe, deseas saber más sobre la mente y sus funciones. Yo puedo llevarte a Jesús diciéndote quién es él, pero no te lo puedo mostrar, pues él es invisible.

Tu *"Yo Soy"* es Él. Di: "Estoy seguro, soy rico, soy libre." Esto puede no ser verdad en base a tus sentidos, pero yo simplemente te estoy pidiendo que digas las palabras, pues en el momento que lo hagas te estás apropiando subjetivamente la seguridad, la riqueza y la libertad. La razón tratará de apartar estas cosas de ti, así que te pido jugar a un pequeño juego conmigo. Sal por la puerta y camina como si fueras seguro, rico y libre. Duerme esta noche como si fuera cierto. Si lo haces, no te quedarás dormido viendo el mundo como hiciste anoche, lo verás de modo diferente. Si esta mañana alguien te dio un cheque por 20.000 dólares y lo depositaste en tu cuenta, serías 20.000 dólares más rico, por lo tanto tú no podrías dormir esta noche como lo hiciste antes. Ahora, sin esperar a que físicamente alguien te del dinero, vete a la cama como si fuera verdad. Pon a Cristo a prueba extrema. Si todas las cosas son posibles para Dios y si todas las cosas son posibles para el que cree, ¿puedes creer? No te estoy diciendo que tendrás éxito la primera noche, ni incluso la segunda. Habiendo sido entrenado a aceptar sólo lo que tu razón y tus sentidos dictan, puede que te resulte difícil, casi imposible, creer que podrías creer – ¡pero puedes!

Esta mañana, mientras estaba regresando a este mundo me encontré con una escena de sombras de seres. El primero era ciego, incapaz de ver el mundo a su alrededor. El segundo veía, pero su visión era limitada. El tercero veía más que el segundo, y el cuarto podía ver, oír, y hacer más que el tercero. Me desperté, diciéndole a mi amigo Bob Crutcher: "Con tu talento para escribir, podrías escribir una película sobre esta serie de eventos. Si lo hicieras, recibirías 3.000 dólares por ello."

Yo sabía que al igual que un actor me había identificado con cada ser de sombra que había visto. A pesar de las sombras, yo, el perceptor, había asumido uno detrás de otro hasta encontrarme limitado por el estado percibido. Cuando asumí el primero yo estaba totalmente ciego. Cuando asumí el segundo podía ver un poco, y en el tercero un poco más. Entonces me desperté instando a Bob a escribirlo, para mostrar cómo el hombre está restringido por lo que él está vistiendo.

Con el fin de interpretar un papel tú debes sentir el papel. Como el hombre ciego yo tenía que sentir el camino. Cuando me puse otra vestimenta yo podía ver y no tenía que sentir ya. Con cada vestimenta que llevaba, yo sentía cada vez más, y desperté instando a mi amigo a mostrar esto en forma de imagen con la esperanza de que aquellos que lo vieran entenderían que el hombre sólo está interpretando un papel. El papel no tiene por qué ser el que se le dio al nacer. Él puede escoger un papel y entrar en él en cualquier punto del tiempo.

Ahora mismo tú estás interpretando un papel. Si no te gusta puedes cambiarlo. Podrías interpretar el papel de un hombre más rico que el que tú eras hace veinticuatro horas. Es sólo un papel para que lo interpretes, si lo deseas.

Todo lo que te estoy diciendo es de la Biblia. "Yo mato y yo hago vivir. Yo hiero y yo sano, y no hay nadie que pueda librarse de mi mano. Yo, y sólo yo, soy él y no hay Dios fuera de mí. Yo soy el Señor tu Dios, el santo de Israel, tu Salvador y fuera de mí no hay salvador." Estas son las palabras de Dios, reveladas a través de sus profetas de la antigüedad. Su profecía se cumple en el Nuevo

Testamento así: "Cualquier cosa que desees, cree que la has recibido y la recibirás." Así de fácil es como lo aplicas, pues una asunción, aunque sea falsa y negada por tus sentidos, si persistes en ella se solidificará en hechos.

Yo te lo estoy diciendo: tú eres Dios y nunca hubo otro. El ser en ti es Dios, y tú y yo somos uno, porque sólo hay un Dios. Finalmente sabrás que tú y yo somos uno, pues descubrirás que eres el padre de mi hijo, que sabrás que es tu hijo. De hecho, no será el hijo revelándote como el Padre, sino tú, el Padre, revelando a tu hijo.

CAPITULO IX

UN EPISODIO DIVINO

CAPITULO IX

UN EPISODIO DIVINO

Navidad es la proclamación de un acontecimiento divino al cual aspira toda la creación. Es un acontecimiento que pone una luz completamente diferente sobre la vida humana, ya que proclama que el hombre se ha salvado. Me pregunto seriamente si una enésima parte del uno por ciento de los que se llaman cristianos saben de lo que se trata este acontecimiento. Esta noche te lo contaré desde mi experiencia personal.

Pablo nos dice en su carta a los Corintios que "Nadie puede decir 'Jesús es el Señor' sino por el Espíritu Santo." Ahora, el Espíritu Santo no es más que la experiencia personal del individuo sobre el evento, ya que en el Libro de Juan, el Cristo resucitado anuncia que él "enviará al Consolador, el Espíritu Santo, que te llevará a todas las cosas y traerá a tu memoria todo lo que te he dicho." Al principio se te dijo eso que parecía increíble, y el Espíritu Santo es tu experiencia de ese acontecimiento, pues sólo entonces puedes saber que Jesús es el Señor.

Ahora, ¿quién es Jesús? Es tu conciencia, tu "Yo Soy". En el libro del Éxodo, a Moisés se le dijo que "Di a los israelitas: 'Yo Soy te ha enviado.' Este es mi nombre para siempre. Por este nombre seré recordado por todas las generaciones, y fuera de mí no hay otro Señor." Jesús es el Señor, tu yo soy-dad, tu conciencia de ser. "Josué" es la forma hebrea de nuestra palabra "Jesús" y significa "Jehová es el salvador." No hay otro Señor aparte de Yo Soy. "Nuestro Dios es un Dios de salvación. A Dios, el Señor, le pertenece el escapar de la muerte." Dios está enterrado en la humanidad para hacer del hombre un ser viviente. Y se elevará en el individuo como su propia y maravillosa imaginación humana.

El descubrimiento del Dios interno es el gran acontecimiento divino culminante hacia el que se mueve la creación. La única resurrección de la que se habla en las escrituras es cuando él se levanta en ti, y el único nacimiento del que se habla es cuando él aparece – y eso es la Navidad. El evento parece ser único y separado de los otros eventos, pero todos ellos son parte de una compleja totalidad. Ahora nos estamos aproximando a una parte que llamamos Navidad: el nacimiento de Dios, ¡el nacimiento de Yo Soy! ¿A qué lugar podrías ir que no fueras consciente de ser? Por tanto, ¿a dónde puedes ir y no encontrar a Dios? ¿Si vivieras en el infierno no serías allí consciente de ser? Así que Dios está en el infierno. Si vivieras en éxtasis serías consciente de tu estado de éxtasis, y esa conciencia es Dios, porque *Yo Soy* es el único nombre de Jesús.

En su Libro llamado Hechos, Lucas dijo: "No hay otro nombre bajo el cielo, dado a los hombres, por el que podamos ser salvados." ¿Llamar a Jesús? ¡No! ¡Ser consciente! Sin usar palabras, cuando eres consciente estás diciendo *Yo Soy*. Eso es Jesús, que está enterrado y se levanta en ti. Y cuando él escapa de la tumba de tu cráneo, Cristo nace. Se nos enseña que esto sucedió hace dos mil años entre personas que se han ido hace mucho tiempo del mundo, pero sé por experiencia que, cuando sucede en ti, es extrañamente contemporáneo. Sí, Cristo nació. Eso es un hecho, pero no ha terminado, ya que todavía está ocurriendo en los individuos de todo el mundo. La Navidad es ese gran acontecimiento divino culminante hacia el que se está moviendo el vasto mundo. Si le preguntas a alguien que se define a sí mismo como cristiano, quién es Cristo, lo más probable es que te diga que Jesús es el hijo de Dios. Y si le dijeras que él debe ser Dios para saber eso, se horrorizaría y te diría que eres un blasfemo al sugerir tal cosa. Pero si vuelves a la proclamación del gran evento, encontrarás que "Nadie sabe quién es el hijo excepto el Padre." Así que si tú sabes que el hijo de Dios es Jesucristo, entonces tú tienes que ser Dios Padre. Y, puesto que nadie sabe quién es el Padre excepto el hijo, Jesucristo debe haberte revelado a ti como su Padre. Bien, el hombre no puede racionalizar esto debido a que no ha tenido la experiencia; porque nadie puede saber que Jesús es el Señor (que es Dios Padre) sino por el Espíritu Santo, ya que es él quien te trae la experiencia del gran misterio.

Se nos dice que cuando Pablo ascendió al tercer cielo oyó palabras indescriptibles. Algunas traducciones dicen que fueron "palabras que el hombre no puede expresar", pero no es eso. Lo que Pablo vio y escuchó era imposible de expresar en palabras. No hay palabras para expresar el cuerpo que uno viste cuando se eleva dentro de sí mismo, ya que no es un cuerpo de carne y hueso, sino una indescriptible forma divina. En su capítulo 15 de Corintios 1, Pablo dijo: "Lo que tú siembras no cobra vida a menos que muera. Y lo que tú siembras no es el cuerpo que ha de ser, porque Dios le da un cuerpo tal como él ha elegido." Te conoceré en la eternidad, pero por toda identidad de propósito habrá una discontinuidad radical de la forma.

Ayer por la mañana cuando regresé a este nivel de mí ser, detuve el cuerpo que estaba usando para pasar unos diez o quince minutos exactamente en la superficie de mí ser. La forma está viva. Es toda energía, todo poder, toda sabiduría y todo amor. Utilizo ese cuerpo como utilizo el traje que estoy usando ahora, sólo que lo conozco como mi verdadero yo. Yo siempre tengo el control, intensificando mi energía o modificándola. En ese cuerpo observé escenas gloriosas nunca vistas en la tierra. Eran todas visiones tridimensionales en colores vivos y formas indescriptibles. Observaba detenidamente una, luego la dejaba ir para observar otra – todos los tesoros celestiales que están en mí.

Cuando tus ojos empiecen a abrirse hacia el interior en el mundo del pensamiento, en la eternidad, verás lo que ningún ojo mortal podría ver jamás. No hay imágenes en este mundo exterior para describir el mundo eterno que es imperecedero, el mundo que verás cuando estés usando el ropaje de Cristo, el Hombre Nuevo.

Este es un inefable e indescriptible misterio; ya que Dios viene a nosotros como un desconocido, pero aún así, alguien que permitirá al individuo experimentar quién es él. Cuando experimentas a Cristo, estás experimentando quien eres, porque tú eres el Jesús de las escrituras. Tú eres el Señor Dios Jehová. El evento hacia el cual te estás dirigiendo es el despertar del Señor en ti. Entonces y sólo entonces sabrás quién eres.

La Navidad es simplemente la proclamación de este acontecimiento divino culminante hacia el cual se mueve la creación. No se refiere a alguien que vivió hace mucho tiempo, sino a ti. La Biblia es muy personal. Es tu propia biografía espiritual, tu historia de salvación. Ver a los personajes de las escrituras como personajes de la historia es ver la verdad atemperada a la debilidad del alma humana. No son personajes del exterior, sino de dentro de ti, ya que el drama se desarrolla en tu imaginación. Estás enterrado en ti mismo y no lo sabes.

157

Pero cuando alcances la plenitud de los tiempos te despertarás a la Navidad.

En la última conferencia de anoche hablé de la experiencia de una amiga que probó el poder de la era que viene. Se había encontrado, en sueños, en el hogar de personas que no habían cambiado el estilo de sus prendas exteriores durante 300 años. El segundo marido de la mujer había sido asesinado por el grupo y ella trató de convencerlos de que lo que habían hecho estaba mal, pero ellos se resistían a creerla.

Llegó un grupo de hombres vestidos de negro y con ametralladoras, dispuestos a matar a todos, y cuando ella trató de persuadirlos de que eso no era correcto, no podían entender. Entonces ella comenzó a despertar en su sueño para darse cuenta de que, pese a que todos parecían ser Independientes de su percepción, no eran más que aspectos de su sueño. Deteniendo su poder de percepción, todo se congeló. Ella cambió las intenciones de los hombres, liberó en ella la actividad que les permitía volver a reanimarse, y vio como el hombre dejaba su arma y con los brazos extendidos se acercaba a abrazarla.

Este es el poder del que hablo. Es un poder desconocido para los mortales, de mente racional. Creemos que el poder está en la bomba atómica, en la energía del hidrógeno, en el dinero en el banco, o en valores. Esta noche, sin duda, una docena o más de hombres muy ricos morirán y no se llevarán un centavo con ellos. Simplemente dejarán su ropaje de carne y hueso que creyeron tan real, junto con sus valores. Pero nunca puedes perder el poder del que yo hablo, ya que es eterno. Estos cuerpos mueren, y todo lo que poseen morirá con ellos, pero el poder de la imaginación es imperecedero, ya que es el poder de Dios en el hombre, llamado el Cristo. El hombre está despertando lentamente a este poder y cuando lo escuche y lo sienta, éste es el poder que ejercerá.

Ahora, en el caso de mi amiga, ella despertó en su sueño para descubrir que, aunque todo parecía estar llevándose a cabo independientemente de la percepción que ella tenía, el sueño era sólo ella misma manifestándose. Sabiendo que podía controlar el sueño, ella cambió la motivación del hombre del asesinato al amor. Luego liberó la actividad que les permitía volver a reanimarse de nuevo, y ellos obedecieron sus órdenes. Este es tu futuro, tu herencia en la que todo está bajo tu control.

Estos cuerpos de carne y hueso son sólo ropajes que Dios usa. Aún cuando se consuman en un horno (llamado cremación), los cuerpos se restauran para que otros los ocupen. El mundo se restaura, pero tú – el actor en el drama – asciendes hasta que finalmente despiertas, y eso es lo que llamamos Navidad.

La Navidad es el despertar de Dios en el hombre. No es un acontecimiento ocurrido hace dos mil años, sino que está ocurriendo por todo el mundo en aquellos que han alcanzado la plenitud de los tiempos. Cuando la plenitud de los tiempos ha llegado para ti, comienzas a

159

moverte, a despertar de este sueño de muerte y emerges de tu cráneo, que es tu nacimiento desde lo alto. Estos dos eventos tienen lugar la misma noche. Los separamos por tres meses y medio, y luego añadimos unos pocos meses para el descubrimiento de la paternidad de Dios, luego más tiempo para la ascensión del espíritu; pero son cuatro partes de un gran evento. La primera es la resurrección. La segunda es el nacimiento. La tercera es el descubrimiento de la paternidad a través del hijo, y la cuarta es la ascensión: la ascensión del hijo del hombre (que eres tú) al cielo en forma de serpentina.

Esta noche muchos se están preparando para el gran acontecimiento y cantan en sus cabezas pensando en la mañana de Navidad. Estoy de acuerdo. Permíteles divertirse. Pero estarán cantando para alguien a quien no conocen. Cantarán sus aleluyas pensando que alguien en el tiempo y el espacio está respondiendo a sus alabanzas – pero eso no es Navidad. En el mundo, moviéndose entre ellos, caminan los que han experimentado el evento. Ellos saben que Jesús es el Señor y que él es su maravillosa imaginación humana, su *"Yo Soy"*.

Yo Soy es el nombre de Jehová para siempre. Por este nombre seré recordado por todas las generaciones. Tú ahora eres un ser vivo porque Jehová está enterrado dentro de ti. Y estás destinado a convertirte en un espíritu dador de vida, como mi amiga descubrió que era.

Interrumpiendo la actividad en ella misma, que permitía a otros estar vivos, ella cambió sus motivaciones dando una orden que estaba en conflicto con sus intenciones. Luego liberó la actividad en ella y ellos se volvieron reanimados una vez más – no para realizar sus intenciones anteriores, sino para cumplir las órdenes de ella. Ella ahora ha probado el poder de la era por venir.

En este nivel discutimos, tratando de persuadir al otro de que está equivocado cuando él sabe que está en lo correcto, y así terminamos exactamente donde estábamos. Esta es la vida en un mundo de muerte donde todo se eleva, desciende y desaparece.

Pero tú estás destinado a entrar al mundo del que hablo. Es eterno y no se puede entrar con un cuerpo de carne y hueso, sino que requiere un cuerpo nuevo. Así que a menos que muera lo que siembres, no puede ser vivificado. Y lo que siembras no es el cuerpo que será, sino que Dios (que eres tú mismo) te da un cuerpo que él ha elegido. Es un cuerpo glorioso de poder y sabiduría, llamado el cuerpo de Cristo. Se usa como si fuera una prenda de vestir, sólo que tú tienes el control de tu poder mediante tu sabiduría innata – una sabiduría en la que ninguna duda cabe. Esta proclamación no se descubre por argumento racional alguno. El evangelio no se descubre, se revela. No es algo que puedas demostrar lógicamente, sino una auto-revelación de Dios. Los eruditos pueden estudiar la vida y enseñanzas de Jesús hasta el final de los tiempos pero nunca encontrarán en su estudio quién es el Padre o el Hijo. Si lo hicieran, no manipularían la Biblia.

En el primero de todos los libros, el Libro de Marcos, se hace la declaración: "El principio del evangelio de Jesucristo, el hijo de Dios." La frase, "el hijo de Dios", es una adición hecha por un escriba. Los manuscritos más antiguos y mejores que tenemos, omiten la frase, "el hijo de Dios", y dicen: "El principio del Evangelio de Jesucristo".

La palabra "evangelio" significa "buenas noticias". Esta es la buena noticia, que Jesús es el Señor Jehová y Cristo es su poder y sabiduría. Él está enterrado en nosotros y resucitará en nosotros. Sabrás de su resurrección porque el día que se levante en ti, las imágenes mismas de las escrituras te rodearán, y sabrás que eres aquél de quien se habla como el Señor Jesucristo. Entonces descubrirás quién es el hijo, porque no sabrás que Jesús es el Señor sino por el Espíritu Santo (por experiencia). Y sólo puedes conocer a tu hijo desde la experiencia. David, la personificación de la humanidad fundida en un único ser, está delante de ti y te llama Padre.

Se te dice al final del Viejo Testamento que "Un hijo honra a su padre. Entonces si yo soy padre, ¿dónde está mi honra?" En otras palabras, ¿dónde está mi hijo? El Nuevo Testamento comienza revelando al hijo, pero el hombre no puede entender. Él no sabe que Jesús es el Señor que es Dios

Padre, hasta que tiene la experiencia del despertar y la resurrección en su cráneo. De salir de ese cráneo y sostener al Cristo niño, el signo de su resurrección, en sus propias manos. Él debe estar ante el hijo de Dios, y David debe llamarle Padre. Y puedo decirte: en ese momento no habrá duda alguna en su mente en cuanto a quién es el hijo y quién es él en relación con ese muchacho. Él sabrá que es el padre de David y David sabrá que es su hijo.

En el Libro de Samuel, leemos: "Cuando estés dormido con tus padres yo levantaré a tu hijo después de a ti, que saldrá de tu cuerpo. Yo seré su padre y él será mi hijo."

Ahora saltamos al Libro del Apocalipsis, donde el Señor habla, diciendo: "Yo soy la raíz y el linaje de David". *Yo Soy* la raíz, la causa que es el padre. Y *Yo Soy* la descendencia de mi hijo, David; por lo tanto yo soy uno con mi nieto. Todos los miembros de la raza humana se funden en un único ser llamado David.

¿Y qué sale de eso? La descendencia de David. Si la raíz de David es el Señor, lo que surge de David debe ser uno con su raíz, por lo cual yo soy la raíz y la descendencia. Yo soy el abuelo y el nieto y David es mi hijo. El hombre madura cuando se convierte en su abuelo, ya que el abuelo es el Señor.

Estamos tratando con un misterio. Si piensas que cuando lees la historia del Antiguo o Nuevo Testamento vas a llegar a la verdad por algún argumento racional, estás buscando en vano. El más sabio de los sabios no puede verlo, y como no es racional lo llaman mito. Pero yo te digo: él se da a sí mismo a quienquiera, incluso al más

163

humilde de entre los hombres. Aquellos que tienen todos sus grados, honores, dinero y reputación están muertos pero no lo saben. No los condeno ni discuto con ellos, sino que simplemente sigo mi camino en busca de oídos dispuestos a escuchar mi historia, y por lo general son de aquellos que no son los eruditos de la época. Aquellos que escuchan mis palabras pueden no entenderlas, pero guardan mi mensaje en sus corazones, lo meditan; y un día, creyendo como yo esperaba que lo hicieran, entrará en erupción en su interior. Luego ellos, también, sabrán que el Señor Jesús es el que el mundo llama el Dios del universo. Ellos lo sabrán porque el Espíritu Santo trae a su memoria todo lo que les he contado.

Deja que el mundo vaya a ciegas, como lo hará. La eternidad espera. No importa cuánto tiempo tome. Todos finalmente llegarán a este conocimiento. Pero nadie llegará hasta que esté hambriento, hasta que esté sediento de Dios con una sed que sólo la experiencia de Dios puede satisfacer.

El mundo, al no comprender las escrituras, piensa que Dios enviará hambre física. Oh, eso es posible, sucede en todo el mundo de todos modos. No es porque no podamos suministrar los alimentos – el problema es económico. Se nos dice que reduzcamos la producción, ya que no podemos encontrar contenedores lo suficientemente grandes para albergar nuestras provisiones. Hemos puesto un enorme peso sobre el contribuyente porque permitimos que la comida se pudra, ya que no sabemos cómo desprendernos de ella. A las personas se les paga para que no produzcan alimentos, mientras nuestro gobierno habla de ser incapaz de proveer suministro. Solamente nuestros estados del sur podrían crecer lo suficiente como para alimentar y vestir a todo el mundo, ¿pero cómo hacerlo en la economía actual? Yo no soy economista, así que no puedo decirte cómo; pero sé que no es por falta de producción, sino más bien por falta de economía.

El problema económico yo no lo puedo resolver, pero te puedo decir que Cristo en ti es tu propia y maravillosa imaginación humana, que el Dios de las escrituras y el Señor Jesucristo es tu *Yo Soy*. Deja que el mundo se burle. Está perfectamente bien; sólo están cumpliendo las escrituras. "Vendrán burladores profiriendo burlas: '¿Dónde está la promesa de su advenimiento? Porque desde que los padres se quedaron dormidos, todas las cosas han continuado como estaban desde la fundación del mundo.'" Así que déjalos que se burlen, pero acepta mi mensaje y pon tu esperanza completamente en la gracia que viene a ti. Espero que erupciones dentro de ti ahora, en un futuro no lejano; y entonces – cuando te liberes de este ropaje de carne (como debes), te vestirás en poder, te vestirás en sabiduría, te vestirás en amor.

Aquellos que no han tenido la experiencia antes de partir de este mundo son devueltos a la vida para encontrarse a sí mismos en un mundo como este. Ellos se enfrentarán con todos los problemas que no han solucionado aquí. Pueden dejar el ropaje de un millonario para encontrarse como un niño limpiabotas o uno que limpia letrinas, si eso es lo que se debe hacer para incitarlos a creer la increíble historia.

No creas que tu posición actual en la vida es algún indicador de lo que serás cuando te vayas de aquí. Si Cristo no ha despertado en ti, te encontrarás en un mundo terrestre como este, en un cuerpo como estos, nuevo y joven, pero no un bebé. Tú harás algo más adecuado para el trabajo que aún queda por hacer en ti. Hasta que despierte ese poder en ti, continuarás utilizando tu mente racional en un mundo racional igual a este.

La Navidad que ahora esperamos celebrar es un aspecto del gran acontecimiento. Hay cuatro actos definidos en el evento único, que comienzan con tu resurrección. Esto es seguido por tu nacimiento desde lo alto. Luego David revela tu paternidad, y el cuarto y último acto aparece cuando asciendes a los cielos en forma de serpentina e ingresas en él violentamente, revestido en poder.

CAPITULO X

ES TUYO, TOMALO

CAPITULO X

ES TUYO, TOMALO

Sólo hay una causa para los fenómenos de la vida. Esa causa es Dios. Alojado en ti, Dios es una persona en el sentido más literal de la palabra. Créeme, pues yo sé esto por experiencia. Dios, el único creador, es pura imaginación obrando en la profundidad de tu alma. Dios comenzó una buena obra en ti y Él la llevará a término el día que el poder creativo de Dios se desvele en ti. El poder creativo y la sabiduría de Dios se define en las Escrituras como Cristo. Cuando Cristo se desvele en ti, sabrás que tú eres el poder de Dios y la sabiduría de Dios.

Dios, tu propia maravillosa imaginación humana, subyace en todas tus facultades, incluyendo la percepción, y fluye a tu mente superficial menos disfrazada en forma de fantasía productiva creativa. Cuando tú te preguntas qué puedes hacer para trascender tú actual limitación de vida, estás insistiendo en los medios. Dios no te pide que consideres los medios, sino que definas el fin. Hablándote por medio del deseo, Dios hace la pregunta: "¿Qué quieres tú de mí?" Entonces Él te dice que no te preocupes por las maneras y los medios, pues sus caminos son impenetrables. Son inescrutables e inalcanzables. Esta afirmación la encontrarás en el capítulo 11 del Libro de Romanos. Así que no estés preocupado por cómo Dios cumplirá el fin, sólo sabe que Él lo hará. ¿Puedes creer que tu deseo se ha cumplido? ¿Puedes creer que es verdad? Si puedes, es tuyo para que lo tomes, ya que nada es imposible para el que cree.

Ahora déjame compartirte tres historias que me llegaron durante el verano. La primera carta era de mi amigo Bennie. En ella él contaba que estaba tumbado boca abajo en su cama, con la cara hacia abajo, cuando sintió como si alguien le agarrara de los hombros; y mientras se estaba levantando escuchó las palabras: "¡Toma una posición!" Intuitivamente él sabía que tenía que tomar la decisión ahora en cuanto a si iba a creer que la imaginación crea la realidad o no creerlo. Las Escrituras nos dicen, "El que no está conmigo, está contra mí". No hay terreno neutral, pues "no he venido para traer paz, sino espada. Para poner al hombre contra su padre y a la hija contra su madre". ¿Por qué? Porque los enemigos de un hombre están dentro de él. Todo el mundo debe finalmente tomar la posición de que la imaginación crea la realidad y nadar o hundirse con este concepto.

Ahora, unos días más tarde mientras estaba meditando, Bennie se sintió agarrado por la espalda por tres hombres. A medida que le levantaban, él vio salir el sol y escuchó las palabras: "¡Mira! ¡Observa!" y "¡Reconocimiento!", y recordó un pasaje de mi libro 'Tu fe es tu fortuna': "El reconocimiento de esta verdad te transformará de alguien que trata de hacerlo así en alguien que reconoce que es así".

Poco después de esto, un amigo le pidió a Ben que orara por él. Él quería ser el administrador de la propiedad de la compañía para la que trabajaba. A pesar de que había estado dejándolo pasar año tras año, Bennie le dijo qué hacer, e imaginó que oía al amigo decirle que el trabajo ahora era suyo. Unos meses más tarde el trabajo estuvo vacante y a su amigo se le dio el puesto junto con un aumento de sueldo y mayor responsabilidad, tal como él había imaginado. ¿Qué hizo Bennie? ¡Imaginó! ¿A quién le oró? ¡A su propia maravillosa imaginación humana! Dios, el creador de toda vida, es como pura imaginación en ti, subyaciendo en todas tus facultades – incluyendo la percepción. Él fluye en tu mente superficial menos disfrazado en forma de fantasía productiva.

Bennie tomó una posición. Él oró por su amigo y creyó que su oración fue respondida. Él se puso a prueba, y las ventanas del cielo se abrieron y derramaron bendiciones para que todos las vieran. Ahora Bennie sabe que con Dios todas las cosas son posibles.

Dios es tu yo más poderoso. Vaciándose de sí mismo, Dios tomó la forma de un esclavo y ahora se encuentra a semejanza de hombre. Abdicando de su poder, la Pura Imaginación (Dios) tomó sobre sí mismo las limitaciones de la carne, convirtiéndose así en humano. Es Dios quien teje cada deseo tuyo en realidad cúbica, sirviéndote eficaz y rápidamente, independientemente de si tu deseo es para mal o para bien. El que evoca pensamientos en la mente de un Hitler o un Stalin es el mismo poder que el que evoca pensamientos en la mente de un Papa o del Arzobispo de Canterbury. No hay dos Dioses. ¡Sólo hay uno!

Los capítulos 14 y 53 del Libro de los Salmos son idénticos, cada uno nos dice: "El necio dice en su corazón que no hay Dios, pero el Señor mira desde los cielos sobre los hijos de los hombres para ver si hay alguno que actúe sabiamente y busque al Señor". Aquí encontramos que a los ojos de Dios, la sabiduría es equiparada con la búsqueda del Señor. Y si Dios es omnisciente y todopoderoso, entonces cualquier otra búsqueda que no sea la del Señor es estúpida. Tú puedes ser el matemático o científico más grande, el hombre más inteligente y honrado entre los hombres, pero si tu búsqueda no es la de Dios, eres estúpido ante sus ojos.

Llamado a buscar la causa de la creación, ¿qué estás haciendo perdiéndote en los fenómenos de la vida?

Cuando algo suceda, examina tus pensamientos y descubrirás que tu propia maravillosa imaginación humana es la causa de tu experiencia, porque Dios es una persona. En el momento presente Él está usando una máscara llamada Neville, pero el que te está hablando ahora sabe que él mismo es el Anciano de los Días. Cada ser en el mundo es una máscara usada por Dios; pues alojado en el hombre, [Dios] es la imaginación del hombre.

Un pensamiento en acción es un acto imaginativo. Piensa (imagina) un terremoto horrible y Dios te lo dará. Imagina (piensa en) una guerra y Dios te proporcionará eso, también.

Imagina la paz y la tendrás. Dios te dará salud si tú quieres pero primero has de imaginarte estando sano.

Imagina el éxito y lo tendrás. En el momento que tú piensas, estás alimentando a tu imaginación, que es una persona. Utilizo la palabra persona deliberadamente, ya que tú eres una persona.

Tú eres la máscara que Dios está usando ahora, pues Dios se convirtió en ti para que tú puedas convertirte en Dios.

Ahora déjame compartir otra carta. El año pasado esta señora, que vive a unas sesenta millas al norte de San Francisco, fue poseída por el deseo de venir a Los Ángeles y asistir a mi conferencia. Dejando un aviso en su oficina, ella condujo su coche hasta el aeropuerto de San Francisco, donde tomó un avión hacia Los Ángeles. Allí se encontró con una amiga e inmediatamente vino a la conferencia. Después de la conferencia ella se unió a un grupo de cuatro mujeres y un hombre para tomar café, y dijo que tenía hambre, no habiendo almorzado ni cenado ese día. El señor que estaba sentado a su lado dijo entonces, "Me gustaría invitarte a un bistec". Y cuando ella lo miró a la cara oyó una voz dentro suya decir, "Este es tu marido".

Ahora, esta señora se ha casado y divorciado cuatro veces, así que tuvo deseos específicos de un marido que ella sintió que debía cumplirse. Quería estar felizmente casada con un hombre que viviera por esta verdad (que siguiera las enseñanzas de Neville). Ella quería que él la amara y la respetara así como a su hijo de diecisiete años. Habiendo imaginado un hombre así en Septiembre, ella asistió a mi conferencia en Octubre, y se casó con el señor que conoció aquí en Enero del año siguiente.

El señor añadió su historia a la carta, diciendo: "Habiendo jugado con la idea de estar casado, me fui a una casa de empeños el pasado septiembre y compré un anillo de oro liso que me puse en el dedo anular de la mano izquierda.

Todos los días yo llevaba puesto el anillo y todas las noches me dormía con la sensación de estar felizmente casado. (Mi amigo creyó que él no podría alcanzar la sensación de estar casado sin una ayuda física, pero no necesitas nada fuera de tu imaginación para alcanzar el estado de ánimo.)

Habiendo sido un alcohólico, este señor imaginó que su esposa nunca aludiría a su pasado; pues aunque no había probado el alcohol durante nueve años, él había pagado el precio de su búsqueda de Dios. Como puedes ver, el alcohólico está buscando la verdad. Sediento, él encuentra un falso espíritu en la forma de alcohol, mientras que los que no lo prueban – y critican a los que lo hacen – ni siquiera han comenzado su búsqueda. Pero tengo noticias para ellos. Un día ellos, también, conocerán un hambre que no se satisface con pan. Conocerán una sed tan grande que cometerán el error de vestirla en la forma de una botella. Pero debido a que será una falsa sed, la sed permanecerá. Entonces descubrirán la verdadera hambre y la verdadera sed, que es por escuchar la palabra de Dios.

Ahora, en la tercera carta un señor escribe: "Después de haber pedido un préstamo al banco, cada mes, cuando enviaba mi pago yo reducía la cantidad total en mi libro de registros. Un día, mientras estaba escribiendo mi cheque y anotando su pago, cerré los ojos y vi dos ceros debajo de la columna de saldo adeudado. Luego di un suspiro de alivio porque el crédito estaba pagado. Durante los siguientes tres meses persistí en ver esos dos ceros y alegrarme por estar libre de deudas. Entonces llegó una sorpresa inesperada. Nuestra compañía nos pagó a todos una prima de medio año que era tan grande que fui capaz de pagar todas mis facturas, incluyendo el préstamo bancario, y depositar el resto en el banco."

Ahora pienso que este señor y yo debemos de ser dos guisantes de la misma vaina, porque el dinero parece quemarse en su bolsillo también. En vez de mantener el dinero en el banco como la mente racional haría, mi amigo empezó a pensar en cómo gastarlo, así que por supuesto encontró una manera. ¡Compró una grabadora para traerla y grabar mi mensaje!

¿A quién se volvió mi amigo cuando quiso que el préstamo bancario estuviese pagado? ¡Él se volvió a Dios! No se puso de rodillas y le pidió a algún Dios afuera [de él mismo] que lo hiciera por él. Él no fue a la iglesia y consultó a un sacerdote, rabino o ministro. No contactó con uno de esos llamados maestros de la verdad, sino que simplemente cerró los ojos a lo que era evidente y vio dos ceros en la columna de saldo adeudado. Entonces, por primera vez en la historia de su compañía se pagó [a los trabajadores] una prima de medio año. Esto le sucedió debido a su uso de la ley, y a su conocimiento de quién es Dios.

No todo el que busca a Dios le encuentra, pero hay quienes – como Felipe – que cuando le encuentran, traen a su hermano Nathaniel. Andrés encontró a Jesús y trajo a Pedro. Tú, también, encontrarás a Jesús cuando ejercites tu imaginación, y traerás a los que tú amas a su conciencia. Si te llegara una gran riqueza, ¿tu mujer (o marido), tus hijos, así como los de tu círculo no se beneficiarían de tu buena fortuna? ¿Y si les llegara a ellos, no te llegaría a ti? Así que nos beneficiamos mutuamente cuando descubrimos a Dios y le ponemos a prueba.

Apocalipsis nos dice que seamos o bien fríos o calientes, pero nunca tibios. Si tú no me crees hasta el punto de poner a prueba la ley, eres tibio. Pero un día, como Ben, tomarás una posición, o estarás conmigo o contra mí.

Tratarás de creer que la imaginación crea la realidad, o lo rechazarás. Serás caliente o frío al respecto, y eso es mejor que ser tibio. He descubierto que los que me odiaban al principio cuando les arrebaté sus ídolos, el icono en su mente llamado Jesús, se han convertido en mis mejores alumnos. Así que muchas personas proclaman que creen en Jesús, pero no pueden definirle. Incapaces de ubicarle en el tiempo y en el espacio, desconfían cuando digo: Cristo en ti es tu esperanza de gloria. Llenos de insultos, son fríos. Algunos han sido incluso violentos. Pero un día ellos encontrarán a aquel de quien Moisés y los profetas escribieron, darán la vuelta, y serán abrazados por el Señor.

Empecé contando esta historia en la década de 1930 y aquí estamos en la de 1960. Durante estos treinta y tantos años me he encontrado con aquellos que realmente se me oponían – aquellos que fueron tan conmovidos y perturbados que estaban decididos a refutar mis palabras. Pero como no podían hacerlo, ellos también han encontrado que Dios es su propia maravillosa imaginación humana. La Biblia está dirigida sólo a la imaginación

177

humana. En la famosa carta de Blake al Rev. Dr. Trusler él hace el siguiente comentario: "¿Por qué la Biblia es más entretenida e instructiva que cualquier otro libro? ¿No será porque se dirige a la imaginación, que es sensación espiritual, y sólo inmediatamente al entendimiento o a la razón?

La Biblia es una enseñanza imaginativa. Cuando se despliega en ti es más real que cualquier cosa aquí, sin embargo es toda imaginada, pues Dios es toda imaginación y también lo es el hombre. El cuerpo eterno del hombre es la imaginación, y eso es Dios Mismo. No hay nada más que este único cuerpo llamado Jesús, que es el Señor Dios Jehová.

Yo te digo, Dios se hizo como nosotros somos de modo que nosotros podamos llegar a ser como Él es. Nadie tomó la vida de Dios. Él mismo la dejó diciendo: "Tengo el poder para ponerla y el poder para volverla a quitar". La caída en el espacio fragmentado fue deliberada. Y el que cayó tiene el poder para reunirnos a todos, uno por uno, en ese único cuerpo que es todo amor. Su cuerpo está por encima de la organización de sexos. En él no hay griego, ni judío, ni cautivo, ni libre, ni hombre, ni mujer. Cuando tú lo llevas puesto entiendes la declaración de Pablo: "Considero que los sufrimientos de este tiempo presente no son dignos de ser comparados con la gloria que me ha sido revelada". En ese cuerpo tú sabes que tú mismo eres el Hombre real, y que este cuerpo carnal no es nada. Te das cuenta de que nunca fuiste hombre o mujer, sino que siempre has sido Dios. Recuerda, todo es tuyo para que lo tomes. Si lo quieres, tómalo. Si no puedes reclamarlo por ti mismo, pídele ayuda a un amigo. Si quieres estar felizmente casado, haz lo que hicieron mis amigos.

¿Quieres saldar todas tus deudas? Cualquier cosa que desees es tuya. Todo lo que tienes que hacer es imaginar que lo tienes, ¡pues todo en la vida es tuyo para que lo tomes!

CAPITULO XI

EL MARAVILLOSO PODER

EL MARAVILLOSO PODER

¡**T**ú tienes en tu interior un poder que obra maravillas! Para comprender este poder, volvamos al Libro de Josué, donde se nos dice: "Donde quiera que la planta de vuestro pie pise, yo os lo he dado". La forma hebrea de la palabra "Josué" es Yod Hey Vav Shin Hey [pronunciado Ye-ho-SHOO-ah] y significa, "Jehová salva". Así que como ves, Josué no está prometiendo a otro, ¡sino a sí mismo!

Jehová dirige la danza de la vida. Nosotros somos sus bailarines, aunque su mismo ser; pues Dios y su nombre eterno es un único *Yo Soy*. ¡No hay lugar donde puedas ir y no saber que tú eres! Puedes sufrir de amnesia y no saber quién eres ni dónde estás, pero sabes que tú eres; de modo que, sin expresarlo estás diciendo ¡*Yo Soy*! Eso es Dios. No hay lugar donde Dios no esté y no hay nada que Dios no sea; pues si hay algo, ¡tiene que ser Dios!

Ahora bien, todas las cosas por una ley divina en el ser de otro se mezclan. Si tomas la idea de la penetración interna en serio, descubrirás que sus posibilidades son asombrosas. Todo en este mundo penetra en tu cerebro. Tú penetras en mi cerebro, como yo penetro en el tuyo. Mi apartamento está a varios kilómetros de aquí. Nueva York está a tres mil kilómetros, y el lugar donde nací está a cinco mil kilómetros de distancia. Sé que están ahí, pero si acepto la idea de la penetración interna, entonces creo que también están en mi cerebro.

Si yo quiero visitar mi casa en la isla de Barbados, pero no tengo los medios ni el tiempo para ir allí, puedo introducir su imagen en mi imaginación, acercándola en el carro de fuego de mi pensamiento contemplativo. Yo lo he hecho. Yo ya no uso este poder que obra maravillas a la ligera, porque sé que después de imaginar, mi deseo cumplido (aunque pueda olvidarlo) seré obligado a experimentarlo en este mundo de sombras. Este poder que obra maravillas es para ser usado para cualquier cosa que desees. Ahora penetra en tu cerebro, y está donde quiera que tú estés. Sé que Barbados está en el mundo externo, pero también sé que yo soy todo imaginación. Yo sé que Dios es Hombre y existe en nosotros y nosotros en Él; que el cuerpo eterno del Hombre es la Imaginación, y eso es

Dios mismo. Así que si yo – la imaginación – entro en una imagen que deseo ocupar, ningún poder terrenal puede impedir que esa imagen se convierta en un hecho objetivo.

¿Cuál es el secreto que hace que opere este poder que obra maravillas? ¡La sensación! La realidad es controlada por la sensación, como se nos dijo en el capítulo 27 del Génesis. El personaje central de este capítulo es el estado llamado Isaac, que tiene dos hijos – Esaú y Jacob. Esaú está vestido con la realidad objetiva, mientras que Jacob viste la realidad subjetiva, como anhelos, apetencias y deseos. Cuando Jacob se disfrazó como un hecho objetivo, Isaac dijo: "Acércate para que yo pueda sentirte para determinar si tú eres Esaú o no." Y cuando él preguntó: "¿Eres realmente Esaú?" Jacob respondió, *"Yo Soy"*.

Ponte en un estado subjetivo. Entonces siente la objetividad del estado, dándole vivacidad sensorial y tonos de realidad. Luego engáñate en la creencia de que la imagen en la que has entrado es ahora objetivamente real. Haz eso, y habrás entrado en el estado llamado Isaac. Y se nos dijo que cuando Isaac, vio una vez más su mundo objetivo, volvió Esaú y Jacob desapareció. Entonces se dio cuenta de que había sido auto-engañado, pero no pudo recuperar la bendición dada al estado subjetivo.

Aunque tu mundo objetivo niegue la realidad de lo que has hecho en tu imaginación, lo que has asumido subjetivamente está en camino de suplantar a tu mundo objetivo y convertirse en tu Esaú. Como ves, en la vida estás haciendo el papel de Isaac con sus dos hijos: Esaú – tu mundo objetivo, y Jacob – el subjetivo. Tu mundo subjetivo puede parecer estar revestido de irrealidad; pero cuando entras en su imagen en tu imaginación y vistes esa imagen de sensación, tu deseo subjetivo toma los tonos de la realidad.

Así es como yo lo hago: Cuando cierro los ojos este mundo se queda fuera, como Isaac, estoy ciego al mundo exterior. Entonces me siento en el estado de mi deseo. Con mi ojo interior lo veo todo a mí alrededor. Siento su solidez, y cuando mis cinco sentidos están despiertos en la escena imaginaria, tengo la sensación de alivio, sabiendo que está logrado. Cuando abro los ojos físicos, Esaú – mi mundo físico – vuelve y trata de convencerme de que lo que hice fue irreal. Pero habiéndolo hecho una y otra vez, sé que mi deseo está moviéndose hacia su cumplimiento objetivo.

Esto es lo que quiero decir con el poder que obra maravillas. Todo está dentro de tu propia maravillosa imaginación humana, pues eso es Dios. La promesa de Josué es la promesa de Dios a sí mismo, pues no había nadie que hiciera el papel que es tan únicamente tuyo, sino Dios. Habiendo concebido una obra que sólo existía para él, Dios, el director y el autor, se convirtió en el actor. ¡Su nombre es *Yo Soy*! Antes de ser conocido como Juan, Pedro, hombre o mujer – ¡yo simplemente soy! Vistiéndome con lo que me gustaría ser, soy rico, pobre, conocido o desconocido. Aunque mi mundo objetivo niegue la realidad de lo que he hecho, cuando he sentido la realidad de mi estado deseado, le he dado mi bendición y no hay vuelta atrás.

En el momento en que lo que era subjetivo se vuelve objetivamente real para ti, le has dado tu bendición y no hay vuelta atrás. Vestido con la sensación de inseguridad, tu mundo externo (Esaú) refleja ese sentimiento. Pero cuando te vistes con la sensación de ser rico, incluso aunque sea subjetiva, observa – pues como la inseguridad ya no tendrá tu bendición para seguir viva, las riquezas la suplantarán.

Cada estado de conciencia está dentro de ti, ¡pues todo es Dios hecho visible! Y todas las cosas por una ley divina se mezclan en el ser de los demás. La luna está remota en el espacio, sin embargo, penetra en tu cerebro; por lo tanto está en tu cerebro. No puedo llevarte conmigo a ver la Tierra desde la luna, pero puedes ir allí tú mismo.

Puedes ir a cualquier punto del espacio que puedas concebir, con sólo imaginar que ya estás allí.

Cuando yo estaba en el ejército, mi oficial al mando negó mi solicitud para que me licenciaran. Su palabra era definitiva en el mundo del César – pero no en el mundo de Dios, pues ese mismo día yo asumí que había sido dado de baja honorablemente y estaba viviendo en mi apartamento de Nueva York, a 2000 kilómetros de distancia.

Durmiendo en un pequeño catre en las barracas, asumí que estaba en mi propia cómoda cama. Me hice bastante claro para mí que Yo no estubiera de permiso, sino retirado con honores y otra vez civil. En mi imaginación, mi esposa estaba en su cama y mi hija pequeña en la suya. Entonces me levanté de la cama, me acerqué a la ventana y contemplé una escena familiar que sólo se podía ver desde allí. Vi los apartamentos Holly a través de la calle, así como Washington Square. Caminé por todas las habitaciones del apartamento, tocando objetos familiares, y luego regresé a mi cama para dormir en la ciudad de Nueva York como si fuera un hecho.

A la mañana siguiente temprano, vi una hoja de papel que se parecía a la solicitud que había hecho. Luego una mano sosteniendo una pluma tachó la palabra "Denegada", ¡y decididamente escribió la palabra "Aprobada"! Y oí una voz que decía: "¡Lo que he hecho, lo he hecho! ¡No hacer nada!" Sabiendo exactamente lo que yo había hecho, sabía que me estaba dirigiendo hacia su confirmación objetiva y ningún poder en la Tierra podría detenerlo. Nueve días después, ¡el hombre que denegó mi solicitud me dio una baja con honores!

Yo te digo: todo es posible para el individuo cuando él sabe quién es. Tú eres el Josué del Antiguo Testamento y el Jesús del Nuevo. Y Jesús, tu propia maravillosa imaginación humana, es Jehová. Él es tu conciencia, pero en tanto que veas a Jehová como alguien distinto a ti mismo no aplicarás este principio. Debes estar dispuesto a renunciar a todos los dioses extraños, a todos los ídolos, y volver al sólo y único Dios, ¡cuyo nombre está en ti como tú mismo ser!

Si fuiste educado en la fe cristiana, fuiste enseñado a creer que Jesús estaba en el exterior. ¿Pero cómo puedes ponerle a prueba si él es otro? Nunca hubo otro Josué o Jehová. Hay sólo Dios, el director de la gran danza de la vida cuyos bailarines son él mismo. Dios hace el papel del pordiosero y baila la danza de la pobreza. También hace el papel de un millonario y baila en la melodía de los millones, como cada papel que está siendo desempeñado por Dios.

Ahora bien, ¡todo el mundo debe actuar desde donde está! Pregúntate a ti mismo: ¿dónde estoy yo? Si yo soy Dios, ¿dónde puedo ir que Dios no esté? Si hago mi cama en el infierno, Dios está allí. Si la hago en el cielo, Dios está allí, ¡pues todo me penetra! No tengo que moverme físicamente. Simplemente ajustando mi pensamiento puedo pasar de un estado a otro.

Recuerdo una fría noche de invierno en Nueva York. Estaba dando una conferencia en una iglesia al lado de Times Square, donde la multitud habitual era de más de un millar, pero a causa del frío y la nieve sólo había alrededor de 200 asistentes. Mi primer libro acababa de salir, y esa noche tal vez se vendieron 50 copias, y puesto que había mandado a imprimir 5000 yo estaba ansioso por tener el libro en distribución.

EL MARAVILLOSO PODER

Debido a la tormenta afuera, esa noche hablé del calor de Barbados: las palmeras y los olores de los trópicos. Y cuando me retiré, me sentí en casa de mi madre en Barbados. Escuché el movimiento de las hojas y olí la atmósfera tropical. Entonces llegó un telegrama diciendo que mi madre se estaba muriendo y yo debía volver a casa. En 24 horas mi esposa y yo embarcamos para Barbados. Me había puesto allí y tuve que cumplir mi acto imaginario, a pesar de que era un momento inoportuno para ir allí; ¡así que no trato mi poder que obra maravillas a la ligera!

Cuando te pido que te ajustes a un cierto estado, me refiero a que sientas que es real, pues la realidad es controlada por la sensación. El día vendrá en que la sensación se modificará, o incluso se anulará, y que lo que crees que son las leyes de la naturaleza y la ciencia, descubrirás que no lo son en absoluto. Este poder que obra maravillas está todo dentro de ti, y puede ser operado conscientemente cuando tú sabes quién eres. Si te pones de rodillas y rezas a un Dios externo, no conoces este poder. Si estás en una iglesia o en un bar, Dios está allí; y donde quiera que Dios esté, ese lugar es sagrado. Un bar es tan sagrado como una iglesia, ¡cuando estás ahí sabiendo quién eres!

No importa dónde estés o qué hora sea, puedes ajustar tu mente y hacer cualquier cosa real a través de la sensación. Aunque tu mundo objetivo niegue su realidad, el estado al que has entrado subjetivamente se está moviendo hacia el cumplimiento. Siempre estamos imaginando, aunque totalmente inconscientes de lo que estamos haciendo.

Yeats dijo una vez: "Nunca estaré seguro si no fue alguna mujer pisando en el lagar la que comenzó un cambio sutil en la mente de los hombres, o que una pasión, a causa de la cual muchos países se han dado a la espada, no comenzó en la mente de algún pobre muchacho pastor, iluminando su día por un momento antes de correr a su camino."

Alguien en la cárcel sintiéndose maltratado por la sociedad puede causar la combustión del mundo, imaginando vengarse de aquellos que lo pusieron ahí, mientras que los que pensaron que estaban seguros, no se dieron cuenta de que – aunque el hombre esté en la cárcel – él es Dios, usando su poder que obra maravillas.

Si tú sabes que existe sólo Dios, ¿a quién querrías herir? Te darías cuenta de que ningún hombre podría nunca disparar a otro, pues no hay otro. No hay nada más que Dios, la sola y única realidad. Este es el Shemá, la gran confesión de fe: "Escucha oh Israel, el Señor nuestro Dios, el Señor es uno." Mantén esto en la mente y nunca te equivocarás.

Si Dios es uno, no puede haber otro. Yo soy el único cuerpo fragmentado para que el poema se vuelva vivo. Mientras me reúno para reconstruir el templo que fue destruido cuando yo deliberadamente me fragmenté, las piedras muertas se hacen vivas una vez más. Una por

191

una, cada fragmentación retorna al mismo cuerpo, haciéndolo más luminoso, más transparente y más creativo, pues Dios es un ser creativo en constante expansión.

Este poder que obra maravillas está en tu propia maravillosa imaginación humana. Eso es Dios. El hombre es todo imaginación, y Dios es el hombre y existe en nosotros y nosotros en Él. El cuerpo eterno del hombre es la imaginación, y eso es Dios mismo. Un cristiano llama a la imaginación Jesús. Un judío la llama Jehová. La tradición afirma que Jesús y Jehová son ídolos – ¡pero el verdadero nombre de Dios es *Yo Soy*!

Cree en la imaginación humana, el único Dios verdadero, usando conscientemente tu poder que obra maravillas. ¿Dónde puedes ir que no estés imaginando? No importa dónde estés, estás imaginando (consciente de) estar ahí. Un niño recién nacido no sabe quién es, dónde está, o qué es; pero él sabe que él es. Eso es Dios. Él es tu conciencia que obra maravillas, ¡el poder de la Imaginación que obra maravillas!

Espero que me tomes en serio y aprendas a creer conscientemente en tu penetración interna. Todo penetra en tu cerebro, o no podrías ser consciente de ello – sea bueno, malo o indiferente. No tienes que tomar un tren, un barco o un coche para ir a ninguna parte. Todo lo que necesitas hacer es ajustar tu pensamiento. Afirma: "Yo lo estoy poseyendo ahora", y persiste hasta que sientas el alivio de la posesión. Luego sigue con tus asuntos, sabiendo que de un modo que tú no sabes, ¡serás llevado al cumplimiento de lo que hiciste dentro de ti!

No tienes que determinar conscientemente la serie de acontecimientos que te encontrarás; simplemente se desarrollarán en tu mundo. Puede que conozcas a un aparentemente extraño. Otros pueden aparecer, y – después de una reflexión – puedes incluso atribuirles tu éxito; pero ellos sólo estaban desempeñando un papel, ya que todas las cosas por una ley divina en el ser de otro se mezclan. Los demás te penetran y tú les penetras a ellos, pues todos somos uno. Si alguien puede desempeñar el papel necesario para que tú subas ese peldaño de la escalera, entonces lo hará sin su conocimiento o consentimiento. ¡No pienses en personas, sino en lo que quieres como fin!

Da forma a tu vida sabiamente haciéndote consciente del deseo al que estás dando forma en tu mente, pues sin deseo no hay poder en la vida. Tu línea de alimentación es *Yo Soy*, mientras que tu deseo es la bombilla. Así como es imposible que una bombilla dé luz cuando no está conectada a la línea de alimentación, así pasa contigo. Debes conectar tu deseo a tu *Yo Soy* para que ilumine y se convierta en objetivo para ti. Da amables regalos a todos los que te encuentres, pues cada uno eres tú mismo proyectado fuera. Ten un noble concepto de lo que te gustaría experimentar, y ajusta tu pensamiento a él, sintiendo que te has trasladado a su cumplimiento. Dale realidad a través de la sensación. Mira a tu mundo desde este punto, luego abre los ojos sabiendo que aunque tu mundo objetivo lo niegue, le has dado a tu deseo su derecho de nacimiento, y nada puede detener su cumplimiento.

Lee el capítulo 27 del Génesis cuidadosamente, recordando que todos los personajes de los que se habla ahí son personificaciones de estados dentro de ti. Como Isaac, tú siempre tienes dos hijos: tu mundo objetivo presente y tu mundo subjetivo presente. La historia te cuenta cómo vestirte con el deseo subjetivo, a través de la sensación, hasta que suplante a su hermano objetivo.

Así es cómo pasas de un estado a otro hasta que alcances el estado llamado Jesús. Entonces la historia recogida en los evangelios se cumplirá en ti, asignándote el papel central. Sólo esta experiencia puede salvarte de este mundo del César, pues eres redimido, desde dentro de ti mismo, al recrear la historia de Jesús el Cristo.

CAPITULO XII

LIBRE O PRISIONERO

CAPITULO XII

LIBRE O PRISIONERO

P ido que compartas tus experiencias conmigo porque motiva a todos. Personalmente yo no necesito motivación, pues he experimentado las Escrituras, pero todos los que no han experimentado la palabra de Dios necesitan estímulo.

Yo hago la afirmación, "La imaginación crea la realidad", y lo digo en serio. Imagina si fuera cierto. No me importa lo que sea. Tú puedes imaginar que la cosa más increíble del mundo es verdad, y si eres fiel a esa asunción, y vives en ese estado, llegará a suceder. De eso estoy convencido y lo sé por experiencia personal. Por eso te pido que compartas conmigo tus experiencias para que yo pueda compartirlas con los que vienen aquí. He aquí una que me contaron hace poco.

El caballero escribió: "Mientras estaba sentado en mi oficina yo estaba aburrido y pensé, 'Ciertamente debe de haber una manera más agradable de ganar el doble de lo que estoy ganando ahora'. Bueno, decidí allí mismo que yo lo haría. Durante unos días me imaginé teniendo esa cantidad y luego, puesto que nada había cambiado en mi mundo, me pregunté si realmente era posible. Inmediatamente detuve ese pensamiento y volví a representar la escena, que implicaba que yo estaba ganando el doble de lo que estaba ganando en ese momento. No especifiqué de qué trabajo se trataba, sólo el dinero involucrado.

Dos semanas más tarde, un hombre que había conocido casualmente hace tres años me pidió que fuera a trabajar para él. Él nunca había hecho eso antes, sin embargo ahora era insistente y cuando mencionó el salario era exactamente el doble de lo que yo estaba ganando. Así que me fui a trabajar para él.

Mientras estaba allí me dije a mí mismo: 'Esto es mágico, de modo que ¿por qué debería trabajar? ¿Por qué no tener un ingreso igual a todo lo que necesito sin [tener que recurrir a] un trabajo?' Así que esto es lo que hice. Me imaginé yendo a mi buzón, abriéndolo y sacando las cartas habituales, correspondencia, facturas y un sobre no identificado. Al llegar a casa abrí el sobre y encontré un cheque por la cantidad que yo pensaba que necesitaría para un largo, largo periodo sin trabajar. Luego vi esa cantidad sumada a mi hoja de balance del banco. Hice eso cada noche cuando me iba a dormir. Dos semanas después, no viendo evidencia de esto en absoluto, me dije: ¿Te estás volviendo loco? Esto es completamente estúpido." Luego, él agregó como un pequeño comentario, "Como una vez pensé que tú lo estabas".

Bueno, él no es el único que ha pensado que yo estaba loco. Incluso el que despertó en las Escrituras fue llamado loco. Léelo en el capítulo 10 de Juan, "'Nadie me quita la vida, yo mismo la doy. Tengo el poder para darla y el poder para volverla a tomar.' Entonces los que oyeron esto dijeron, '¿Por qué le escuchamos? Tiene un demonio y está loco.'" En la ciudad de Nueva York, en 1939, había una librería en la calle 49 en la que me encantaba pasar mis días. Yo no tenía libros impresos en aquel entonces, pero los propietarios habían puesto mi foto en el escaparate. Ese día, cuando me acerqué a la tienda de libros, dos señoras estaban mirando el escaparate. Una de ellas señaló mi foto y dijo, "¿Sabes quién es? Es el místico loco de la calle 47. Deberías oírle. ¿Sabes qué le dice a la gente? Que su conciencia es Dios. Te dice que la imaginación crea la realidad. ¿No es la cosa más tonta del mundo? Tienes que ir a oírle una noche." Eso ocurrió hace muchos años, pero ahora este señor cuestiona su propia cordura como una vez cuestionó la mía.

"Pero", continúa él, "dos semanas más tarde me reuní con un amigo con el que había acordado que nos veríamos muchos meses antes. Mientras estábamos hablando me dijo que acababa de heredar una gran suma de dinero de un pariente desconocido y decidió compartir conmigo cierta cantidad de ese dinero, que resultó ser exactamente la misma cantidad, hasta el último dólar, que yo había imaginado, así que la acepté. Ese verano hice todas las cosas que he querido hacer toda mi vida. Fui a la playa, estuve descansando y en general disfruté de mí mismo.

Luego, un hombre al que nunca antes había visto me llamó y me pidió que fuera a trabajar para él. Le dije que yo no quería trabajar para nadie, pero él insistió, así que tomé algo de mi trabajo y fui a verle. Al hombre le gustó tanto mi trabajo que llamó a su cliente principal y fuimos a verle de inmediato. Cuando entré en la oficina del cliente supe que yo ya había estado allí antes.

Reconocí la pared con paneles, el roble gigante que podía ser visto desde la ventana, así como la planta de la esquina de la habitación. Incluso el hombre era el mismo que yo había visto, no físicamente, sino en mi imaginación. Después de aceptar el trabajo regresé a casa y recordé. Esta es la gran lección que me enseñó.

Recordé que yo estaba sentado en mi escritorio y dejé que mi mente divagara. Mientras mi mente divagaba entré en esa oficina con paneles desde la que miré a través de esa ventana el roble gigante. Recordé que estuve viendo al hombre y la planta. Habiéndolo visto en mi imaginación, esta es mi conclusión: La imaginación crea la realidad de la manera más determinada y definitiva que el hombre pueda nunca imaginar. No solamente el acto imaginativo intencionado crea un hecho, sino que todo el mundo está viviendo según este principio a cada momento del tiempo tanto si lo sabe como si no le importa saberlo. Tanto si lo cree o no quiere creerlo, nadie puede eludir el principio de que la imaginación crea la realidad. No son solamente los actos imaginativos intencionados, sino todo acto imaginativo, pues yo no entré en esa habitación intencionadamente."

Ahora", decía él, "tengo una planta creciendo en mi sala de estar. Es la planta más lujosa que puedas imaginar; sin embargo cada horticultor me dice que la planta no puede vivir bajo esas condiciones. ¿Por qué está medrando? Porque fui adelante en mi imaginación y la vi medrando, ahora se está apoderando de mi sala de estar aunque todos los horticultores me dicen que es imposible."

Si hay evidencia de una cosa, lo que tú o yo pensemos sobre el asunto no es importante. ¿Qué más da lo que nadie piense si la evidencia se produjo? Él tiene la evidencia, y yo no puedo agradecerle lo suficiente esa carta. Estas son historias celestiales que puedo compartir contigo.

No importa lo que un hombre haya hecho, si él conoce y aplica este maravilloso principio de Dios puede liberarse. Dios es un ser indulgente. ¿Si él llevara a cabo cosas contra nosotros quién podría escapar? No importa lo que un hombre haya hecho, Dios perdona y perdonará todo, porque Dios se convirtió en hombre para que el hombre pueda convertirse en Dios. Pero recuerda, siempre estamos imaginando e independientemente de si tu acto imaginativo es intencionado o no, todos los actos imaginativos se convierten en hechos.

Noche tras noche, cuando yo me voy a la cama, mi ojo imaginativo se abre y veo mundos que son totalmente diferentes de éste. Y, cuando intensifico mi vista, me voy, disparado como un meteoro, al lugar que estoy contemplando. Entro directo en ese mundo y se vuelve tan real como éste. La energía que es la imaginación de uno es la vida misma. Anima todo en el mundo. Mi amigo dejó que su mente divagara, y mientras lo hacía él se trasladó a una obra de teatro, entró en una habitación con paneles y observó a un hombre, una planta y la vista de un roble desde la ventana.

Dos semanas más tarde, él entró físicamente en la habitación. En su carta decía, "Ahora sé que tú estás enseñando la verdad, pues la ley es la verdad, y te doy las gracias por enseñarme cómo usarla." Yo le agradezco tan profusamente, si no más, por compartir esto conmigo de modo que yo pueda contarte estas maravillosas historias.

Ahora vamos a otro aspecto de este pensamiento de ser libre o esclavo. Todos nosotros somos esclavos, pues todos nacemos de mujer, la mujer llamada Agar en la Biblia. Mi madre nació [siendo] Wilhelmina, pero ella es Agar. Mi esposa es Catherine Willa, pero ella es Agar, pues dio a luz a un niño. Cada vientre que trae un niño a este mundo es la Agar Bíblica. Pero hay otro vientre, llamada Sara, ella es de arriba y trae a todos a la libertad.

En el Libro del Génesis se nos dice que "Abraham cayó en un profundo sueño y mientras dormía una gran oscuridad descendió sobre él". Y el Señor le dijo, 'Tus descendientes serán extranjeros en una tierra que no es suya. Serán esclavos allí durante cuatrocientos años. Después de eso ellos llegarán a una gran herencia.'" Y cuando Abraham estaba molesto porque no tenía un heredero, el Señor dijo, "Tu propio hijo será tu heredero." Entonces Abraham se rió porque él tenía cien años y Sara noventa y "había dejado de tener la costumbre de las mujeres." Ahora, esta misma historia se cuenta en el Libro del Éxodo, pero esta vez son cuatrocientos treinta años en lugar de cuatrocientos. "El Señor sacó a los hijos de Israel de Egipto después de 430 años."

El hebreo es la lengua más grande del mundo, no para usarla entre la gente, sino para expresar los misterios de las Escrituras. En la lengua hebrea cada letra tiene un valor numérico y simbólico. Abraham tenía 100 años de edad. Eso es Qoph, cuyo símbolo es la parte posterior del cráneo.

Y el número 400 tiene el valor simbólico de la señal de la cruz. Es la vigesimosegunda, la última letra del alfabeto hebreo, Tav. Todos nosotros estamos en la cruz, pues el cuerpo que tú llevas aquí es la cruz que soportas. No hay cruz de madera. Olvida todas esas tonterías. El Cristo universal está crucificado en tu cuerpo. Ahí es donde el Mesías, que es Dios mismo, está crucificado. Yo lo sé por experiencia. No estoy especulando. Mientras que vistas la carne, tú llevas la cruz y eso es 400. No 400 años como tú y yo medimos el tiempo, sino hasta que te quitas tu cruz por última vez. Cuando tu viaje llegue a su fin recibirás la gloria de tu herencia celestial. Esto no se puede realizar en ti hasta que tu vestimenta de carne (tu cruz) sea retirada, y eso sucede al final de los 400 años.

¿Entonces por qué el treinta? Treinta es el precio pagado por un esclavo. El precio de la persona no liberada era de treinta shekels de plata. Se nos dice en el libro del Éxodo: "Si un buey" (el símbolo de Cristo) "golpeara, corneara o matara a alguien, el dueño del animal deberá pagar al dueño del esclavo treinta shekels de plata." Ese es el precio de la persona no liberada. Cada uno aquí es valorado en treinta piezas de plata. Cuando el mensajero de Cristo viene al mundo y entonces te aguijonea (pues treinta es Lamed en hebreo, cuyo símbolo es una puya de buey y la duodécima letra del alfabeto) para que renuncies a tus conceptos tradicionales y pases de un Dios de la tradición al Dios de la experiencia, tú has sido corneado y treinta piezas de plata son pagadas por tu libertad. Se dice que Judas arrojó las treinta piezas de plata al templo llamado el lugar de la sangre. ¿La sangre de quién? La sangre de Dios. Ese es el precio pagado por el individuo que es así aguijoneado, que después de escuchar tiene que renunciar a su reivindicación de todo lo que creyó en el pasado y seguir un nuevo concepto, una nueva interpretación de la Palabra de Dios.

Se nos dice, "Esta es una alegoría", en la carta de Pablo a los Gálatas. Ahora, no hay nadie en las Escrituras que sea más hebreo que Pablo. Él confiesa, "Yo soy de la tribu de Benjamín, un hijo de Abraham. Un romano por ciudadanía, pero un hebreo de hebreos." Él persiguió a los que hablaban como yo lo hago esta noche hasta que tuvo la revelación. Entonces se convirtió en un gran maestro de esta manera. No puedes poner a nadie en la misma categoría que Pablo. Su carta a los Gálatas es una biografía. En ella él dice, "Esta es una alegoría. Abraham tuvo dos hijos: uno con una esclava nacido según la carne" (esto es tú y yo) "y uno con una mujer libre, nacido según la promesa." ¿Sabes lo que es una alegoría? Es una historia contada en sentido figurado o simbólico que requiere interpretación, de modo que el oyente (o el lector) pueda descubrir a los personajes ficticios y aprender su lección. Ahora Pablo continúa su alegoría diciendo, "Agar tiene hijos según la carne y Sarah, la Jerusalén de arriba, es libre. Ella es nuestra madre."

Yo he experimentado ambos nacimientos. No recuerdo mi nacimiento del vientre de mi madre física, pero sé que ella me dio a luz a la esclavitud. Esa es Agar. Yo no sabía cuál era el otro hasta que me ocurrió en la mañana del 20 de julio de 1959, cuando salí de la que es de arriba. Salido de mi propio cráneo. Surgí dentro de mí y salí como un ser nacido, para encontrar todo el simbolismo de las Escrituras desplegándose ante mí y yo interpreté el papel del ser central en el drama. Los tres hombres estaban presentes, el niño envuelto en pañales, todo era perfecto.

Salí de la mujer de arriba, de la que nos lleva a la libertad, mientras que la de abajo nos lleva a la esclavitud. Y así como fue en los días de la antigüedad, así es hoy. Pero, ¿qué dicen las Escrituras? "Echa fuera a la esclava y a su descendencia, pues el hijo de la esclava no heredará lo que nació libre." ¿Por qué? Porque es un nacimiento a un mundo completamente diferente.

Ahora volvamos al verdadero Abraham. Pablo nos dice, "La promesa fue hecha a Abraham y a su descendencia" (singular, no plural) "que es Cristo." En la misma carta, Pablo dice, "Trabajo con vosotros hasta que Cristo sea formado en vosotros." Dios Padre se está formando en ti, como tú, y cuando la forma sea perfecta darás a luz a Cristo como tú mismo y dirás, con el conocimiento de la experiencia, "*Yo Soy* Él".

Dios se acostó a dormir dentro de mí, y mientras Él dormía soñó un sueño. Soñó que él es yo, y cuando despertó *Yo Soy* Él. ¿Cómo lo supe? Mediante la revelación. David, en el Espíritu, me llamó Padre, y Dios le dijo a David, "Tú eres mi hijo, hoy te he engendrado." Cuando el único hijo engendrado de Dios me llamó Padre, supe quién era yo. No hay otra forma de que alguna vez yo pudiera saberlo.

Por eso te lo cuento con la esperanza de que me creas y compartas tus experiencias conmigo. Esta maravillosa carta vino de una señora. Ella decía, "Tengo la costumbre de tener una libreta y un lápiz en mi mesita de noche cuando me voy a dormir. Esta mañana me levanté, llevé a Dusty a la escuela y regresé para hacer la cama cuando descubrí algo escrito en la libreta.

En ese momento no podía recordar haber escrito en ella, pero esto es lo que escribí, 'Una voz decía: Me metí en el vientre de mujer hasta que fuera la hora.'" Ella se había metido en el vientre de la mujer desde arriba. Puede que no pase mucho antes de que ella se libere. Ella ha estado teniendo algunas experiencias maravillosas, pero yo no sé cuándo. Nadie lo sabe, ni aun el hijo, sólo el Padre en ella. El Padre duerme en todos y cuando Él se saca a sí mismo Cristo es traído a la realidad.

Así que ¿eres libre o esclavo? Si conoces la ley de Dios, como este señor la conoce, puedes ser tan libre como el viento. Sólo imagínate a un señor sentado en su escritorio contemplando que duplica sus ingresos, y salido de ninguna parte un hombre que él había visto semanalmente durante tres años es el instrumento a través del cual esta duplicación se produce. A pesar de eso él quiere algo más. Él no quiere trabajar. De modo que acude a una cita que concertó meses antes con un hombre que acababa de recibir una herencia de un pariente desconocido que insiste en compartirla con él. Entonces le extiende un cheque por la cantidad exacta que él, durante un periodo de dos semanas, había estado sacando de su sobre sin identificar. Así que se larga y disfruta del verano entero sin hacer nada. Luego recibe una llamada de alguien a quien nunca había visto instándole a que vaya a verle y le lleve algo de su trabajo. El hombre le presenta al tipo de la oficina que el señor ya había visitado previamente mientras estaba sentado en su escritorio soñando un sueño.

Creo que esto es fantástico. Aparte de conocer esta ley, él es consciente de que no sólo el acto imaginativo intencionado se traduce en una experiencia, sino también el no intencionado. Cada acto imaginativo se está manifestando en este mundo, quieras creerlo o no; por lo tanto, ¿por qué no volverse intencionado al respecto? ¿Por qué no tomar el timón y dirigir el barco hacia tu verdadero destino? Estamos todos en el mar, por así decirlo, y o vamos a la deriva o podemos asir ese timón y dirigirnos hacia el puerto que queramos. Depende totalmente de nosotros.

Así que repito, "Imaginar crea la realidad". Los grandes pasos hacia adelante en este mundo fueron dados por hombres y mujeres que imaginaron como si ya fuera. Vieron las cosas imaginativas como si ya fueran y construyeron su mundo en base a ese acto. Cuando tú comienzas a imaginar que las cosas son como te gustaría que fueran rompes el lazo, pues tú eres un siervo, un esclavo hasta que sabes cómo imaginar y vivir según ello. Así que mientras estés viviendo en el mundo de los esclavos, aprende la ley de Dios, porque somos esclavizados por cuatrocientos años – en tanto llevemos la cruz – la Tav.

Hasta que me quite esta cruz no puedo aprehender realmente la fantástica herencia que es mía. He heredado lo que es impecable, lo que es para siempre, pues mi herencia es Dios mismo. Como Pablo, "Yo desearía estar con Cristo. Eso es muchísimo mejor, pero por tu bien la necesidad de que permanezca en el cuerpo es mucho mayor." Él había heredado la fabulosa promesa entera, pero por el bien de aquellos permanecería en el cuerpo y nadie sabe realmente la naturaleza de su final.

Las iglesias le han martirizado o asesinado, pero su muerte no está recogida en las Escrituras. Las iglesias han hecho un lío de las Escrituras. Ahora tienen un Jesús de 1 metro y 60 centímetros porque encontraron un pequeño sudario 1.500 años después del supuesto acontecimiento. Lo vi una noche en la TV, en un programa donde un arqueólogo trajo una foto de esa cosa. Cuando ves eso puedes entender por qué las Escrituras dicen, "Complació a Dios preservar estas cosas de los sabios y prudentes y revelarlas a los niños, pues tal fue su beneplácito." Todos estos sabios con toda esta tontería. Un obispo estaba allí, el que habla con autoridad en su iglesia, ahora tiene un Jesús de 1,60 metros debido a este estúpido sudario. Cristo nunca caminó por la tierra como el mundo enseña. Yo estoy hablando de un Cristo cósmico, un ser totalmente sobrenatural que está enterrado en el hombre.

Un Dios universal, no una simple cosa que salió del vientre de una mujer. Él es completamente sobrenatural, sin embargo ellos están tratando de hacerlo una cosa de carne. Pablo advirtió contra esto a los Gálatas diciendo, "¿Por qué sois tan insensatos? ¿Habiendo comenzado con el Espíritu, vais a acabar con la carne? [Gálatas 3:3]" Pero lo leen y no lo ven. Tienen oídos pero no oyen. Tú nunca sabrás que eres Él hasta que su Hijo se te aparezca y te llame Padre. Sólo entonces sabrás quién eres tú.

Elige esta noche lo que deseas ser, libre o esclavo. Yo te digo: tú puedes ser cualquier cosa que quieras ser. No me importa lo que el mundo te diga. No pienses que estoy loco, como una vez lo pensaron el señor y las señoras de Nueva York. Yo no estoy loco. Yo veo mundos que nadie ve. Yo comulgo con estados y con sus ocupantes. Comulgo con Blake. Estamos separados por doscientos años, pero estamos muy estrechamente tejidos en el tapiz del tiempo.

Me reúno con estos personajes que aparentemente están tan atrás en la historia del tiempo, pero no lo están. No para mí.

Noche tras noche, mientras estoy acostado en mi cama, veo lo que no debería ver. Entonces intensifico un ritmo que siento dentro de mí y de una vez entro directo en la escena y exploro. Veo mundos que son tan sólidamente reales como éste, y enseño allí. No importa a dónde vaya, siempre estoy enseñando, diciéndoles la palabra de Dios. Y ellos me esperan. Tengo muchedumbres esperándome.

Voy, les enseño y luego regreso aquí. No importa a dónde vaya, estoy haciendo el trabajo de Dios, pues cuando Él me abrazó yo fui enviado. En el momento del abrazo me volví uno con Dios, y puedo decir con Pablo, "¿No soy libre? ¿No soy un apóstol? ¿No he visto a Jesús, nuestro Señor?" Ese es el único requisito para el apostolado. ¿Y qué es un apóstol? Uno que primero es llamado, abrazado e incorporado al cuerpo del Cristo Resucitado y enviado. No sólo enviado aquí, sino que "Tengo otras ovejas que no son de este redil". Los otros no están necesariamente en Nueva York o San Francisco donde iré el próximo año, No. Hay mundos dentro de mundos dentro de mundos ahí fuera esperándome y yo voy y enseño. Ahora eso puede sonar como si yo estuviera tan loco como una cabra, pero no hay diferencia para mí. Si esto es locura, entonces estoy totalmente a favor de ella.

Pero yo te digo, si conoces y vives según la palabra de Dios descubrirás que produce enormes dividendos. Nunca te fallará. Si, después de haber imaginado, aparece la duda, deséchala. Tú lo has hecho. Y recuerda, no sólo todos los actos imaginativos intencionados vienen a la existencia, sino que todos los actos imaginativos no intencionados son igual de creativos. Así que cuando las pequeñas molestias inesperadas aparezcan, no pudieron suceder por sí mismas. Fueron traídas a la existencia por un acto imaginativo que ahora está olvidado y pueden permanecer sólo en tanto tú las sostengas por un acto imaginativo. Y cuando las molestias dejen de recibir tu sostén, se desvanecerán.

CAPITULO XIII

ALIMENTA MIS OVEJAS

CAPITULO XIII

ALIMENTA MIS OVEJAS

El tema de esta mañana es "Alimenta mis ovejas". Esto es simplemente decir: practica las verdades que has oído, pues significa pastorear los pensamientos de la mente. Para la mayoría de nosotros, nuestros pensamientos son como ovejas descarriadas que no tienen pastor. Se nos llama ahora a gobernar los pensamientos, a gobernar la mente.

Como sabes, el reino de los cielos es como un hombre que parte a un país lejano, y él llama junto a él a sus sirvientes y les da sus propiedades, sus bienes. A uno le da cinco talentos, a otro le da dos y a otro le da uno – "a cada uno conforme a su respectiva capacidad." Y cuando regresó pidió un ajuste de cuentas. El que tenía cinco comerció y produjo otros cinco. Él fue muy elogiado y se le dijo que como él fue fiel en lo poco, ahora sería gobernador sobre mucho. El que tenía dos, también comerció y produjo cuatro, y él también fue muy elogiado y se le dijo que entraba en el gozo del Señor. Pero el que tenía uno tuvo miedo porque su amo – así pensó él – era un hombre duro, y así enterró su talento en la tierra y no lo acrecentó. Pero creo que conoces la historia. Fue condenado por su mal uso del talento. Le fue quitado y dado al que tenía más; el que tenía diez.

Bueno, ahora ustedes han recibido talentos en los últimos días o semanas, cada uno según su capacidad. Algunos de nosotros llegamos con más prejuicios que superar, con más superstición, algunos con otras creencias que no coincidían demasiado con lo que escuchamos desde el estrado, y muchos de nosotros tuvimos que superar ciertas cosas antes de poder aceptar otras. Así, algunos obtuvimos un talento, algunos dos, algunos cinco, algunos tal vez más. Ahora, un talento que no se ejercita, como un músculo que no se ejercita, al final se duerme, y en lo que a nosotros respecta, se atrofia. No muere realmente, pero se queda tan profundamente dormido que sería como si no fuera parte de nosotros. Debemos practicar lo que hemos oído, pues sin la práctica, el entendimiento más profundo del mundo no producirá los resultados deseados. Así que un pequeño talento (llámalo un talento ahora) si realmente lo acrecientas, si lo ejercitas, será mucho más aprovechable que muchos talentos que no ejercitas.

Esta mañana solamente tomaremos uno o dos de los talentos que les ofrecemos. No puedo imponérselos – "se los ofrecemos." Aquí hay una afirmación del Libro de Amós: "Voy a tamizar la casa de Israel entre todas las naciones, como el maíz se tamiza en una criba, y ni el menor grano caerá en la tierra." La tamizaré y la dispersaré por todas las naciones del mundo, pero ni el menor grano caerá sobre la tierra. ¿Sabes quién es Israel?

¿Quién es este Jacob? El significado de Israel es "Es Real." No puedes encontrarlo en la tierra – no lo busques en la tierra, y sin embargo, debes encontrarlo, pues "lo formé en la matriz para ser mi siervo y para traer a Jacob – que es Israel – otra vez a mí." [Isaías 49:5] Así que tú y yo fuimos formados en la matriz para ser el siervo y traer a Jacob al Señor. Está disperso por todo el mundo pero no lo encontrarás – no, ni el más pequeño grano – en la tierra. Pero lo encontrarás dentro de ti mismo, pues la pista se da en Jacob. Jacob es el muchacho de piel lisa. Él no es como su hermano Esaú, que tiene pelo, lo que significa algo externo. Así que el Israel que estás buscando hoy día es lo que quieres realizar en el mundo. No mires hacia fuera y esperes encontrarlo o incluso que seas animado a que lo encontrarás, juzgando según las apariencias de las cosas. ¿Buscas salud para un amigo? Eso es Israel esparcido, pero no en la tierra. En todas las naciones del mundo yo he dispersado la casa de Israel, pero no busques en los ojos de un médico esperanza. No busques en los ojos del paciente esperanza de su recuperación, porque no la encontrarás en la tierra. Ni el menor grano ha caído sobre la tierra.

Entonces, ¿sabes tú lo que quieres en este mundo? Si sabes exactamente lo que quieres, ¿dónde lo ves? Lo ves en la mente de uno mismo. Así que cuando sabes lo que quieres, aquí hay una parte de Israel disperso, y no lo verás en la tierra. Lo viste en el reino adentro de ti, pues el Reino de Dios está adentro. Así que viste un trozo de Israel, ahora ve a traerlo. Yo te formé de la matriz para ser mi siervo y traer a Jacob de nuevo a mí. Tú tomas eso que has visto en el ojo de la mente, que para hacerlo práctico pensaremos que es un amigo necesitado. Puede ser necesidad física, tal vez él no se siente bien, o podría ser que necesite un trabajo. Bueno, ahora tú eres el que decidirá qué parte de Israel traerás al Señor y demostrarás al Señor que eres un siervo perfecto. Porque la promesa es que cuando demuestres que eres el siervo perfecto, entonces ya no serás llamado siervo; él te llamará su amigo. "Ya no te llamo siervo pues ahora te llamo amigo, pues haces todo lo que yo te mando y, por lo tanto, si tú haces lo que yo te mando, ya no eres mi siervo, eres mi amigo." Y ahora comulgaremos como un hombre con un amigo, cara a cara. Otro "tú" ha tenido esta asociación por un tiempo, pues ese es el propósito de esto: pasar del siervo al amigo; y después nos convertimos en el amigo de Dios por un tiempo, luego nos volvemos el Hijo. Ya no somos el amigo. Nos convertimos en su Hijo, pero no podemos reconocer la condición de Hijo de Dios hasta que primero nos demostremos como un siervo. Así que el siervo está para traer Israel, es decir, imaginar amorosamente y creer en tu actividad imaginativa.

Ahora, volvamos al amigo necesitado. Represéntatelo como si él ahora encarnara el estado que tú quieres que realice en este mundo. Si es un trabajo, velo con un empleo bien remunerado, toma tu mano imaginaria, que es la mano de Jacob, y ponla en su mano imaginaria. Déjala en ese estado imaginado hasta que tome tonos de realidad. Cuando te parezca real, que efectivamente le estás tocando, vístelo con toda la realidad del mundo externo. Así Jacob se vistió con la piel de Esaú para engañar a su padre en la creencia de que él, Jacob, era Esaú. Así, toma al Jacob dentro de ti, que es el muchacho de piel lisa, que ahora es simplemente el deseo.

Tú quieres felicitarlo. Quieres oír su voz. Quieres oírle decirte que nunca ha sido tan feliz en un trabajo en su vida, que él nunca ha tenido un empleo tan bien remunerado, que le encanta ir a trabajar, que simplemente le encanta todo sobre su trabajo. Realmente lo oyes como si lo oyeras. Ahora lo vistes con todos los tonos de la realidad. Si tienes dos talentos, dale dos; si tienes cinco, dale cinco. Empieza a hacerlo cada vez más real. Llegará el día, tal vez hoy, que vestirás a tu Israel con la piel de Esaú, para que puedas realmente traerlo como un hecho objetivo a tu Padre y demostrar que eres un siervo. Porque él te formó de la matriz para que realmente fueras su siervo. ¿Y qué tiene que hacer el siervo? Traer a Jacob a mí de nuevo. Así que aquí está Jacob, disperso – perdido en todas las mentes de los hombres. No vas a encontrarlo en la tierra. Sólo lo encontrarás si sabes dónde mirar. Ahora, para probar que sabes dónde mirar, demuestra que eres un buen siervo, ve a traerme a Jacob. Así que cuando traes a Jacob, traes a Jacob vestido con tu propio ojo mental como si oyeras lo que quieres oír, como si le tocaras y fueras testigo de lo que te gustaría tocar y ver en este mundo. Y cuando permaneces fiel a tu visión, la visión hará por sí misma ese cuerpo perfecto en el que permanecer. Luego verás un hecho objetivo correspondiente, pero no está ahí. Todo está dentro de tu propia mente. Es ahí donde él lo dispersó; es ahí donde él lo mantiene. Él simplemente lo proyectará para ti en la pantalla del espacio para que puedas tener evidencia tangible de que sabes cómo encontrar y traer a Jacob. Si yo sé cómo ir a buscar mi Israel, si sé cómo ir a buscarlo y cómo vestirlo y darle la apariencia de realidad y no lo hago, entonces no soy el buen siervo que tomó los cinco talentos y los acrecentó; soy el que los enterró.

Ahora, algunos de nosotros casi tenemos miedo de comprobarlo porque nos consuela si podemos creer esto sin llegar a ponerlo bastante a prueba; pues si lo ponemos a prueba y fracasamos, entonces no tenemos fe. No podemos volver a la comodidad anterior que disfrutábamos, digamos, en una reunión más ortodoxa. Pensamos que lo encontraríamos aquí, y si no lo pongo a prueba y lo demuestro a mi propia satisfacción, entonces no tengo ni la antigua comodidad del concepto ortodoxo ni la comodidad que disfruté aquí, pues no lo comprobé.

Así que te invito a intentar, si quieres, refutarlo. No puedes refutarlo, pero si sales sabiendo dónde buscar tu Israel, sabiendo por qué eres formado desde el vientre para ser un siervo, esa es la primera etapa. Hasta que lo compruebes por ti mismo, hasta que demuestres que puedes hacerlo, no eres un siervo; no un siervo del Señor. Pero cuando te conviertas en un siervo del Señor, él te hará su amigo. Entonces la relación será en un nivel más alto. Te comunicarás con tu Padre como un hombre hace con un amigo, cara a cara. No lo verás como un objeto en el espacio, sino que realmente sabrás cómo producir un estado mental deseado – producirlo a voluntad. Cuando puedes producir un estado mental deseado, tú has hecho de la profundidad – que es tu Padre – un amigo, y conocerás realmente ese compañerismo entre la profundidad del ser y tú, el ser que es realmente una maravillosa imaginación. Luego llegará el día, habiendo sido un maravilloso amigo de Dios, en que el sello se romperá y serás revelado como el ser que realmente eres, que es el Hijo de Dios y el Padre. Cada persona en el mundo es el hijo de Dios creyéndose ser un hombre nacido de hombre.

He intentado en las dos semanas anteriores convencerte de que tu origen es Dios. No es lo que el mundo te diría – un bichito. Porque si fueras un bichito, un pequeño espermatozoide, aunque parezcas encarnarte y expandirte en la forma de un hombre, tu fin será un pequeño espermatozoide, pues todo termina según sus orígenes. Así que cualquiera que sea el origen, se puede determinar el fin. Yo te digo que tu origen es Dios, por lo tanto, tu fin es Dios. Pero para llegar a ese fin, pasas por las etapas del siervo, luego el amigo, luego Dios, que es el Hijo de Dios. Pues yo y mi Padre somos uno, sin embargo mi Padre es más grande que yo. Sí, yo no proclamo que esta unión, esta unidad, me faculte para el mismo sentimiento idéntico de ser el Padre. Yo y mi Padre somos uno, pero mi Padre es más grande que yo. Pues lo simbolizado que testimonia este estado no visto no es realmente tan grande como eso que simboliza. Así que somos uno y lo sabré, y veré a mi Padre y veré que él y yo nos parecemos, sin embargo estamos en relación Padre e Hijo. Pero antes de que pueda lograr acercarme a él, tengo que demostrar que soy un buen siervo.

Ahora, considéralo esta mañana. Te invitamos a intentarlo para un amigo. Te pedimos intentarlo para ti mismo. Te hemos dado muchos ángulos de cómo comprobarlo, de cómo pensar en lo que quieres primero y ver con tu ojo mental Israel. Pues cuando yo sé claramente en mi ojo mental lo que quiero, estoy realmente mirando a Israel, a algo que es real. Es real, pero debo vestirlo ahora con lo que el mundo llama realidad, dándole tonos externos. Pero la cosa era real mucho antes de que se convirtiera en un hecho visible en el mundo. Yo lo veo con mi ojo mental haciendo una representación tan vívida y tan natural como sea posible de lo que vería y de lo que haría y de lo que realmente oiría si yo estuviera físicamente presente en tal situación ahora. Cuando lo veo claramente, estoy mirando a los ojos de Israel, y lo encuentro disperso en el mundo –pero no en la tierra, porque no es en la tierra donde yo lo veo. Lo veo en mi mente. Ahora estoy mirándolo, y pensando en ello, pero el secreto es pensar desde ello, para ocupar ese estado y entrar en él. Cuando entre en él lo vestiré de realidad. Puedo pensar en un lugar y luego cerrar los ojos y asumir que estoy en ese lugar. Cuando asumo que estoy en el lugar, lo estoy vistiendo con lo que el mundo llama realidad. Era real antes de que yo lo vistiera – cuando lo vi claramente esto fue Israel – pero él quiere que lo traiga, y la única manera de comprobar que puedo traerlo y demostrar que soy el siervo, es ocupar el estado. Así, yo ocupo la sensación de mi deseo cumplido. Cuando entro en la sensación del deseo cumplido y permanezco fiel a ese estado, entonces yo estoy caminando en mi visión y – como hemos dicho – si uno sólo avanzara confiadamente en la dirección de su sueño y se esforzara por vivir la vida que él ha imaginado, se encontrará con un éxito inesperado. Debo permanecer fiel a mi visión ocupando mi visión – no sólo verla. Él pide que yo lo traiga; que traiga a Jacob de nuevo al Señor.

Así que Jacob no es un hombre que caminó sobre la faz de la tierra hace miles de años, e Israel no es una nación ahora reunida en las costas de África. Él dispersa la casa de Israel en todas las naciones del mundo. Te podrían haber enseñado a creer que la persona que se llama a sí mismo judío, en presencia de una nación, es Israel disperso. No lo creas. Cada uno en el mundo es el que realmente contiene y sostiene Israel. Cuando piensas en algo y deseas que sea una realidad en tu mundo, estás viendo Israel. Ahora él quiere que la traigas y quiere que demuestres que puedes traerla y convertirte en el perfecto siervo del Señor. No tengas miedo de ser el siervo; conviértete en el perfecto siervo de Dios y luego conviértete en su amigo, y luego date cuenta de que eres su Hijo.

Salgamos decididos a que tomaremos las peticiones traídas aquí esta mañana. Fueron más de cien las que llegaron, pero hay muchas más. Quizás no los conoces; puedes tomarlos colectivamente, pero puedes tomar a un amigo concreto, a un miembro de tu familia, y decidir el día de hoy que vas a llevar alguna bendición a la vida de la persona: tú lo tienes − tienes el poder de bendecir, pues el poder de conferir realidad a tu deseo para el amigo es el poder para bendecir a ese amigo. Si tu amigo no está bien y quieres que esté bien, simplemente asume que tú y él (o ella) estas llevando a cabo una conversación desde una premisa que estableces ahora, y la premisa es que él o ella nunca se sintió mejor en su vida, y lo escuchas y lo presencias. Toma tu mano, tu mano imaginaria, y abrázalo. Diles lo que sientes por ellos; siéntelo realmente. Y luego no haces nada externamente para hacerlo así, pues las cosas que vas a ver no están hechas de cosas que aparecen. Así que no recetas nada para ellos. No cambias su dieta física. No ofreces ninguna recomendación en cuanto a lo que deberían hacer. Simplemente asumes que son ya la encarnación del estado que tú deseas para ellos, así que no empieces recetando.

Deja eso completamente. Simplemente caminas fiel a tu imagen del amigo y transformas esa imagen con tu propio ojo mental.

Hazlo y ve si puedes traerlo, porque si no puedes hacer eso y comprobarlo por ti mismo, aún no has demostrado que eres un siervo; por lo tanto la amistad está muy lejos de ti. Cada uno debe demostrar que es primero un siervo, como leemos en Isaías 49: "Yo te formé del vientre para ser mi siervo y traer a Jacob de nuevo a mí." Entonces me dicen: aunque Israel no está del todo reunido yo soy bendecido. El individuo que lo hace, no tiene que traer todo el cuerpo de Israel. Si él trae a Jacob – un individuo transformado – y demuestra que él puede transformarlo, es bendecido y recibe una gloria segura mucho antes de que el cuerpo de Israel sea reunido y vuelto a traer.

Así que aquí te preguntas por qué se le llama "el rey de Israel". ¿Por qué se le llama el rey? La gente pensaba que significaba un hombre que miraba por una pequeña nación y pensaba que era rey, o ellos pensaban que era el rey (o incluso con ironía cuando lo decían). Él no es eso. El individuo que se convierte en Hijo es verdaderamente el rey del mundo entero de Israel, o [de] las ideas que flotan en la mente del hombre. Pues él es su pastor, él es su rey. Él puede ordenar a cualquier idea que se vista con una forma. Ese es el rey de Israel. Ese es el que puede hacer real un estado que es sólo un deseo. "Es Real" es el verdadero Israel. Aquí, mucho antes de que nos

225

convirtamos en eso – [de que seamos] levantados – debemos comenzar a disciplinar la mente para convertirnos en el siervo perfecto.

No hay mejor momento para empezar que ahora. Si tienes miedo de intentarlo, entonces yo no sabría qué decirte, porque en este lugar debes comprobarlo. Ellos no tienen una religión en la que simplemente vienes aquí y te sientas los domingos y se reúnen y forman una bonita pequeña hermandad de este modo. Esto no es ese tipo de religión en absoluto. Todo esto es para despertar la mente del hombre y hacerle un pastor, hacerle algo que gobierne. De hecho, la misma palabra traducida como "alimento" en Juan 21 es traducida muchas veces en la Biblia como "pastor", como "gobierno". En Mateo 2, uno vendrá de Belén; él tendrá dominio sobre Israel. Pues bien, en ese (él gobernará Israel), la palabra traducida como "gobierno" es la misma palabra traducida en Juan 21 como "alimento".

Así que no lo tomes literalmente. Significa, simplemente, tomar esta mente tuya y disciplinar la mente entera reuniendo las cosas y caminando fiel a un estado invisible, pues Jacob es invisible. Tú pensabas que era un hombre, que era un muchacho de piel lisa. Esa es la manera que el místico tiene de decirte que esto es un estado subjetivo, y que debes aprender a vestir[lo] de objetividad. Tú caminas fiel al estado subjetivo, y luego, con el tiempo toma los tonos y la apariencia de algo externo. En el momento en que despegas tu mente de ese estado – aunque en el momento del despegue tuviera alguna presencia externa correspondiente – comenzará a borrarse. Si despegas tu mente del éxito en medio del éxito, el éxito como una realidad fuera de ti se borra y desaparece de tu mundo. Y entonces en lo que pongas tu mente, lo sustituye, lo que demuestra que el éxito no estaba en el exterior en absoluto; estaba dentro de ti. Tú lo vestiste por un momento y le diste la apariencia de realidad. Pero el día en que no eres fiel a la conciencia de ser exitoso, la realidad, aparentemente sólida, de éxito desaparece de tu mundo, demostrando ser la sombra que siempre fue, y que la realidad – la luz del éxito – fue la idea en ti con la cual estabas identificado. Así que si yo asumo que soy _____ (y lo nombro) y permanezco fiel a ello, sale y se hace aparentemente real. Si dejo de asumirlo y mantenerlo, lentamente desaparece de mi mundo; y si desaparece, yo podría pensar que la realidad estaba ahí. He olvidado cómo traer a Jacob. He olvidado cómo traerlo al Señor.

Así que recordemos dónde está Israel. No está en Oriente Próximo. Israel está esparcido en todas las naciones del mundo, en tu mente – ahí es donde está. Y ahora tienes un propósito en este mundo y si realmente amas la enseñanza (ya que las palabras son: "¿Me amas?") dices que tú eres fiel. "Pedro, ¿me amas?" Él no lo llama Pedro por cierto, él lo llama Simón. Él nunca lo llama Pedro en ninguna parte de la Biblia; se refieren a él como Pedro, pero cada vez que se dirige a él la figura central de los Evangelios, él siempre lo llama Simón, y Simón significa oír, significa escuchar. Bueno, ¿has oído, has escuchado tú realmente, Simón? Sí. ¿Entonces amas lo que tú has oído? ¿Me amas a mí, o lo que os he dicho que yo soy? Yo soy lo que enseño, así que ¿me amas? Entonces apacienta mis ovejas. Conviértete en gobernante de esta mente tuya y demuestra que realmente amas lo que me dices que has oído. Si lo has oído, entonces tú eres Simón; y si realmente lo has oído hasta el punto de aceptarlo, demuestra que lo has aceptado tomando el talento recibido y expandiéndolo. No dejes que el pastor venga y cuando te pregunte por el talento, tú digas que tenías miedo y lo enterraste. No tengamos miedo de poner a prueba realmente la verdad de los principios que tratamos de explicar aquí.

Así, todas estas son nuestras verdades que hemos aceptado. Ahora, algunos obtuvieron uno, algunos dos, al algunos obtuvieron cinco. Hemos hecho todo lo posible en las dos últimas semanas para darles todo lo que pudimos en dos semanas, desarrollados de la Biblia. Les mostramos la Biblia como un misterio, que todos sus miembros están enterrados, no en un pequeño libro, sino en todos los libros. Todos ellos te están contando la historia acerca de ti mismo. Cómo Dios se convirtió en ti para que tú puedas convertirte en Dios. Cómo Dios murió para convertirse en hombre en el sentido de olvidar que él era Dios, ya que despertó como hombre. El hombre que camina por la tierra no tiene conocimiento de que él es Dios, y el individuo que se atreve a proclamar que él lo es, y te dice que tú lo eres, generalmente es condenado por aquellos que se designan a si mismos como maestros. Ese es el ciego guiando a otro ciego, y te llamarán arrogante si te atreves a demostrar incluso el poder de la mente. Y ellos te dirán que eso no está bien – le estás quitando a Dios lo que pertenece a Dios. Como ves, ellos están profundamente dormidos. No se dan cuenta de que Dios se convirtió en hombre con un propósito; que él pueda tener la compañía de los hijos de Dios. Así que el hombre debe despertar y darse cuenta de quién es realmente; y se da cuenta de eso comenzando primero como un siervo.

Yo te he dado, creo, una técnica perfecta para demostrar que eres un siervo. ¡Inténtala hoy! Si consigues de la forma más simple tomar un estado invisible y hacer que se convierta en una realidad, como el trabajo para un amigo o incluso el conseguir un sombrero, o incluso el hallazgo de la vivienda adecuada, o incluso el conseguir alguna pequeña cosa – lo intentas. Si perdiste algo: "'Nada se pierde en toda mi montaña sagrada', dice el Señor, 'pues no está perdido, está esparcido ahora en Israel.'"

Demuestra que no está perdido. ¿Qué es lo que has perdido? Pues bien, llévalo a tu propio ojo mental y luego tócalo mentalmente y aprópiatelo mentalmente y siente que lo tienes, que es tuyo ya, y permanece fiel a esa asunción y ve si aquello vuelve. Si aquello se recupera, has demostrado que has encontrado Israel (una parte de él de todos modos) y que sabes cómo tomarlo y vestirlo con tales tonos de realidad que puedes traerlo al Señor; pues el Señor es tu propia conciencia maravillosa. Cuando tú dices: *"Yo Soy"*, ese es el Señor. Ve a decirles que *Yo Soy* te ha enviado. Así que cuando caminas con la sensación de *"Yo Soy* esto y aquello", no se ve todavía, pero es algo que estás trayendo al Señor; y cuanto más sientes que es real, más natural se vuelve. Entonces, se viste de hechos externos; pero el hecho externo no es la verdad. La verdad y el hecho se oponen uno a otro. La verdad no depende del hecho. La verdad depende de la intensidad de tu imaginación. Por lo tanto, si yo realmente soy intenso sobre ello, eso es verdad. Yo mañana podría encontrar un hecho correspondiente que lo atestigüe – pero, como dije antes, en cuanto no continúe en esa asunción el hecho se desvanecerá, demostrando que no era una realidad en absoluto. La realidad estaba en mi asunción, y por tanto la verdad no depende del hecho, sino de la intensidad de la imaginación.

Entonces entenderás el drama cuando la verdad se enfrenta a lo que se llama hecho o razón, y cuando preguntada: ¿qué es la verdad? – la verdad permanece silenciosa. No respondería porque el hecho o la razón piensan que un juicio verdadero debe conformarse a la realidad externa a la que se refiere. Si yo digo: "¿No son encantadores?" y aludo a algo que ninguno de los presentes puede ver, tú dices que mi juicio no es verdad, pues no es sobre algo en el exterior. Entonces lo que yo digo no tiene realidad. Debo estar sufriendo alguna ilusión. Si persisto en ello, y no puedes verlo, entonces es una alucinación. Pero yo sé por experiencia que puedo tomar una ilusión y, por medio de una ilusión, puedo conectarme con la realidad o "Es Real" caminando fiel a lo que tú llamas mi ilusión. Yo simplemente asumo un estado sabiendo que lo he encontrado; está esparcido en las naciones del mundo y, encontrándolo en mí mismo como un estado deseable, me lo apropio. Caminando fiel a mi estado apropiado, gradualmente me convierto en él. Deshaciéndome de ese estado finalmente, dejo de serlo; pues lo que requiere un estado de conciencia para encarnarse no se puede encarnar sin tal estado de conciencia.

Cuando sé que todo depende de mí apropiación de partes de Israel, para traer a Jacob a mi Padre, entonces empezaré a hacerlo; y entonces mis talentos aumentarán de cinco a diez y a veinte; y finalmente, cuando tenga todos estos talentos, seré digno de ser un amigo. Cuando haya sido fiel en unas cuantas cosas, él me hará Señor sobre mucho. Entonces él me dirá: Ya no te llamo siervo. Te llamo amigo, pues hiciste lo que te mandé. Ahora, habiendo hecho lo que te he mandado, tú eres mi amigo de verdad. Caminaremos en esa asociación por un tiempo, en comunión con lo profundo, sabiendo que lo profundo del ser es mi ser real, que los hombres llaman Dios. Voy a verlo como otro. Comulgaré con él como si fuera otro, y él y yo hablaremos a través de ese estado invisible igual que si el hombre hablara cara a cara con un amigo. Pues después de que este estado invisible, en que comulgo con lo profundo, sea alcanzado hasta un punto de completa satisfacción, el último sello se romperá. Él romperá el sello y me revelará como su hijo; y cuando lo vea y le mire a la cara, él será igual que yo y yo seré igual que él. Entonces

231

conocerás el misterio de la Epístola de Juan: "Amados, qué manera de amar ..."

Sólo imagina qué amor ha depositado Dios en nosotros para que debamos ser llamados Hijos de Dios. Y entonces, aunque en este momento, que lo siento desde lo profundo, yo no sé muy bien cómo soy o cómo es él, sin embargo sí sé esto: que cuando lo vea yo lo conoceré. ¿Y por qué lo conoceré? Porque seré como él. Miraré justo en el espejo de mi propio ser, y me daré cuenta de que fue para ese propósito que yo, el Padre, me encarné como hombre, esperando que finalmente él despertara y se convirtiera en un ser consciente, pasando completamente de un reflector pasivo a un cooperador consciente en mi reino. Así, el hombre gradualmente pasa del estado pasivo al estado activo, y el proceso es: el siervo, el amigo, el Hijo.

EL JUEGO DE LA VIDA

CAPITULO XIV

EL JUEGO DE LA VIDA

El juego de la vida, como todo juego, se juega dentro del marco de ciertas reglas, y cualquier violación de esas reglas conlleva una penalidad. Tú y yo estamos jugando a este juego desde la mañana hasta la noche, y por ello deberíamos aprender sus reglas para jugarlo bien.

Eclesiastés nos da esta regla: "Ni aun en tu pensamiento maldigas al rey, ni en los secretos de tu cámara maldigas al rico, porque un ave llevará tu voz o alguna criatura alada hará saber el asunto". Y Marcos nos da otra, como: "Cualquier cosa que desees, cree que la has recibido y la recibirás". Si tienes que creer que has recibido tu deseo para así obtenerlo, entonces debes iniciar tu juego creyendo que está terminado. Debes sentirte a ti mismo en

235

tu meta y participando de ella. Y debes persistir en esa sensación a fin de lograrlo.

Ahora, otra regla se dice de esta manera: "Echa tu pan sobre las aguas y después de muchos días lo hallarás". En otras palabras, no te preocupes por cómo va a suceder – simplemente hazlo. Esta afirmación no tiene nada que ver con hacer el bien tal como el mundo define la palabra. Jesús era un carpintero. La palabra significa "aquel que produce desde la semilla" – como una flor, un árbol, la tierra.

La profecía del Antiguo Testamento es la semilla que un carpintero llamado Jesús hace nacer. Él no viene a abolir la ley y los profetas, sino a cumplirlos.

La palabra "pan" en la frase: "Echa tu pan sobre las aguas", significa devorar; consumir. El agua es un eufemismo por semen, el agua viva que lleva el esperma del hombre. El acto creativo es psicológico, no físico; aunque las intenciones sean las mismas. ¡Debes echar tu pan sobre las aguas con pasión! Debes estar consumido por el deseo y, literalmente, en llamas de amor por su posesión, ya que un intenso acto imaginario siempre atraerá hacia sí mismo su propia afinidad.

Winston Churchill abandonó este mundo como un hombre muy exitoso; sin embargo, durante su vida tuvo muchos fracasos. Entonces un día hizo este descubrimiento que cambió su vida. Estas son sus palabras: "El estado de ánimo decide la suerte de las personas, en lugar de ser la suerte la que decide el estado de ánimo". Déjame decirlo de este modo: El juego de la vida es ganado por aquellos que comparan sus pensamientos y sentimientos internos con lo que aparece en el exterior. Y el juego es perdido por aquellos que no reconocen esta ley. Al ser consumidos por la ira, no ven ningún cambio en su mundo. Pero si cambiaran su estado de ánimo, sus circunstancias cambiarían. Entonces reconocerían la ley detrás de su mundo.

Hay quienes están deprimidos durante todo el día y permanecen de esa manera durante toda su vida. Recuerdo que en la ciudad de Nueva York, cuando veía a ciertas personas caminando en mi dirección sentía ganas de cruzar la calle, porque no quería escuchar sus historias deprimentes. Se pasaban horas hablando acerca de su esposa o esposo, sus hijos o nietos, y cada historia se orientaba a la depresión. Al no cambiar nunca sus estados de ánimo, su mundo nunca cambiaba. Al no ver ningún cambio, no reconocían una ley entre el mundo interior que mantenían y el mundo exterior de la respuesta.

Pero si aplicas esta ley puedes predecir tu futuro. Siente un nuevo estado de ánimo elevarse dentro de ti. Mantenlo y pronto te encontrarás con personas que encarnan este nuevo estado. Incluso los objetos inanimados están bajo el dominio de estas afinidades. En un determinado estado de ánimo he ido a mi biblioteca y tomado un libro que no había tocado en años. Y cuando lo abro al azar, encuentro la confirmación de mi estado de ánimo. Una mesa, aún permaneciendo igual, se verá diferente según sea tu momentáneo estado de ánimo, ya que todo lo refleja. Es tu estado de ánimo el que decide tu suerte, no es tu suerte la que decide tu estado de ánimo. La gente que se siente pobre atrae la pobreza, ignorando que si se sintieran ricas atraerían riqueza.

En el Libro de los Proverbios se dice: "El espíritu del hombre es la lámpara del Señor". Ahora, la lámpara del Señor es la luz del mundo. Nosotros contenemos esa luz; y la naturaleza – el genio – es nuestro esclavo, moldeando el mundo como lo dictamina nuestro estado de ánimo. Por naturaleza quiero decir toda la humanidad – el mundo animal, vegetal y mineral. De hecho, todo lo que aparece en el exterior es un esclavo de esta lámpara. Moldeado desde dentro, este esclavo moldeará tu mundo para reflejar tus pensamientos; y no hay poder que pueda detener su cumplimiento.

Toma conciencia de lo que estás pensando, y reconocerás una ley entre tu estado de ánimo y las circunstancias que te rodean. Entonces predecirás con certeza, porque sabes que ciertos eventos – estando en armonía con tu estado de ánimo – deben aparecer. Todo – ya sea un ser vivo o un objeto inanimado como un libro – debe aparecer para dar testimonio de tu estado de ánimo.

Ahora, para jugar el juego de la vida, debes saber qué quieres para reemplazar lo que tienes. Cuando sepas lo que es, debes asumir la sensación de que lo tienes. Aunque tu razón y tus sentidos negarán su existencia, la persistencia hará que tu asunción se solidifique en hecho y se objetive en tu pantalla del espacio. Juega el juego de esta manera. Puedes creer que no funciona, pero es porque no lo has probado. Puedes creer que la idea es estúpida, pero yo te digo: el estado de ánimo decide tu suerte. Créeme, porque yo he comprobado este principio una y otra vez en mi vida.

Fue Winston Churchill quien galvanizó el mundo occidental llevando sus palabras a la práctica. Pese a los horrores y los bombardeos en Londres, el Sr. Churchill mantuvo el estado de ánimo de la victoria, e incluso en los días más oscuros no se permitió flaquear. Sabiendo que el estado de ánimo se exteriorizaría alrededor del mundo, lo sostuvo – mientras que sus oponentes, ignorantes de la ley, pusieron su confianza en los ejércitos y la maquinaria de guerra.

La maravillosa afirmación del Sr. Churchill, recogida en el "New York Times", se ha confirmado para mí. Simplemente capturando el estado de ánimo yo he cambiado las circunstancias de mi vida. Ahora enseño a otros cómo hacerlo. Te invito a preguntarte cómo te sentirías si tu deseo fuera una realidad ahora. Juega con el pensamiento. Juega con él un rato y el estado de ánimo vendrá sobre ti. Mantén ese estado de ánimo jugando con los sentidos (y sentimientos y sensaciones) que evoca, y observa tu mundo cambiar para armonizar con tu nuevo estado de ánimo. Permíteme hablarte de una señora que conozco que, en sus sesenta y tantos años, no tenía nada cuando puso en práctica este principio. Todas las mañanas, mientras se sumergía en la bañera antes de ir a su trabajo de 75 dólares a la semana, se decía a sí misma: "Algo maravilloso me está sucediendo ahora". Se mantuvo jugando con ese estado de ánimo, jugando con la sensación de que algo maravilloso estaba sucediendo. Esa misma semana recibió su primer gran avance. Por treinta y pico de años esta señora había asistido a óperas, conciertos y espectáculos de Broadway, con un amigo íntimo. Todas las noches cenaban en un restaurante fabuloso, pero él le había dicho muchas veces que nunca le daría dinero. Sin embargo súbitamente cambió de idea y firmó un fondo fiduciario de más de cien mil dólares para que ella lo gastara de inmediato como quisiera.

Poco tiempo después, comenzó a aplicar la ley en mayor medida y él volvió a crear otro fondo de cien mil dólares para ella. Ahora, esta mujer − cuyo alquiler es de 165 dólares mensuales − no puede gastar los ingresos que recibe de un fondo de doscientos mil dólares, además de su seguridad social; pero no está satisfecha y ¡quiere más!

El anciano tiene ahora una pequeña arteriosclerosis cerebral y han dejado de acompañarse. Y, debido a que se niega a verla, ella lo maldice, pese a que se nos advierte: "Ni aun en tus pensamientos maldigas al rey, ni en los secretos de tu cámara maldigas al rico, porque un ave del cielo llevará tu voz, o alguna criatura alada hará saber el asunto". Esta señora me llama cada semana para decirme que está superando la maldición. Espero que sea así, porque otras cosas pueden entrar en su mundo si continúa haciéndolo.

La ley tiene tanto su lado positivo como su lado negativo. Yo no estoy aquí para juzgar cómo utilizas la ley, sino para dejarte practicarla como tú quieras. Si tienes el hábito de pensar negativamente, no vas a sostener el pensamiento de que eres todo lo que quieres ser. Puedes sostenerlo por unos segundos, y si no se verifica instantáneamente puedes negarlo. Pero para jugar el juego de la vida debes conocer las reglas y aplicarlas. Y recuerda: como en todo juego, hay reglas cuya violación acarrean el fracaso. No puedes engañarte a ti mismo, porque Dios no puede ser burlado; como siembras, así cosecharás.

En el mundo puedes salir impune de una violación que el árbitro no vio; pero no puedes escaparte del observador en ti, ya que él y tú son uno. Si tú sabes lo que hiciste, entonces él lo sabe, ya que tu conciencia y el padre de tu mundo son uno. No puedes engañarte a ti mismo. No puedes burlarte de ti mismo. Dios va a registrar cada una de tus violaciones y va a moldear tu mundo en armonía con tus sentimientos (y sensaciones).

Déjame ahora compartir una carta que recibí de un amigo. En ella, él decía: "El lunes pasado por la noche un amigo me pidió ayuda, así que esa noche pasé media hora imaginando que escuchaba las palabras que él diría si su deseo ya fuera una realidad. A la mañana siguiente, poco antes de despertar, la esposa de mi amigo apareció en mi sueño y me dio las gracias por mi ayuda. El martes por la noche, mientras disfrutaba de un poco de música en la sala de mi casa, mi amigo se me apareció en una ensoñación, hablando con autoridad, poder y alegría, usó palabras idénticas a las que yo oí cuando lo imaginé confirmando el cumplimiento de su deseo, y me sentí estremecer por su consumación".

Espero que la confirmación llegue en el presente inmediato, y que mi amigo escuche al hombre contarle personalmente el cumplimiento de ese acto imaginario que tanto conmovió a su amigo. Ahora, en otra parte de su carta, mi amigo decía: "En un sueño entré al vestíbulo de un hotel, me registré en el escritorio, y pedí que me llamaran a las 7:00 de la mañana siguiente. Mientras miraba, vi que el hombre marcaba un grueso siete sobre mi nombre en la tarjeta; luego me desperté".

Esta es una maravillosa visión, ya que siete es el valor numérico de la perfección espiritual. También tiene mucho que ver con la gestación y la incubación. En el mundo de los insectos y animales, me dijeron que 280 días es múltiplo de siete. Sabemos que un huevo de gallina, si se incuba apropiadamente, tarda 21 días – otra vez un múltiplo de siete. Aquí encontramos que el nacimiento tiene múltiplos de siete, pero en este caso se trata de incubación de la perfección espiritual.

Otra señora me escribió diciendo: "Me vi acostada en la cama, sumamente pálida como si yo estuviera muerta. De pronto, un hombre gigante surgió de mi cuerpo".

Permíteme contarte la historia de un maravilloso artista que también fue un místico. Su nombre era George Russell, pero lo conoces mejor como A.E. Él dijo: "Contaré esta visión, pero dónde sucedió no lo diré. Era un gran salón con columnas de ópalo de un color que era como si la aurora y la noche se hubieran mezclado en algo vivo. Entre las columnas había tronos en los que estaban sentados reyes con crestas de fuego. Uno llevaba una cresta de dragón, otro, penachos de fuego. En el centro, un cuerpo oscuro estaba tendido en el suelo como en un trance profundo. En el otro extremo del salón, en un trono más alto que los demás, estaba sentado un ser con la gloria del sol brillando detrás de él.

Mientras yo observaba, dos reyes con cresta se pusieron de pie y estrecharon sus manos sobre el cuerpo tendido en el suelo, chispas de luz emanaban de ellos. De pronto una figura tan alta, tan majestuosa como las de estos reyes con crestas de fuego, surgió de ese cuerpo oscuro. Mirando a su alrededor, reconoció a sus familiares y levantó la mano en señal de saludo. Entonces ellos saltaron de sus tronos, levantaron sus manos haciendo la misma maravillosa señal de saludo y – como hermanos – caminaron hacia el final y se perdieron en el sol".

Cada visión es un presagio de lo que ocurrirá. A.E. le percibió como emergiendo de otro, mientras que esta señora le vio como viniendo de su propio ser. Ambos son presagios de un maravilloso evento que ocurrirá en todos;

pues ese rey con cresta, que es el Hijo de Dios, está alojado en todos.

No importa si el cuerpo es de una mujer o un hombre, ni qué pigmentación pueda tener su piel; dentro de cada uno de nosotros está el Hijo de Dios, que – irradiando su gloria y portando la imagen misma de su persona – es la gran lámpara del Señor. Y un día este ser majestuoso emergerá de tu ropaje de muerte, y entrarás en la tierra de la vida. Pero mientras estemos aquí, aprendamos las reglas del juego de la vida y juguémoslo. La vida en sí misma está causada por el ensamblaje de estados mentales, que al producirse crea lo que el ensamblaje implica. Mi amigo escuchó mentalmente las palabras que él oiría si su deseo para su amigo ya fuera una realidad. Su ensamblaje, produciéndose dentro de él, creó el acontecimiento para ser representado fuera en el juego de la vida.

Después de que has ensamblado tu estado mental y le has permitido que ocurriera dentro de ti, no tienes que repetir el acto. Echaste tu pan sobre las aguas en el momento en que te sentiste aliviado. Aunque no tengas una expresión física de una manera sexual, el alivio es posible; y de todos los placeres del mundo, el alivio es el más profundamente sentido. Cuando alguien a quien amas mucho llega tarde, esperas ansiosamente oír su llave en la puerta. Y cuando oyes su voz, tu alivio es profundamente sentido. Ése es el mismo tipo de alivio que sientes cuando has imaginado correctamente.

Si encuentras necesario recrear el acto todos los días, no estás echando tu pan sobre las aguas. Puedes imaginar una y otra vez, pero sólo vas a impregnarte una vez; y si alcanzas el punto de alivio, tu pan ha sido echado sobre las aguas para retornar, tal vez en cuestión de una hora. Yo he recibido una llamada telefónica – minutos después de haberla imaginado – para escuchar la confirmación de que había ocurrido [lo que yo quería]. A veces ha tomado días, semanas o meses; pero no repito la acción una vez que la he hecho y experimenté la sensación de alivio, porque sé que no hay nada más que yo necesite hacer.

Aprende a jugar conscientemente este juego de la vida, porque lo estás jugando inconscientemente todos los días. Estoy seguro de que los millones de personas que cobran un subsidio sienten que el gobierno les debe una vida; pero no existe gobierno, sólo nosotros que pagamos impuestos. El gobierno no tiene dinero y sólo puede dar lo que toma de nuestros bolsillos. Los subsidiados se quejan, clamando que no están recibiendo suficiente de nuestros bolsillos, y persisten en ese estado de ánimo durante todo el día.

Su estado de ánimo nunca varía, así que no ven cambio alguno y no reconocen la ley entre el estado de ánimo que sostienen y el mundo exterior que no les gusta. Si se les dijera que su estado de ánimo estuvo causando los fenómenos de su vida, lo negarían. Nadie quiere sentir que es el único responsable de las condiciones de su vida, pero no hay otra causa. Dios es la única causa y Él es la propia y maravillosa imaginación del hombre.

Cuando hablo de la imaginación me refiero a Dios en ti, de la que hay dos aspectos: imaginar y contactar. Los contactos son de lo que se trata el imaginar. Cuando imaginas, contactas una sensación, y la sensación que imaginas, la creas. Tú eres el mismo Dios que creó el mundo y todo lo que hay dentro de él, pero mientras estés vestido con este ropaje de carne y hueso tu poder tiene baja intensidad.

Espero que entiendas las reglas del juego de la vida; y – porque hay tanto una regla positiva como una negativa – te exhorto a no maldecir a nadie. Eclesiastés usó las palabras "rey" y "rico" porque ellos son a menudo los más envidiados. Una persona no necesita ser millonaria, no obstante, para ser envidiada. Podría simplemente ser un poquito mejor que otro. Alguien podría vivir en un barrio mejor, pagar una renta mayor, tal vez incluso ir a un restaurante mejor, o comprar ropa mejor, para ser envidiado. Por ello se nos advierte no maldecir al rey o al rico en nuestros pensamientos, pues no se pueden ocultar, ya que todos los pensamientos son completamente una unidad; y por una ley divina se mezclan recíprocamente entre uno y otro ser.

La conciencia parece estar dispersa, ya que todo el mundo está consciente en el exterior. Pero nadie necesita pedirle ayuda a otro para cambiar su mundo si él lo cambia en el interior. Si otra persona es necesaria para producir el cambio, ella lo hará – con o sin su consentimiento. No tienes que seleccionar a la persona que va a desempeñar el papel de producir el cambio que has imaginado. Él desempeñará su parte si es necesario, porque todos nos entremezclamos. Todo lo que tienes que hacer es permanecer en el final, desde dentro. Recuerdo una visita que hice a mi familia en Barbados, cuando me dijeron que no podría partir de la isla hasta pasados siete meses; pero yo quería salir en el siguiente barco.

Para mí, estar en ese barco era mi final; así que – mientras estaba sentado en una silla en la casa de mis padres – abordé el barco en mi imaginación y vi la isla como si estuviera partiendo. No sabía cómo conseguiría abordarlo, pero una semana más tarde cuando el barco partió de la isla yo me encontraba en el. Esto lo sé por experiencia.

En tu deseo de ir a cualquier lugar primero debes ir allí en tu imaginación, e incluso aquellos que [ahora] puedan estar denegando tu pedido te ayudarán cuando llegue el momento. Yo me salí del ejército de esa manera. Sabiendo que quería estar licenciado con todos los honores y estar en mi apartamento de Nueva York, me quedaba dormido como si ya hubiera sucedido y yo ya estuviera allí. Entonces mi capitán – que previamente había rechazado mi despido – cambió de idea y me ayudó a salirme del ejército. Cualquiera puede hacerlo. Este juego es fácil de jugar y puede resultar muy divertido. Piensa en un objeto que te gustaría poseer. Piensa en un lugar en el que desearías estar. Luego encuentra un objeto en ese lugar y siéntelo hasta que se vuelva sensorialmente vívido [en tu imaginación].

No la hagas una lámpara, sino "esa" lámpara; no una mesa, sino "esa" mesa. Siéntate en ese sillón hasta que sientas el sillón a tu alrededor. Contempla el lugar desde ese sillón y tú estás allí, porque eres todo imaginación y debes estar donde sea que estés en tu imaginación. Ahora, echa tu pan sobre las aguas sintiendo el alivio de estar allí, y deja que tu genio – que es tu esclavo – construya un puente de incidentes sobre el que cruzarás para sentarte en ese sillón, sostener esa lámpara y tocar esa mesa.

En el Génesis, se cuenta la historia de Isaac – que no podía ver, pero era capaz de sentir – llamando a su hijo, Jacob, diciendo: "Acércate hijo mío, que yo pueda sentirte. Tu voz suena como la de mi hijo Jacob, pero al tacto eres como Esaú". En ese momento, Jacob – el estado imaginario, puramente subjetivo – poseía las cualidades de Esaú, el mundo objetivo. Así que Isaac le dio al estado imaginario el derecho de nacer.

Como Isaac, tú puedes sentarte tranquilamente y con tus manos imaginarias puedes sentir la diferencia entre una pelota de tenis, una de béisbol, una de fútbol y una de golf.

Si no son nada (porque son subjetivas y no objetivamente reales para ti en ese momento) entonces no podrías discriminar entre ellas. Pero si puedes sentir la diferencia entre estas mal llamadas irrealidades, entonces deben ser reales, aunque todavía no se hayan hecho objetivas para tus sentidos. En el momento que les des realidad en el ojo de tu mente, se volverán reales en tu mundo.

Inténtalo sólo por diversión. Toma un objeto y dale las gracias al ser que hay dentro de ti por el regalo. Luego dale las gracias al ser del exterior, ya que dentro y fuera son vicarios, como lo es la vida; porque observando un olor, una mirada, o un sentimiento dentro, descubrirás que tú eres la vida misma.

Sí, la vida es un juego. Pablo la llama una carrera, diciendo: "He finalizado la carrera, he peleado la buena batalla y he guardado la fe". Yo la llamo un juego. Ambos son competitivos; pero la oposición es con uno mismo y no con otro, pues no hay otros. No trates de vengarte de otro. Concédele el derecho de utilizar la misma ley para lograr su objetivo, aún cuando pueda ser similar al tuyo. El conocimiento que compartes nunca te robará. Simplemente determina tu objetivo. Siente que lo has logrado y echa tu pan sobre las aguas. Luego suéltalo y deja que el juego de la vida se cumpla en tu mundo.

CAPITULO XV

EL SECRETO DE LA SUPLICA

EL SECRETO DE LA SUPLICA

El secreto de la oración bíblica, según se dijo en forma de parábola, es orar sin desfallecer. Tal parábola habla de una viuda, la cual persistía en venir a un juez pidiendo reparación. Al principio él no respondió, luego se dijo: "Aunque yo ni temo a Dios ni respeto al hombre, sin embargo yo la exoneraré, porque por sus muchas venidas, me cansa." Las parábolas, como los sueños, contienen un solo flujo de verdad. Esta parábola insta a la persistencia en dominar el arte de la oración. Una vez que lo has dominado, vivirás en el estado de acción de gracias, y durante todo el día te dirás una y otra vez a ti mismo: "¡Gracias, Padre!"

Una oración de lo más eficaz se encuentra en el capítulo 11 del Libro de Juan, como: "Padre, te doy gracias porque me has escuchado, pues tú siempre me escuchas." En este capítulo, se cuenta la historia de alguien que ha muerto y aparentemente se ha ido de este mundo. Pero la verdad es que nadie está muerto para ti, cuando tú sabes cómo orar.

Ya no puedes tocar, ver u oír a aquellos que amas con tus sentidos mortales, pero si sabes cómo dar gracias, puedes moverte de tu cuerpo de oscuridad al mundo de la luz y encontrar a tus seres queridos ahí. Por lo tanto, el que aprenda cómo orar descubrirá el gran secreto de una vida plena y feliz.

En el capítulo 33 del Libro del Génesis, Jerusalén es llamada "Sichem". Se dice que "Jacob vino a salvo a la ciudad de Sichem, que está en la tierra de Canaán. Allí erigió un altar y lo llamó El Elohey Israel, que significa 'el Dios de Israel'. Orientándose hacia Sichem (la verdadera dirección) Jacob permaneció en El Elohey Israel, que significa 'seguro en mente, cuerpo o bienes'."

Se nos dice que Daniel se orientó a una ventana abierta, donde miró hacia Jerusalén. Y los del mundo musulmán rezan mirando hacia lo que ellos llaman la Meca. Pero debido a que el cristianismo tiene lugar dentro, las Escrituras están hablando de la Jerusalén dentro, y no en el exterior en absoluto. Cuando ores no te postres en el suelo y mires hacia algún lugar del este en el espacio, sino ajústate mentalmente a tu deseo cumplido. Aunque esta técnica es simple, se necesita práctica para llegar a dominarla. Tu verdadera dirección es hacia el conocimiento de lo que quieres. Conociendo tu deseo, apúntate directamente frente a él pensando desde su cumplimiento. Silencia todo pensamiento y permite que las puertas de tu mente se abran. Luego entra en tu deseo.

Quédate con tu imaginación como tu compañera. Empieza pensando en tu imaginación como algo distinto de ti mismo, y finalmente sabrás que tú eres lo que anteriormente llamabas tu imaginación. Es posible amputar una mano, una pierna o varias partes del cuerpo – pero la imaginación no puede ser amputada ¡pues es tu Yo eterno!

Déjame mostrarte lo que quiero decir. Mientras estoy aquí en Los Ángeles, puedo desear estar en otra parte. El tiempo y las finanzas pueden no permitirlo, pero en mi imaginación yo puedo asumir que ya estoy allí. Ahora, por un mero acto de asunción de mi parte, Dios sale de este cuerpo. Si asumo que estoy en Nueva York, cualquier persona de Los Ángeles en que yo piense debe estar a 4.800 kilómetros de distancia. Ya no puedo pensar en ellos como si estuvieran en la misma calle o en las colinas al oeste de mí. Esa es mi prueba.

La palabra "oración" significa "movimiento hacia, acceso a, hacia o en la vecindad de". Orientándome hacia Nueva York, he hecho un movimiento, un acceso a. Cuando actúo en la vecindad de, veo a mis amigos respectivos de New York. Habiendo hecho esto, he de

255

tener plena confianza en mi imaginación, sabiendo que Él es el ser que hace el movimiento. Las palabras de Blake son ciertas: "El hombre es todo Imaginación, y Dios es el hombre y existe en nosotros y nosotros en Él. El cuerpo inmortal del hombre es la Imaginación, y eso es Dios mismo."

Tú no sólo puedes moverte en el espacio, sino también en el tiempo y cumplir cada uno de tus deseos. La oración no tiene que estar limitada a lo que una persona llama "uno mismo". Tú puedes orar por otro, sintiendo que ellos ya tienen lo que anteriormente querían, pues sentir es un movimiento. El primer acto creativo recogido en las escrituras es el movimiento: "Dios se movía sobre la faz de las aguas."

Un amigo recientemente tuvo una visión fantástica, durante la cual se preguntaba: "¿Aprendí algo?" y yo respondí: "Sí, aprendiste cómo moverte." Entonces todo se transformó, mientras el conflicto se extinguía, una casucha se convirtió en un castillo, el campo de batalla en un mar de trigo maduro, y él fue escoltado a su hogar eterno. La oración es movimiento. Es aprender cómo moverse hacia un cambio en tu cuenta bancaria, tu estatus marital, o el mundo social. Aprende a dominar el arte del movimiento; pues después de moverte, el cambio comienza a surgir de lo profundo. La técnica de la oración es dominar tu movimiento interno. Si estás viendo cosas que te gustaría cambiar, muévete en tu imaginación a la posición que ocuparías después de que el cambio tuviera lugar.

Cada cosa y cada uno en tu mundo eres tú mismo exteriorizado. Cualquier petición de otro – oída por ti – no debería ser ignorada, ¡pues viene de ti mismo! Descendiste de un mundo de luz para confinarte a este cuerpo de oscuridad. Ahora siendo una chispa de un mundo infinito de luz, un día tú recordarás ese mundo y despertarás, pero mientras tanto debes aprender a ejercitar el poder de tu mente. Habiendo recordado el mundo infinito de luz, ahora yo sé que todo soy yo mismo, ya que todas las cosas están contenidas dentro de mí.

La oración es movimiento psicológico. Es el arte de moverse de un problema a su solución. Cuando una amiga llama, hablando de un problema, colgamos, y me muevo del estado del problema a su solución oyendo a la misma señora diciéndome que el problema ya está resuelto.

Un amigo recientemente compartió este sueño conmigo: Estábamos en un jardín y me contó todos sus deseos, cuando yo dije: "No los desees, ¡vívelos!" Esto es cierto. Desear es pensar ¡en! Vivir es pensar ¡*desde*! No pases por la vida deseando. Vive tu deseo. Cree que ya se ha cumplido. Cree que es verdad; pues una suposición, aunque falsa, si se persiste en ella, se solidificará en un hecho.

Cuando estás aprendiendo el arte de la oración, la persistencia es necesaria, como se nos dijo en la historia del hombre que – viniendo de noche – dijo: "Amigo, préstame tres hogazas de pan." Aunque su amigo contestó: "Es tarde, la puerta está cerrada, mis hijos están en la cama, y yo no puedo bajar y servirte", debido a la inoportunidad del hombre, su amigo le dio lo que quería. La palabra *inoportunidad* significa *audaz atrevimiento*. El hombre repitió y repitió su petición, poco dispuesto a aceptar un no por respuesta. Lo mismo es cierto de la historia de la viuda. Estas son todas parábolas contadas para ilustrar la oración.

La oración del Señor enseña la unicidad de todos nosotros. Comienza: "Padre nuestro". Si Dios es nuestro Padre, ¿no somos uno? Independientemente de nuestra raza o color de piel, si tenemos un Padre común, debemos tener una hermandad común.

Finalmente todos vamos a saber que nosotros somos el Padre; pero mientras tanto, la persistencia es la clave para un cambio de vida – más ingresos, mayor reconocimiento, o lo que el deseo pueda ser. Si tu deseo no se cumple hoy, mañana, la semana próxima o el mes próximo – persiste, pues la persistencia, compensará. Todas tus oraciones serán respondidas si tú no te rindes.

Mi viejo amigo Abdullah me dio este ejercicio. Cada día me sentaría en mi sala de estar donde no pudiera ver el teléfono del pasillo. Con los ojos cerrados, yo asumiría que estaba en la silla junto al teléfono. Luego yo me sentiría de nuevo en la sala de estar. Esto lo hice una y otra vez, mientras descubría la sensación del movimiento de cambio. Este ejercicio fue muy útil para mí. Si lo intentas, descubrirás que te vuelves muy suelto con este ejercicio.

Practica el arte del movimiento, y un día descubrirás que por el mero hecho de imaginar, eres separado de tu cuerpo físico y colocado exactamente donde tú te estás imaginando que estás – tanto es así que tú eres visto por aquellos que están allí.

Siendo todo imaginación, tú debes estar donde tú estés con la imaginación. Moviéndote en tu imaginación, estás preparando un lugar para que tus deseos se cumplan. Luego vuelves, para caminar a través de una serie de acontecimientos que te llevarán a donde te has colocado. Con la imaginación, puedo ponerme donde yo desee estar. Me muevo y veo el mundo desde ahí. Luego vuelvo aquí, confiando en que – de un modo desconocido para mí – este ser que puede hacer todo y lo sabe todo, me llevará físicamente a través de un puente de incidentes a donde yo me he colocado. Puedes moverte en la imaginación a cualquier lugar y a cualquier tiempo. Habita ahí como si fuera verdad, y habrás aprendido el secreto de la oración.

Mi esposa tuvo una visión maravillosa en la que se encontraba en un bosque de árboles, caminando por un claro, vio gente reunida alrededor de un altar. Una señora se acercó, llevando un libro titulado, *La creencia de la fe y el perdón de los pecados según el judaísmo*. Al llegar al altar, ella comenzó a leerlo en voz alta. Poco después, otra señora apareció, llevando un libro titulado, *La creencia de la fe y el perdón de los pecados según el cristianismo*. Acercándose al altar, ella también abrió su libro y comenzó a leer. Mientras mi esposa escuchaba, se dio cuenta de que era infinitamente más difícil ser cristiano que ser judío. Ella vio que todo era psicológico. Que nada se hace en el exterior, porque todo viene de adentro.

Browning comenzó su maravilloso poema, "Día de Pascua", con las palabras: "¡Qué difícil es ser cristiano!". Y Chapman dijo: "El cristianismo no ha sido intentado y demostrado defectuoso. Ha sido intentado y encontrado difícil y por lo tanto abandonado." ¿Por qué? Porque un cristiano no puede escurrir el bulto y culpar a otro. El cristianismo está construido sobre la base de que todos somos uno. De que el hombre está siempre atrayendo la confirmación de lo que está haciendo dentro de sí mismo. De que tu mundo da testimonio de lo que te estás haciendo a ti mismo. Esto es difícil de aceptar, sin embargo es el cristianismo. Nadie viene a mí, salvo que mi Padre que me envió le llame.

Yo y mi Padre somos uno, por lo tanto, yo invito a todos los que entran en mi vida a que me revelen lo que yo estoy haciendo en mi imaginación.

Aprende cómo orar. Domínalo y haz tu mundo conforme al ideal que tú quieres experimentar. Deja de pensar en, y empieza a pensar desde. Pensar desde el deseo cumplido es realizar lo que nunca experimentarás mientras estés pensando en él. Cuando te pones en el estado del deseo cumplido y piensas desde él, estás orando, y de un modo que tu mente racional no conoce, tu deseo se convertirá en un hecho en tu mundo. Tú puedes ser el hombre o la mujer que quieres ser, cuando sabes cómo orar. Todas las cosas son posibles para el que cree, por lo tanto aprende el arte de creer y convencerte de que es verdad. Entonces un día, ocupando espacio y tiempo en tu imaginación, serás visto por otro, que te llamará o te enviará una carta verificando tu visita. Esto lo sé por experiencia.

La Biblia no es sólo bella poesía; es la palabra inspirada de Dios. Escrita por poetas, ellos han dado sentido ampliado a las palabras normales. Cuando tú pones tu cuerpo en la cama y asumes que estás en otra parte, ¿no eres todo imaginación? En el acto de imaginar, tú partes de las oscuras cavernas de este cuerpo y apareces donde te imaginas estar, porque tú eres Dios – todo imaginación – y no puedes morir. Tú no puedes ir a la muerte eterna en eso que no puede morir, ¡y tu ser inmortal es la imaginación! Tú eres el ser central de las Escrituras – el llamado Jesucristo, que es el Señor Dios Jehová – que descendió aquí con un propósito.

Mientras estés aquí, debes pagar el precio de vivir en el mundo del César. Tú puedes criticar a nuestros políticos y protestar por cualquier subida de impuestos, pero seguirás siendo gravado. Todo lo que tienes que hacer es aprender el arte de la oración y ganar más dinero.

Me acuerdo de una historia contada del difunto presidente Kennedy. Parece que su padre – Que había, en una generación, hecho algo así como cuatrocientos millones de dólares – se quejaba de que sus hijos estaban gastando demasiado dinero. En un banquete, el presidente Kennedy dijo: "La única solución a este problema es que padre gane más dinero."

Un día, una amiga me dijo que cuando era una niña, su padre decía: "Si tú no tienes más que un dólar y fuese necesario para ti gastarlo, hazlo como si fuese una hoja seca, y tú el dueño de un bosque ilimitado." Si uno realmente sabe cómo orar, podría gastar su dólar y luego reproducirlo de nuevo. Como ves, este mundo es traído a la existencia por la imaginación del hombre, así que es muy importante aprender el secreto de la oración.

Si tú todavía estás deseando, ¡detenlo ahora mismo! Pregúntate a ti mismo cómo sería si tu deseo fuera una realidad. ¿Cómo te sentirías si fueras ya el que te gustaría ser? En el momento en que atrapas ese estado de ánimo, tú estás pensando desde él. Y el gran secreto de la oración es pensar desde, en lugar de pensar en. Anclado aquí, conoces dónde vives, tu saldo bancario, tu trabajo, acreedores, amigos y seres queridos – ya que estás pensando desde este estado. Pero tú puedes moverte a otro estado y darle la misma sensación de realidad, cuando encuentras y practicas el gran secreto de la oración.

Toma mi mensaje en serio y vive por él. Practica el arte de la oración diariamente, y entonces un día encontrarás que la oración más eficaz es: "Gracias, Padre." Tú sentirás este ser dentro de ti como tu propio yo. Puedes hablar de él como "tú", sin embargo sabes que es "yo". Entonces tendrás una relación tú/yo, y te dirás a ti mismo: "Gracias, Padre." Si quiero algo, sé que el deseo viene del Padre, porque todos los pensamientos surgen de Él. Habiéndome dado la urgencia, le doy gracias por cumplirla. Luego camino por la fe, en la confianza de que el que me la dio por medio del deseo la vestirá en forma corporal para que yo me la encuentre en carne.

No te entregues al hábito de juzgar y criticar, viendo sólo cosas desagradables. Tienes una vida – vívela noblemente. Es mucho más fácil ser noble, generoso, amoroso y amable, que ser crítico. Si los demás quieren hacerlo, déjales. Ellos son un aspecto de ti mismo que tú no has superado todavía, pero no caigas en ese hábito. Simplemente agradece a tu Padre celestial una y otra y otra vez, porque al final, cuando caiga el telón sobre este maravilloso drama, el actor supremo se levantará de todo ello y tú sabrás que tú eres Él.

CAPITULO XVII

CAMINA SOBRE EL AGUA

CAPITULO XVI

CAMINA SOBRE EL AGUA

La Biblia está dirigida al hombre de imaginación, el cual es inmortal y no puede morir. "El cuerpo eterno del hombre es la imaginación, que es Dios mismo. El cuerpo divino, Jesús, nosotros somos sus miembros." (William Blake) Ted Kennedy recientemente hizo un elogio a su hermano, en el que citaba un pasaje de George Bernard Shaw. El pensamiento era este: "Algunos hombres ven las cosas como son y dicen, ¿Por qué? Yo sueño con las cosas que nunca fueron y digo, ¿Por qué no?" Cuando tú piensas en tu nacimiento en este mundo como un acto de Dios, ¿puede algo ser imposible para Dios? No sabiendo cómo o por qué estás aquí, pecas contra el Espíritu Santo cuando te atreves a poner un límite ¡al poder que te trajo aquí! No hay otro pecado contra el Espíritu Santo que la creencia del hombre en que algo es imposible ¡para su propia maravillosa imaginación humana! ¡Quiero que vayas a por todas! No pongas límite al poder creativo de Dios.

Imagina lo que es inimaginable y camina sobre el agua, a través de la fe.

El agua simboliza tu aceptación de la vida como psicológica, y su drama que tiene lugar en la imaginación. Cuando dejas de excusarte a ti mismo o a cualquiera por las experiencias de la vida, y comienzas a reorganizar la estructura de tu mente para sentir que tu deseo está cumplido, estás caminando sobre el agua. Las Escrituras hablan de la piedra, el agua y el viento. Acepta los hechos de la vida y estás caminando sobre piedra. Cambia los hechos en tu imaginación, y los has convertido en verdad psicológica, la cual entonces se vuelve una experiencia espiritual. Cuando vives por este principio, estás caminando sobre el agua, hacia tu nacimiento del más allá.

Déjame ahora compartir algunas experiencias de un amigo que practica el arte de caminar sobre el agua. En su carta él decía: "Hay una señora en mi oficina que estaba constantemente hablando sobre la ausencia de hombres elegibles decentes, declarando que eran todos chusma y nada buenos. Hace seis semanas, mientras conducía a casa desde el trabajo, revisé sus palabras. La oí decirme que estaba saliendo con un hombre maravilloso y compartiendo las cosas maravillosas que estaban haciendo. Recientemente esta señora estaba tan sombría que yo me acordé de revisar sus palabras otra vez, así que lo hice. Ayer ella estuvo veinte minutos hablándome del perfecto caballero con el que ahora está saliendo. Él debe ser tremendo, pues esta señora está ahora andando en éxtasis."

Luego continuaba diciendo: "Un socio me pidió escribir una nueva revisión para su cliente. Recogí todo el material que podría necesitar, lo puse en una carpeta y lo coloqué en mi escritorio, que estaba con una pila alta de trabajo pendiente. Entonces un viernes mi socio dijo: 'Mi cliente quiere verme el próximo lunes a las 9:00 A.M. en su oficina', y me di cuenta de que debía producir la nueva revisión en ese tiempo, inmediatamente me senté e imaginé que eran las 5:00 P.M. Mi revisión fue completada, leída por mi socio y aprobada. Le oí decir: 'Esto está bien'. Satisfecho con esa escena como mi resultado final, localicé la carpeta, me senté en mi máquina de escribir y escribí cuatro páginas, como fluyendo todo sin problema. A las 5:00 de esa tarde mi socio se detuvo en mi oficina, leyó la relación y dijo las palabras exactas que yo le había oído decir en mi imaginación: 'Esto está bien.'"

Cuando realmente crees que imaginar crea la realidad, sabrás que no hay ficción. ¿Cómo puede haber ficción cuando la imaginación está siempre creando su realidad? Puedes oír algo que no te gusta, pero a causa de que imaginar crea la realidad lo que oyes fue primero imaginado, o no hubiera sucedido. Cuando revisas lo oído deteniendo la acción y reescribiendo el guión estás caminando sobre el agua, imaginando la realidad que deseas oír y que aparezca en tu mundo.

Mi amigo continuó su carta, diciendo: "Hay ciertas cosas en mi vida que yo no entiendo. El domingo pasado, mientras mi mujer, nuestro hijo más pequeño y yo estábamos plantando flores de verano, me di cuenta de que estaba experimentando – en detalle – lo que yo había soñado sucediendo el invierno pasado. En aquel momento pensé que el sueño debía haber sido simbólico, pero no conociendo el simbolismo de las flores, lo abandoné.

Ahora no entiendo la relación entre un sueño nocturno – que yo no controlaba, y el plantado del domingo pasado – que yo controlaba."

Cada evento en la vida contiene dentro de sí mismo algo más allá de su experiencia física. Las flores simbolizan el crecimiento de los plantados. Durante el invierno, cuando nada crece, él plantó semillas, que cosechará no sólo en el mundo del César, sino también en el mundo del espíritu, como todos nosotros hacemos. Yo te insto ahora a utilizar tu imaginación y caminar sobre el agua. Planta las semillas de deseo en la profundidad de tu alma y permíteles florecer en la tierra. Si no ves su cosecha inmediatamente, cree que lo hiciste, pues vendrá lo reconozcas o no. Y no peques contra el Espíritu Santo diciendo que algo es imposible, pues Dios es tu propia maravillosa imaginación humana y nada es imposible de imaginar.

Cuando alguien te dice algo, aunque puedes negar su verdad o posibilidad, debes imaginar a fin de entender sus palabras. A menos, por supuesto, que hablen en una lengua extraña, entonces todo es un sin sentido. Como Pablo dijo: "Hablaría mejor cinco palabras con entendimiento, que diez mil palabras que no se pueden entender."

No pienses en las razones por las que no puedes tener tu deseo; ¡simplemente piensa que ya lo tienes! Si te dices a ti mismo que no es posible, estás pecando contra el Espíritu Santo.

No conozco ninguna limitación al poder de Dios. David es descrito en el Libro de Samuel como rubio, con bellos ojos y piel limpia. Si juzgas por las apariencias, entonces ciertas razas podrían ser excluidas – pero David no es de este mundo. David es el que surge en nosotros a causa del descenso de la semilla de Dios. Seas caucásico, negro u oriental, Cristo – la semilla de Dios – desciende y se planta en ti, y cuando la unión entre esa más alta semilla descendente y lo que es sólo un ser animado tiene lugar, eres individualmente elevado a un mundo sobrenatural, donde te conoces a ti mismo como el padre del único hijo engendrado de Dios, David.

Yo te insto a utilizar tu imaginación para todo lo que es amable y amado. No importa cuál pueda ser tu deseo – tu imaginación te lo dará, pues la imaginación humana es el cuerpo divino que el mundo llama Jesús. Porque tú puedes imaginar y yo puedo imaginar, somos miembros de ese cuerpo divino, y todas las cosas son posibles para él. No hay una cosa imposible para Dios. ¡Todo lo que necesitas hacer es imaginar su cumplimiento!

La fe es un experimento que termina como una experiencia. Experimenta creyendo que ya tienes todo lo que deseas, y tendrás la experiencia. Pruébate como mi amigo hizo. El experimentó con el pensamiento de que la señora tenía un maravilloso novio. Entonces la imaginó oyéndola hablarle sobre el nuevo hombre en su vida. Luego su experimento se convirtió en su experiencia. Eres el centro del mundo en el que vives. Un aparente otro es sólo una extensión de ti mismo, pues el centro de tu ser es proteico. Es él el que juega los papeles de todos los aparentes otros. Yo te desafío a experimentar con un nuevo o mejor trabajo, un esposo o esposa, un nuevo coche o casa. No trates de analizar tus deseos o culparte, pues en el momento en que lo haces, descubres innumerables cosas que son desagradables, y en el momento en que son pensadas, son formadas.

Nadie está sin pecado. En algún momento todo el mundo mentalmente ha codiciado o robado. Describe a un hombre en términos poco halagüeños y has robado su buen nombre. Todo el mundo es culpable; por lo tanto no te analices, pues si lo haces errarás el blanco. Preocuparte sobre lo que podías haber hecho que es malgastar tu poder creativo. Recogerás la cizaña así como el trigo, ya que cada acto imaginario se cumple. Pero comienza ahora a plantar algo amable – no sólo para ti mismo, sino para tu vecino, amigo o hijo. Enamórate de la idea de que él está feliz y seguro. Siente la satisfacción que viene cuando uno reconoce su cosecha, pues si una cosecha no es reconocida, no hay satisfacción. Pero cuando haces algo conscientemente y ves tú cosecha, recibirás enorme satisfacción.

Prueba que tus pensamientos tienen poder creativo imaginando constantemente, y camina sobre el agua. No importa qué suceda en el transcurso del día, revísalo. Haz el día conforme a lo que tú quieres que sea, y estás caminando sobre el agua.

El Génesis cuenta la historia de Jacob, que vio un pozo cubierto con una piedra. Quitando la piedra, sacó agua para su rebaño. Y cuando puso la piedra otra vez, todo parecía permanecer igual que antes, de modo que nadie supo quien había corrido la piedra y sacado el agua. En el Nuevo Testamento, Jesús realizó su primer milagro llenando las jarras de piedra con agua y sacando vino.

Los hechos ciegan el yo a la imaginación. Yo he venido a curar esta ceguera y a mostrarte cómo quitar los actos de la naturaleza. La mujer en la oficina compartió sus hechos, así como el hombre que fue regañado. Descubriendo que la imaginación es su pozo, mi amigo quitó esos hechos de piedra de su mente, y sacó la verdad que él deseaba oír de su imaginación y la colocó en otra vasija – otro hecho.

Vierte agua en cualquier recipiente y no importa qué forma o tamaño la vasija pueda tener. Congela el

273

recipiente y el agua habrá tomado su forma. Así que si quitas la piedra y sacas el agua, puedes colocarla en cualquier forma que desees y se exteriorizará.

No dejes pasar ni un día sin practicar el arte de caminar sobre el agua. Cada vez que utilizas tu imaginación amablemente en nombre de otro, estás haciendo de mediador de Dios con el aparente otro. Así mucha gente utiliza su imaginación poco amablemente, sin embargo están también haciendo de mediadores de Dios con ese otro. Millones de personas creen que alguien ha echado una maldición sobre los Kennedy. ¿Sabes que tales poderes existen?, porque imaginar crea la realidad. William Butler Yeats una vez dijo: "Nunca estaré seguro de que no fue alguna mujer pisando en el lagar quien comenzó el sutil cambio en la mente de los hombres. O que el apresuramiento con el que tantos países fueron dados a la espada, no empezó en la mente de algún joven pastor, iluminando sus ojos por un momento antes de correr sobre su camino." Quién sabe quien, esta noche – sintiéndose herido y traicionado por un amigo – pondrá sus pensamientos de cólera y venganza en movimiento, sin ningún pensamiento de arrepentimiento. Quizás él no conoce el arte de perdonar o no tenga el deseo de perdonar, permitiendo así a sus pensamientos moverse y construir y construir hasta que lleguen a su inevitable fin – configurándose en su vida. Pero como George Bernard Shaw dijo: "Algunos hombres ven las cosas como son y dicen, ¿Por qué? Yo veo las cosas que nunca fueron y digo, ¿Por qué no?" Yo te cuento la increíble historia de

Jesucristo, el patrón que el hombre debe seguir a fin de escapar a la muerte eterna, y decir, ¿Por qué no? ¿Cómo podemos nosotros quienes nacimos físicamente por la gracia de Dios, pero no podemos hacer crecer un pelo sobre nuestra cabeza o una uña de un dedo, atrevernos a poner un límite al poder de Dios? Si la gracia de Dios nos dio nacimiento físico, ¿no puede ese mismo poder darnos nacimiento espiritual en un mundo más alto? La promesa es: "Naceréis de lo alto." Si Dios hace tal promesa, tiene el poder para mantenerla. Y lo hace, a través de su regalo de la visión. Nacidos de la carne por un poder más allá de nosotros mismos, estamos destinados a ser nacidos en un mundo espiritual por un poder más allá de nosotros mismos, a causa de la semilla de Dios descendida y unida con nosotros. Ella fue plantada por un acto creativo, y cuando esa semilla es fertilizada, erupciona, el patrón despierta, y nos movemos a una era enteramente diferente. El patrón de Dios ha erupcionado en mí. Estoy contándoles mi historia con la esperanza de que ustedes que la oyen la crean y prueben su verdad por ustedes mismos. Les he hablado de la ley del César, enseñándoles cómo caminar sobre el agua y utilizar esta ley psicológica para cambiar nuestro mundo – no sólo para ustedes mismos, sino para los demás. Nadie necesita permanecer detrás de la proverbial bola ocho (1) si conoce esta verdad.

No hay necesidad de mendigar o pedir a nadie nada, pues todo vive en la imaginación humana, listo para apropiárselo y ser hecho visible.

Todo el mundo nacerá de lo alto, pues todo el mundo es Dios y no hay nada sino Dios. Nadie puede fallar, pero la historia de Dios debe ser oída y creída. Así que Dios se envía a sí mismo como mensajero, eligiendo a un individuo e impregnándolo. La persona puede o no saber lo que está sucediendo, pero en el intervalo de tiempo perfecto el nacimiento tendrá lugar. Todo el mundo aquí es llamado con un propósito. Si no has sido unido con esta semilla – espera, pues es seguro y no será tarde. Hay quienes han sido conscientes cuando recibieron la semilla. Otros no, pero cuando el niño nace ¿importa si el momento de la concepción es recordado o no?

Es todo el cumplimiento de un plan perfecto dentro del cuerpo eterno de Dios, cada uno llenando su orden específico. Hay quienes serán el apóstol, otros el profeta, otros más el profesor, el ayudante y el sanador. Hay diferentes niveles en el cuerpo de Dios, pero no importa, porque en ese cuerpo todos somos uno.

Tómame en serio. Cuando sabes lo que quieres en la vida, construye una escena que implicaría que tu deseo está cumplido. Velo tan claramente como sea posible. Siente su naturalidad. Experimenta hasta que sepas que la escena y todo lo que implica es real. Ahora, en la medida en que creas en su realidad, tu experimento se convertirá en tu experiencia. No te detengas ahí. Sigue imaginando y comparte tus resultados con los demás. Diles cómo liberarse de esta esclavitud al César. Cuando sabes quién eres realmente no envidiarás a nadie. ¿Cómo podrías, cuando tú sabes que eres Dios, y ellos son sólo tú mismo proyectado fuera? Si mañana, algo viene a tu vida que no está a tu gusto, no lo aceptes, pues este hecho ciega el yo a la imaginación. Elimina la ceguera preguntándote qué te gustaría, en lugar de lo que parece ser. Entra en ese pensamiento. Deléitate en ello como si fuera un hecho. Persuádete de que lo es. Cree en su realidad y se convertirá en tu experiencia.

CAPITULO XVII

VALIENTE ATREVIMIENTO

CAPITULO XVII

VALIENTE ATREVIMIENTO

Una nueva idea no formará parte de tu pensamiento de uso común hasta que haya sido repetida una y otra vez y empieces a vivir según ella.

Te han enseñado a creer que Dios existe fuera de ti, pero yo te digo que tú eres todo imaginación. Ese Dios existe en nosotros y nosotros en Él. Que nuestro cuerpo eterno es la imaginación, y que es Dios mismo. Yo entiendo cada palabra que acabo de decir, pero es un nuevo pensamiento. Hasta que esta nueva idea forme parte de tu pensamiento, cada vez que oigas la palabra "Dios", tu mente se irá a algo que tú has concebido que Dios tiene que ser.

Cuando digo "*Yo Soy*", estoy hablando del Señor Jesucristo del Nuevo Testamento y del Jehová del Antiguo. Cuando te vas a la cama esta noche y pones la cabeza sobre una almohada, estás consciente de ser. ¡Esa conciencia es Dios! Quiero mostrarte cómo usar tu conciencia como audaz atrevimiento.

En el capítulo 11 de Lucas, se dice que Jesús estaba orando, cuando uno de sus discípulos dijo: "Señor, enséñanos a orar", en cuyo momento Él les dio la Oración del Señor. Ahora bien, la Oración del Señor que tú y yo tenemos está traducida del latín, que no tiene el modo imperativo pasivo necesario para transmitir el significado de la oración.

En el griego original, la oración es como un audaz atrevimiento, pues el modo imperativo pasivo es una orden permanente, algo para que se haga absolutamente y continuamente. En otras palabras, "Hágase tu voluntad" se convierte en "Tu voluntad debe ser hecha". Y "Venga tu reino" se convierte en "Tu reino debe ser restaurado".

Eso no es lo que se está enseñando, sin embargo, mientras Él enseñó en forma de una parábola tal como ésta: "Quién de ustedes que tenga un amigo y vaya a él a media noche y le diga, 'Amigo, préstame tres panes, pues un amigo mío ha llegado de viaje y no tengo nada para ponerle delante', y desde dentro él diga, 'No me molestes; la puerta está cerrada y mis hijos en la cama. No puedo levantarme y darte nada'. Sin embargo yo te digo, ¿acaso él no se levantará por ser un amigo, aún a pesar de su inoportunidad?, se levantará y le dará cualquier cosa que necesite" (Lucas 11:5-8). La palabra "inoportunidad" significa "audaz atrevimiento". En otras palabras, ¡él no aceptaría un "No" como respuesta!

Jesús no estaba enseñando a un discípulo cómo orar en el exterior. Él estaba diciéndote cómo ajustar tu pensamiento, de modo que no aceptes un "No" como respuesta.

En la historia, el amigo sabía lo que él quería. Él asumió que lo tenía y continuó asumiendo que lo tenía hasta que su asunción tuvo la sensación de realidad y lo consiguió. Esta es la manera en que tú encuentras a Dios en ti, siendo persistente en tu asunción.

Luego, se cuenta esta historia para mostrar cómo deberías orar y no descorazonarte: "En cierta ciudad había un juez que ni temía a Dios ni respetaba al hombre. Había una viuda en esa ciudad que venía constantemente pidiéndole que la reivindicara contra sus enemigos. Al principio él rehusó, luego se dijo a sí mismo, 'Aunque yo ni temo a Dios ni respeto al hombre, sin embargo como esta mujer me molesta, la reivindicaré antes de que me deje agotado'" (Lucas 18:2-5). Otra vez vemos la necesidad de la persistencia en la oración.

Cuando sepas cómo orar, descubrirás que cualquiera en el mundo puede ser utilizado como instrumento para ayudar al nacimiento de tu oración. Ellos pueden ser condenados en el acto y pagar el precio de la sociedad, mientras tú eres salvado; sin embargo tú eres la causa de su acción.

Compartiré contigo ahora una historia muy personal. La contaré para ilustrar un principio. La sociedad culpó a esta mujer por lo que ella hizo y ella pagó el precio, pero yo fui la causa de su desgracia. Yo no voy a justificar mi historia y si no puedes aceptarla, lo siento. Cuando la conté al principio una señora se trastornó mucho y lo lamento; pero he notado que cuando alguien ha dejado recientemente el alcohol, el tabaco, la carne o el sexo, ellos invariablemente condenan ese estado. Se sienten demasiado cerca de ello para sentirse seguros. No estoy diciendo que esta señora tuvo una experiencia similar donde ella fue la víctima; sólo estoy hablando de un principio. Ahora, aquí está mi historia: Cuando decidí casarme con la señora que ahora lleva mi nombre, yo apliqué este principio. En ese momento yo estaba terriblemente involucrado. Me había casado a los dieciocho años y me convertí en padre a los diecinueve. Nos separamos ese año, pero nunca busqué el divorcio; por tanto mi separación no era legal en el estado de Nueva York. Dieciséis años después, cuando me enamoré y quería casarme con mi actual esposa, decidí dormir como si estuviéramos casados. Mientras dormía físicamente en mi habitación de hotel, dormía imaginariamente en un apartamento, ella en una cama y yo en la otra. Mi compañera de baile no quería que me casara, así que le dijo a mi esposa que yo estaría buscando el divorcio y que se esfumara – lo cual hizo, tomando residencia en otro estado. ¡Pero yo persistí! Noche tras noche, dormí en la asunción de que yo estaba felizmente casado con la chica que amo.

A la semana recibí una llamada requiriéndome a estar en el juzgado el martes siguiente a las 10:00 de la mañana. No dándome ninguna razón por la que debía estar allí, desestimé el requerimiento, pensando que era una broma que me había gastado un amigo. Así que el martes siguiente a las 9:30 de la mañana yo estaba sin afeitar y sólo casualmente vestido, cuando sonó el teléfono y una señora dijo: "Sería a su favor, como figura pública, estar en el juzgado esta mañana, cuando su mujer esté en juicio." ¡Qué choque! Rápidamente le di las gracias a la señora, cogí un taxi, y llegué justo cuando comenzaba el juicio. Mi esposa había sido detenida llevándose unos artículos de una tienda en Nueva York, que ella no había pagado.

Pidiendo hablar en su favor, dije: "Ella es mi esposa y la madre de mi hijo. Aunque hemos estado separados dieciséis años, por lo que yo sé, ella nunca ha hecho esto antes y no creo que lo haga otra vez. Tenemos un hijo maravilloso. Por favor no haga nada con ella que repercuta de algún modo sobre nuestro hijo, que vive conmigo. Si puedo decir algo, ella es ocho años mayor que yo y puede estar pasando por cierto estado emocional que la haya llevado a hacer lo que hizo. Si usted debe sentenciarla, entonces por favor suspéndalo." El juez me dijo entonces, "En todos mis años en la judicatura no he oído nunca una apelación como ésta. Su esposa me dijo que usted quiere el divorcio, y aquí tendría una evidencia tangible para ello, sin embargo usted aboga por su absolución." Él entonces la sentenció a seis meses y suspendió la sentencia. Mi esposa me esperaba en la parte de atrás de la sala y dijo: "Neville, eso que has hecho fue una cosa decente. Dame la citación y la firmaré." Tomamos un taxi juntos y yo hice lo que no era legal: le entregué mi propia citación y ella la firmó.

Ahora, ¿quién fue la causa de su desgracia? Ella vivía en otro estado, pero vino a Nueva York para hacer un acto por el cual iba a ser detenida y juzgada. Así que yo digo: cada ser en el mundo servirá a tu propósito, de modo que al final tú dirás: "Padre, perdónalos, pues no saben lo que hacen." Ellos se moverán por compulsión para hacer tu voluntad, igual que mi esposa hizo.

Cuento esta historia para ilustrar un principio. No necesitas pedir a nadie que te ayude en respuesta a una oración, por la sencilla razón de que Dios es omnipotente y omnisciente. Él está en ti como tu propia maravillosa *"Yo Soy"*. Cada uno afuera es tu sirviente, tu esclavo, listo y capaz para hacer tu voluntad. Todo lo que necesitas hacer es saber lo que quieres. Construye una escena que implique el cumplimiento de tu deseo. Entra en la escena y permanece ahí. Si tu consejero imaginario (tu sensación de cumplimiento) concuerda con lo que es utilizado para ilustrar tu deseo cumplido, tu fantasía lo convertirá en un hecho. Si no, empieza todo otra vez creando una nueva escena y entra en ella. ¡No te cuesta nada imaginar conscientemente!

En mi propio caso la escena era un dormitorio de un apartamento, con mi esposa en una cama y yo en la otra, denotando que ya no estaba viviendo solo en un hotel. Me quedé dormido en ese estado, y en una semana yo tenía los papeles necesarios para iniciar el trámite de divorcio.

Esto es lo que la Biblia enseña. Es mi libro de texto. "Lo que quiera que desees, cree que ya lo has recibido, y lo recibirás." (Marcos 11:24) No hay límite para el poder de la creencia o para las posibilidades de la oración, pero debes ser audazmente atrevido y no aceptar un "No" como respuesta. ¡Inténtalo! Cuando digo que eres todo imaginación, lo digo en serio. Mientras estoy aquí en el estrado, puedo, en una fracción de segundo, imaginar que estoy en el exterior, mirando este edificio. O, en otro segundo, estar en Londres y ver el mundo desde allí. ¿Tú dices que es todo alucinación? ¿Que está todo en mi imaginación? Muy bien, ahora déjame compartir contigo otra experiencia.

Yo estaba en Nueva York cuando oí que mi sobrino de diecisiete años, el hijo mayor de mi hermana, estaba en un estado de cáncer terminal. Yo sabía cómo se sentía ella y me preguntaba qué podía hacer para consolarla, – para mostrarle que el muchacho a quien ella tanto quería, no era carne y sangre, sino espíritu. De modo que, mientras estaba en Nueva York, fui a mi dormitorio, cerré la puerta y me acosté en la cama. Sabiendo que mi hermana vivía en la vieja casa familiar en Barbados, asumí que yo estaba en la cama donde yo sabía que Billy tenía que estar. Asumí que mi hermana entraba en esa habitación pero no podía ver a su hijo, sólo a su hermano, Neville. Me perdí en esa asunción hasta que mi hermana Daphne entró en la habitación. Parecía sorprendida, avanzó, se me quedó mirando, luego se volvió y se fue de la habitación. Cuando estaba satisfecho de que yo la había visto y ella me había visto a mí y no a su hijo, interrumpí la experiencia y volví a nuestro salón para estar con mi esposa y un amigo que había venido para tomar unas copas.

Diez días después recibí una carta de mi hermana en la que decía: "Neville, no puedo entenderlo." Dando el día y la hora que coincidía con la mía en Nueva York, dijo: "Fui a la habitación de Billy y estaba sorprendida de verte ahí. Yo sabía que tú estabas en Nueva York, sin embargo no podía ver a Billy en la cama, sólo a ti. Debo confesar que estaba un poquito asustada, de modo que dejé la habitación y, cuando volví, pude volver a ver a Billy otra vez." Ella pudo ver a Billy porque, por entonces, yo me había ido. Si yo soy todo imaginación, yo debo estar donde yo estoy en la imaginación. Cuando le di a la escena vividez sensorial, con todos los tonos de la realidad, fui visto por mi hermana a dos mil millas de distancia. No, yo no salvé a Billy. Él murió, pero mi presencia convenció a mi hermana de que su hijo no era carne y sangre. Si su hermano, en Nueva York, podía aparecerse a ella en

Barbados, ella sabía que había algo que habitaba un cuerpo que no puede ir a la muerte eterna.

Yo te digo: hay un tú inmortal que no puede morir. Esa noche yo le di a mi hermana la convicción de una realidad en su hijo que sobreviviría cuando el médico dijera que él se había ido. ¿Ido a dónde? Restituido a un mundo terrestre parecido a éste, como un chico joven, para continuar un viaje que fue establecido para él en el comienzo. Y eso es para formar la imagen de Jesucristo en él. Cuando eso suceda, Billy despertará como Jesucristo, el único ser que es Dios Padre.

Practica el arte del movimiento. En Nueva York, mi teléfono estaba en el vestíbulo y mí silla en la sala de estar. Mientras estaba sentado en mi silla, yo asumía que estaba al teléfono. Luego asumía que estaba examinando la sala de estar. Yo practicaba este ejercicio hasta que descubría que podía moverme a cualquier parte en una fracción de segundo. Inténtalo y quizás, como mi hermana, alguien tendrá la extraña experiencia de verte donde tú no has estado físicamente. Hazlo divertido. Yo lo hago todo el tiempo.

Una señora, pensando que yo estaba aún en Barbados, – donde ella la última vez me vio penosamente delgado y pesando sólo 138 libras – estaba esperando que me sintiera mejor, cuando yo instantáneamente aparecí en su sala de estar. Yo estaba moreno del sol de Barbados, llevando un traje gris (que yo no tenía cuando me fui de aquí, pero comprado en Nueva York), cuando yo dije: "No hay tiempo", y me desvanecí. Bueno, ella está acostumbrada a estas cosas, así que no estaba asustada.

Te insto a no limitarte a un pequeño cuerpo de carne y sangre, pues tú eres espíritu. Carne y sangre no pueden heredar el Reino de Dios, así que un día debes dejarlo. Y el que lo deja es inmortal. Él es tu propia maravillosa imaginación humana que es Dios, el Padre de toda vida. Cuando aprendes a vivir de este modo, la vida se hace muy excitante. Tus días son plenos y no estás nunca solo. Paso todo el día en casa leyendo la Biblia y meditando.

Cierro los ojos y viajo por el mundo. Es divertido y educativo. Me expande y me hace más consciente del ser infinito que realmente soy.

Ahora, las dos historias de las Escrituras que he compartido contigo muestran la importancia de la persistencia. Cuando ores, no te pongas de rodillas y le ores a ningún dios desconocido. En vez de eso, vete a la cama y atrévete a asumir que ya eres lo que tú quieres ser. Quédate dormido asumiendo que es verdad y estarás en el camino hacia el éxito, pues así es como las cosas son traídas a ser.

Justo ahora, imagina algo amable para otro. Ellos no necesitan nunca saber quién fue la causa de su fortuna – pero serás tú. Mi primera mujer no sabía que yo fui la causa de su acción. Si ella hubiera pensado que su acto significaría mi libertad y su desgracia, ¿crees que ella lo habría hecho? Ella se movió por compulsión, y yo era la fuerza irresistible.

Cuando te das cuenta de esto, tú perdonas a todo el mundo por todo lo que han hecho alguna vez, porque tú puedes haber sido el que fue la causa de su acción.

Blake dijo: "¿Por qué estamos aquí temblando, llamando a Dios para que nos ayude y no a nosotros mismos, en quien Dios habita?" ¿Por qué llamar a ningún dios, cuando el único Dios habita dentro de ti? Él no está pretendiendo, sino que realmente se convirtió en ti. Cuando te confinas al pequeño ropaje que vistes, estás confinando a Dios, porque es él quien lo está vistiendo.

No necesitas ningún intermediario entre tú y tú mismo, que es Dios. No corras de esta ciudad a la otra con la esperanza de encontrar algo mejor, porque la única persona que vas a llevar contigo eres tú mismo; así que resuelve tu problema aquí. No transijas. Decide exactamente lo que quieres y asume que lo tienes. Si tu mundo pudiera cambiar, determina cómo sería; luego, construye una escena que implique que tú estás ahí. Si tu construcción mental se acerca a tu deseo cumplido, tu pequeño sueño despierto ¡se convertirá en un hecho! Y cuando lo haga, ¿importará lo que los demás piensen sobre tu principio? Habiéndose comprobado en la realización, comparte tu experiencia con otros, que ellos puedan compartir las suyas. Sigue compartiendo este principio, porque al final, todos somos el ser único que es el Señor Jesucristo. Un Cuerpo, un Señor, un Espíritu, un

Dios y Padre de todos. No te avergüences de proclamarlo. El hombre ve al Señor Jesucristo como un pequeño ser en el exterior; pero Él está en ti, y cuando tú lo veas, ¡Él se parecerá exactamente a ti!

Una amiga recientemente compartió esta dulce visión conmigo. Ella dijo: "Vi a un hombre con una túnica blanca de pie en una colina, construyendo un dosel sobre la entrada de un templo. Cuando me acerqué, pude ver que las bandas utilizadas para el dosel eran verde transparente y observé cuán radiantemente bellas eran. El hombre se volvió a mirarme y me di cuenta que eras tú, Neville, y sin embargo tú eras Miguel Ángel. Entonces te dirigiste a mí diciendo: 'He estado trabajando en esto durante toda la eternidad y aún permanece invisible para los demás.' Tomando las bandas, las tejí en forma de cesta y tú me diste las gracias y dijiste: 'Gran trabajo' y desperté." Ese fue un bello sueño. Yo te he estado contando la historia de la resurrección durante toda la eternidad, pero nunca había sido puesta en forma viva. Aún permanece muerta, como la Piedad de Miguel Ángel o su David, hechos de mármol.

Deja que el David viva en la mente de los demás. Da vida a la Piedad, el crucificado en el regazo de la madre. La historia es propiedad pública, ahora un código escrito muerto esperando la vida en la imaginación de los hombres. Dramatiza la historia de la salvación.

Hazlo en una obra o en un show de televisión y deja que la Piedad de Miguel Ángel viva. Yo he hecho vivir la historia porque la he experimentado.

Miguel Ángel, con su tremendo conocimiento práctico de la forma humana, creó las formas muertas hechas de mármol. Llegué yo, incapaz de moldear un palo, para encontrar las formas muertas tomando vida en mí. Mi esperanza es que un día esta maravillosa historia sea contada como realmente es, contra la historia que hemos oído durante más de dos mil años.

CAPITULO XVIII

EL PRIMER CRITERIO

CAPITULO XVIII

EL PRIMER CRITERIO

No aceptes ninguna declaración de las escrituras, de la iglesia o de una persona (incluyendo al orador) como cierta hasta que hayas encontrado a Dios o una vivencia verdadera en lo que dicen. Lo que yo les cuento lo sé por experiencia, pero les pido que no acepten mis palabras sin cuestionarlas en su interior. Es absurdo aceptar algo simplemente porque la iglesia lo dijo, o lo leíste en la Biblia o lo escuchaste de Neville. Deberías perseguir la reflexión incesantemente cuestionándola por ti mismo.

¿Por qué insisto en esto? Porque en medio del mundo espiritual hay muchos de Babel, donde no hay dos que hablen con la misma lengua. Uno puede decirte que renuncies a la carne, mientras que otro te dirá algo totalmente diferente. Esto se nos dice en el capítulo 11 del Libro del Génesis. No estoy hablando de múltiples lenguas como los muchos idiomas que tenemos hoy. Podemos superar estos con un intérprete; pero si alguien te dice: "Este es el camino", y otro dice: "No. Este es el camino", y no están de acuerdo – estás en Babel, una ciudad de confusión en el camino del espíritu.

Así que esta noche quiero hablarte acerca del primer principio, al que siempre puedes recurrir en caso de duda. Este primer principio es: "Quédate quieto y reconoce que *Yo Soy* Dios". Sin importar lo que suceda vuélvete hacia tu interior y quédate quieto. Reconoce que tu conciencia es Dios y que todas las cosas son posibles para ti. Ponte a prueba y comprobarás esta declaración en el ensayo; entonces serás libre de tus antiguas limitaciones de creencia.

No importa lo que esté sucediendo en el exterior, vuélvete hacia el primer principio. Empieza por aquietarte, y luego declara: *"Yo Soy* Dios". Pregúntate: "¿Es esto cierto?" Nunca conocerás la verdad hasta que la compruebes.

Veamos ahora algunas declaraciones del *"Yo Soy"* de las escrituras. *Yo Soy* la resurrección. *Yo Soy* la vida. *Yo Soy* el camino. *Yo Soy* la verdad. ¿Son estas declaraciones realmente ciertas? Sí, me he aquietado y sé que cada declaración es cierta por experiencia. Siendo humano quería cosas en el mundo del César (el mundo físico), como sin duda tú también las quieres.

Yo quería hacer un viaje que no podía permitirme, sin embargo viajé más de 5.000 millas por aquietarme y decirme a mí mismo: "Mi conciencia es Dios y todas las cosas son posibles para Él. Por lo tanto lo que estoy imaginando sucederá." Luego empecé a imaginar que estaba en un barco navegando hacia Barbados. Me mantuve fiel a ese acto, cuando de pronto –después de doce años– recibí una carta de mi familia diciendo que se harían cargo de todos mis gastos si iba a casa por Navidad. Por lo tanto lo comprobé. Luego lo puse a prueba una y otra vez, y cuanto más lo intentaba más me daba cuenta de que la declaración del Salmo 46 era verdadera: que Dios es realmente mi propia maravillosa conciencia, porque aprendí a estar quieto y saber que *Yo Soy* Dios.

No podía comprobar las otras fantásticas declaraciones del *"Yo Soy"* tomando la misma acción. Tuve que esperar, y entonces un día comprobé que *Yo Soy* la vida. Esa noche me moví en espíritu a un ambiente donde sabía intuitivamente que, aunque lo que estaba viendo parecía ser independiente de mi percepción, si detenía esa sensación dentro de mí todo iba a aquietarse. Lo hice y descubrí que no sólo lo animado sino los llamados objetos inanimados se quedaron quietos. La caída de las hojas de los árboles se detuvo en pleno vuelo. Las briznas de hierba dejaron de moverse. Los pájaros que volaban, los comensales y la camarera – todos fueron congelados mientras detenía la sensación dentro de mí.

EL PRIMER CRITERIO

Entonces comprendí la verdad de la declaración: "*Yo Soy* la vida".

Después de probarme a mí mismo que soy la vida de un estado, me cuestioné la declaración: "*Yo Soy* la resurrección". Entonces llegó el día en que me sentí resucitar en la tumba de mi propio cráneo. Comprobé que soy el Padre cuando mi hijo llegó en el Espíritu y me llamó "Padre". Descubrí que yo soy el que fue sacrificado, porque –sabiendo que soy el Padre– mi cuerpo espiritual se dividió de arriba a abajo. Luego descubrí que yo era aquel sobre el cual el Espíritu Santo descendió en forma corporal como una paloma. Ahora sé que estas cosas son verdaderas por experiencia, por eso hablo con autoridad.

Pero les digo a todos: tanto si lo escuchan de mí como de una iglesia o de la Biblia – cuestionen a ustedes mismos incesantemente hasta que hayan encontrado la vivencia verdadera en lo que se dijo. Acepta las palabras pero luego vuelve al primer principio y hazle estas eternas preguntas a la única que puede responderlas: tu propia maravillosa "*Yo Soy*".

Relájate. Aquiétate y pregúntate, diciendo: "¿Eres realmente Dios?" Dirígete a ti mismo como si fueras dos [seres]. "Si eres Dios y puedes hacer todas las cosas, demuéstramelo dándome mi deseo para que pueda sentir su presencia ahora." Mira si se demostrará a sí mismo en la ejecución y cuando lo haga, hazlo otra vez. Sigue preguntando y cuando se pruebe a sí mismo en este nivel, entonces deja que estas cosas que no se pueden poner a prueba vengan completamente, porque vendrán.

Ahora, la Biblia nos dice que Cristo está en nosotros y que nosotros estamos en Cristo. En la superficie parece que significan lo mismo, pero hay toda la diferencia del mundo. Cristo en nosotros es nuestra esperanza de gloria. Eso es una asunción universal, porque Cristo ha asumido el cuerpo de cada niño nacido de una mujer. Pero cuando tú estás en Cristo eres una nueva criatura.

Cristo en ti no te hace nuevo. Cristo en ti es tu vida, porque en él está la vida y su vida es tu conciencia de fe. Pero cuando tú estás en Cristo eres llamado e incorporado al cuerpo del Señor Resucitado. Porque Cristo está en ti eres un hijo de Dios, pero cuando eres elegido – llamado a la presencia del Señor Resucitado e incorporado a su cuerpo – tú estás en Cristo. Hay toda la diferencia del mundo, pues a partir de entonces las escrituras comienzan a cumplirse dentro de ti.

Si te cuestionas todo lo que escuches de cualquier púlpito, del orador o de la Biblia, encontrarás a Dios o la vivencia verdadera de lo que has oído o leído. Espero que confíes en mí, pero a pesar de que lo hagas cuestiónate todo lo que te diga. No me cuestiones a mí o a algún sacerdote o rabino, sino que vuélvete al primer principio. Quédate quieto y dite a ti mismo: "Soy Dios. He escuchado esta declaración esta noche – ¿es cierta?"

Te digo: aunque sea difícil de creer vivimos en un fabuloso mundo de sombras. El pasado jueves por la mañana, mientras regresaba a la superficie, vi en detalle el final de la carrera de la Triple Corona en Belmont. Ahora, esto fue el jueves y la carrera no iba a realizarse hasta el sábado, pero vi el final tan claramente que si tuviera un millón de dólares no hubiera dudado en apostarlo todo en el que yo sabía que era el ganador. De hecho, yo sabía que la carrera no podía cambiarse. Estaba fijada y finalizada. Entonces me pregunté: "¿Qué es este mundo? ¿No es una escuela de educación de sombras?"

El hombre piensa que de alguna extraña manera va a mejorar este mundo, pero es un aula y seguirá siendo sólo eso. El reino de los cielos no está interesado en mejorar este mundo, sólo está interesado en sacar a las personas del mundo llevándolas hacia él mismo — el cual es un mundo enteramente diferente. Pero podemos cambiar los eventos en esta aula a través del acto de revisión.

No tenía intención de revisar esa carrera. Podría haberlo hecho, y esa que estaba completamente finalizada, en detalle, habría sido cambiada. En las escrituras la palabra es "arrepentimiento", que significa "un cambio radical en el pensamiento". Mañana por la mañana, mientras llegas a la mente superficial, observa y graba lo que estés viendo, porque estarás observando lo que tendrá lugar mañana o la próxima semana en este mundo de sombras. Y si no te gusta lo que ves, cámbialo. No hagas como haces normalmente, que saltas de la cama, te lavas la cara y una vez más te encuentras atrapado en este mundo de sombras; tómate un momento y observa tu futuro.

Te insto a cuestionarte incesantemente todo lo que te cuento, todo lo que leas en la Biblia y todo lo que escuches de algún púlpito. Sigue cuestionando y cuestionando hasta que encuentres a Dios o la experiencia viva en lo que se dijo. Estoy contándote lo que sé por experiencia. Es cierto. Un día descubrirás que eres la vida del mundo, que todo lo que consideras como permanente e independiente de tu percepción está dentro de ti. Conocerás que el mundo refleja tus pensamientos.

Es una sombra y tú eres su vida. Te darás cuenta de que su actividad no está ahí fuera, sino en ti; y la detendrás y la empezarás de nuevo, todo dentro de ti. Así que cuando leas: "En él estaba la vida, y su vida era la luz de los hombres", sabrás la verdad. Dios está en ti, pero no le conoces. Pero cuando empiece a despertar en ti, como tú, dirás: *"Yo Soy* el camino, la verdad y la vida, y fuera de mí no hay otro".

Luego llega el momento en que conoces la verdad de la declaración registrada en el capítulo 11 del Libro de

Juan como: *"Yo Soy* la resurrección y la vida; el que cree en mí, aunque muera, vivirá, y todo aquel que vive y cree en mí nunca morirá".

Sabiendo que eres la vida, resucitarás de entre los muertos para no morir más. Todavía no sabrás que eres aquel del que los ángeles hablaban, cuando le dijeron a los pastores que encontrarían a un niño envuelto en pañales, hasta que sostengas esa señal en tus brazos. El Hijo de Dios, David, te llamará Padre, y tu cuerpo espiritual será dividido en dos, de arriba a abajo. Entonces sabrás que eres el sacrificado. Y finalmente descubrirás que eres aquel sobre el cual el Espíritu Santo descendió en la forma corporal de una paloma; entonces también habrás encontrado la verdad.

Sé que las escrituras son ciertas porque las cuestioné. Empecé a cuestionarme la ley porque estaba interesado en cosas. Sin tener dinero quería un viaje y lo conseguí. Entonces empecé a decirles a los demás cómo quería verlos tomar el mismo principio y probarlo. Y mientras lo probaban se lo contaban a otros. Te invito a comprobar la verdad en este nivel y a tener fe en que la verdad es igualmente cierta en el nivel más alto de tu ser. Continúa probando la ley para las cosas en este mundo y acepta las promesas de Dios en la fe, basándote en lo que has comprobado con la ley.

¿Sabes lo que quieres? Te indicaré una forma sencilla de conseguirlo. Simplemente captura la sensación de que lo tienes y mantén ese sentimiento. Persiste en el reconocimiento de la alegría del cumplimiento. En tu imaginación cuéntales a tus amigos tus buenas noticias. Escucha sus felicitaciones, y luego déjale al que oyó a tus amigos y sintió tu alegría por el cumplimiento, traerlo a tu mundo, porque el que puede hacer todas estas cosas está dentro de ti como tu propia maravillosa *Yo Soy*, tu imaginación, tu conciencia. Eso es Dios.

Pon a prueba a Dios porque él no te fallará. Entonces, cuando se demuestre a sí mismo en la ejecución, cuéntale a un amigo, y continúa contándoles a otros mientras ejercitas esta ley. Y camina sabiendo que todas las demás declaraciones del *Yo Soy* son tuyas. Pon a prueba esto en el mundo de las sombras y comprobarás lo otro en el mundo de la realidad.

Tu *Yo Soy* es la eterna verdadera realidad. Al vivir en un mundo de sombras mientras declaras tu *"Yo Soy"* estás declarando la eterna verdad. Cuando dices: *"Yo Soy* la resurrección"*, esa es la eterna verdad. *"Yo Soy* la vida"* es la eterna verdad, así como *"Yo Soy* el camino"*; todas estas firmes certezas precedidas por el *"Yo Soy"* son verdades eternas.

Así pues, no escuches a nadie que te grite desde su torre de Babel y te sugiera de otra manera, porque no hay otra manera. No tienes que renunciar a la carne o comer sólo pescado los viernes con el fin de entrar en el camino, pues el camino hacia la causa de toda la vida está dentro de ti. Cree en tu *"Yo Soy"* porque no hay otro Dios. En el Libro Primero de Timoteo, se nos dice que es el deseo de Dios que todo hombre sea salvado. Si es el deseo de Dios y Dios está en cada hombre, entonces Dios se salva a sí mismo. Sé que esto es cierto porque me he demostrado a mí mismo que soy Dios. Sé que soy la vida, la resurrección y Dios el Padre, sin embargo no difiero en nada de cualquier otro [individuo]. He compartido mis experiencias contigo con la esperanza de que pondrás a prueba mis palabras y las confirmarás en los ensayos. Cuestiónate incesantemente. No vayas y le preguntes a un sacerdote si estoy contando la verdad, porque él es Babel gritando su creencia, lo mismo que el rabino. No vayas a otro; vuélvete a tu interior y aplica el primer principio aquietándote y afirmando: "*Yo Soy* Dios".

El Salmo 46 es un salmo realmente hermoso. He leído que algunas personas bromean afirmando que Shakespeare lo escribió, incorporándose él mismo al capítulo introduciendo la vigésimo sexta palabra "shake" (batir) y la cuadragésimo sexta palabra del final "spear" (lanza, pica). Otros dicen que era la canción de Rufus. Rufus en el siglo 16 declaró que este salmo inspiró su majestuoso himno, que es capaz de mover a todo el que lo oye, pero ciertamente él no se atribuyó la autoría del salmo. Se trata del "Salmo de los Hijos de Coré". ¿Quién sabe quiénes son los Hijos de Coré? Yo no lo sé. La palabra "Coré" significa "cabeza rapada". Pero tú y yo sabemos que es un salmo fantástico, y en el décimo verso dice: "Quédate quieto y reconoce que *Yo Soy* Dios".

Esta noche cuando te vayas a la cama di: "*Yo Soy*". Añade cualquier condición que quieras a ese *Yo Soy* y créelo. Háblale a tu imaginación como si le estuvieras hablando al Dios que creó el universo y lo sostiene, pues lo eres. Cuando imagines algo pregúntate quién lo está imagi nando, y dirás: *"Yo Soy"*. Ese es el nombre de Dios eternamente.

Imagina y quédate dormido imaginando. Cree que todas las cosas son posibles para tu propia maravillosa humana *"Yo Soy"*. ¡Pruébate a ti mismo! No necesitas arrodillarte y rezarle a nadie en el exterior. No hay necesidad de santiguarse (hacer la señal de la cruz) ante ningún icono, porque el Señor es tu imaginación humana, tu conciencia, tu propia maravillosa *"Yo Soy"*.

Nada puede dejar de ser, pues Dios –el que está en ti como tu conciencia– lo creó en el amor. En la actualidad Cristo está en ti haciéndote un hijo de Dios. Pero un día las escrituras se desarrollarán dentro de ti y estarás en Cristo, sabiendo tú mismo que eres Dios el Padre.

No tomes nada como si fuera una verdad absoluta e incuestionable. Yo he comprobado que la Biblia es verdadera, pero compruébala por ti mismo. Pregúntate lo que quieren decir las declaraciones: *Yo Soy* la resurrección. *Yo Soy* la vida. *Yo Soy* la verdad. *Yo Soy* el camino. Cuestiónate a ti mismo y descubrirás las respuestas revelándose dentro de ti.

En el capítulo 25 de Mateo se cuenta la historia de las diez vírgenes. A cinco, que no tienen aceite, se les dice que no hay de sobra, así que deben ir por su cuenta. Pregúntate por qué no les dieron a las que no tenían nada y se te revelará que, antes de la llegada del novio (que es el Señor), tú pensabas que había un límite en lo que podías dar; pero cuando te unes con el verdadero novio –que es todo amor– no conoces limitaciones, pues todo es posible para ti.

En su Libro, Marcos habla de la generación adúltera. ¿Sabes lo que es un adúltero? Alguien que se desvía lejos de la verdad, porque cuando te apartas de la verdad te apartas del Señor. Cualquiera que haya escuchado la verdad y todavía busque una causa externa, en lugar de a sus pensamientos más íntimos, ha cometido adulterio. Se ha alejado de su esposa, cuyo nombre es *"Yo Soy"*. Es tan simple como eso.

Si viste la carrera de ayer por la noche, habrás oído que todos estos hombres entendidos hablaron de lo que debería haber pasado, sin embargo la carrera fue perfecta. Ni una sola persona en ese campo podría haber hecho otra cosa que lo que hizo. Yo podría habérselos dicho, ¿pero quién escucha a alguien que ni siquiera sabe montar a caballo, y mucho menos entrenar uno? Habiendo visto la carrera antes de su ejecución, no podía emocionarme cuando la vi por televisión, pues sabía exactamente quién iba a ganar. Entonces me di cuenta de que si todo el mundo conociese el final no habría emoción.

Vivimos en un mundo maravilloso pensando que vamos a cambiar las cosas, pero nada se cambia en el exterior. Sólo se puede cambiar desde dentro. Yo no deseaba cambiar la carrera, así que la vi del mismo modo que tendría que suceder a menos que alguien que conociera la ley la hubiera cambiado desde dentro.

Te pido que apliques la ley y cambies los finales aparentemente inevitables – desde dentro. Te estoy contando la verdad basándome en mis propias experiencias. Tu *"Yo Soy"* es Dios, quien es la resurrección en ti. Él es la vida de tu cuerpo físico, la vida del pájaro en el aire y la de la hoja en el árbol. Un día sentirás una vibración dentro de ti y sabrás que si la detienes todas las cosas que percibes morirán, sin embargo no desaparecen. No se desintegrarán, pero se mantendrán congeladas en el tiempo y el espacio para siempre, porque no tienen vida. Tú –la vida misma– las animas. Luego liberarás esa vibración y todo se volverá animado una vez más.

En el capítulo 4 del Libro de Lucas leemos la declaración hecha en el capítulo 61 de Isaías: "El Espíritu del Señor está sobre mí". Yo sé que esta declaración es cierta, pero te pido que no aceptes mis experiencias, sino que te las cuestiones cuestionando al único ser que puede darte todas las respuestas. Lo hará, cuando se sienta a sí mismo en ti.

Entonces se te revelará a ti en la primera persona del singular en una experiencia de tiempo presente.

Todo el mundo va a tener estas experiencias, pero cuándo yo no lo sé. No dejes que nadie te diga cuantos días, meses, años o vidas te quedan por venir. ¡Desafíalo ahora! Yo he experimentado las escrituras. Toma mis palabras y pídete a ti mismo comprobártelas ahora. Entonces deja que él se revele dentro de ti, y cuando lo haga, este mundo perderá su valor para ti. Te preguntarás de qué trata toda esta lucha. ¿Por qué alguien debe pelear contra sombras? No critiques a nadie. Si los que tienen un billón quieren dos –de modo que puedan ser los tontos más ricos del cementerio– ora por ellos pidiéndole al único ser que puede concederte tu oración, y ese ser es tu propia maravillosa imaginación humana.

No luches haciéndolo. Pregúntate quién está oyendo las buenas noticias que acabas de escuchar y responderás: *"Yo Soy"* el que las oye. Y ese es Dios. Ese es el ser que escuchó la petición. Ahora concédela y deja que suceda.

Dios la oyó cuando tú la oíste porque Dios es tu propia maravillosa *"Yo Soy"*, y recuerda: todo lo que pidas en el nombre de tu Padre él te lo concederá y el nombre de tu Padre es *Yo Soy*.

CAPITULO XIX

EL PODER LLAMADO "LA LEY"

CAPITULO XIX

EL PODER LLAMADO "LA LEY"

Cualquier presentación de una doctrina debe demostrar que tiene una referencia específica hacia la vida ahora, así como en lo sucesivo, porque el hombre secularizado (no religioso) está mucho más interesado en el presente que en el futuro. Por lo tanto, si quisieras interesar a alguien en la verdad, primero debes apelar al poder que ellos pueden experimentar aquí y ahora; pues la promesa es tan fantástica que si ellos la escucharan primero podrían rechazarla con disgusto. Muéstrales lo que pueden hacer aquí mismo y ahora. Capta su interés en el poder llamado "La Ley", y entonces quizás desearán conocer la promesa.

Déjame compartir contigo ahora un par de historias que un caballero compartió conmigo esta semana. Él dijo: "Hace como diez días mi esposa me habló de una niña pequeña de tan sólo catorce meses de edad que había desarrollado tumores en el cuello en el que, cuando el médico extirpó y examinó un bulto, habían signos de cáncer. Tres especialistas fueron traídos y cada uno por separado había declarado que la niña tenía cáncer. Sólo un médico, observando los resultados, cuestionó el veredicto. Pero mantuvieron a la niña en el hospital para examinarla más detenidamente. Mientras escuchaba su historia modifiqué la voz de mi esposa hasta el punto que ni siquiera podía oír lo que ella estaba diciendo, pero oyendo su voz, reconstruí la historia y escuché su revisión en el ojo de mi mente. Esa noche mientras me quedaba dormido escuché de nuevo y oí [en mi imaginación] a mi esposa contándome la historia revisada. A los pocos días los médicos hicieron otro examen de otro bulto y la votación fue unánime, la niña no tenía cáncer. Y puesto que no le realizaron ningún tratamiento de recuperación en el hospital, determinaron que ella nunca tuvo cáncer, ya que sin tratamiento la niña no hubiera podido superar la enfermedad. Cuando mi esposa escuchó el nuevo veredicto le contó a la abuela y a la madre lo que yo había hecho, pero ellas no podían creer que un acto imaginario tuviera algún poder de causalidad."

Para el mundo es el colmo de la locura creer que la imaginación crea la realidad, sin embargo, todo místico sabe que cada efecto natural tiene una causa espiritual.

Una causa natural es sólo aparente. Es una ilusión de este mundo, pues la memoria del hombre es tan pobre que no puede relacionar lo que está teniendo lugar ahora con un acto imaginario anterior. Siempre buscando la causalidad física, el hombre no puede creer que imaginó algo que pudo haber producido semejante efecto físico; sin embargo, te digo: mientras te sientas a solas e imaginas, estás poniendo una causa en movimiento, y cuando veas sus efectos puedes negar el estado imaginario, pero tú "ahora" está vivo y es real para ti a causa de un acto imaginario de tu parte y por ninguna otra razón. Tu imaginación pone todo en movimiento, pero tu memoria es deficiente; por eso puedes considerar tonto a alguien que afirma que la vida está causada por la imaginación – pero Blake te llamaría idiota razonador, no hombre de imaginación. Pues bien, mi amigo continuó diciendo: "La otra noche conduciendo para casa desde el trabajo estuve pensando que podría utilizar un poco más de dinero, ya que el Tío Sam [el gobierno de los EEUU] estaría haciendo demandas [o cobrando impuestos] sobre mis ingresos. Entonces empecé a imaginar dinero hermoso, verde y crujiente lloviendo sobre mí. Por cerca de un minuto me perdí en una pequeña lluvia de dinero verde. Después el tráfico exigió mi atención y asumí mi estado normal de alerta y olvidé por completo mi acto imaginario hasta la mañana del quince de abril. En esa fecha mi jefe entró en la oficina y dijo: 'Usted recibirá un aumento de diez por ciento de sueldo retroactivo a partir del primero de abril,' y me entregó un cheque."

EL PODER LLAMADO "LA LEY"

Ahora, permíteme advertirte esta noche, espera hasta llegar a casa para probarlo. ¡Es mucho mejor imaginar el dinero crujiente cayendo en tu cama que en la autopista! Pero hazlo, pues te digo que todo es un acto imaginario. No hay tal cosa como la causalidad física. Es todo imaginario, pero el mundo no lo aceptará. Se ríen del hombre de la imaginación pero no pueden refutarlo. Un hombre puede físicamente golpear a otro. Esa fue la causa física mientras que el golpe que recibió fue el efecto; por lo tanto todo el suceso pareció estar construido físicamente, pero te pregunto: ¿qué precedió el impulso de golpear? Ese impulso fue la causa invisible, que fue un acto imaginario. El mundo es traído a la existencia por medio de la imaginación y es sostenido por la imaginación, y cuando la imaginación ya no lo sostiene, se disuelve y no deja ningún rastro. Uno debe abordar el Evangelio en este nivel primero. Si el interés de alguien se despierta en este nivel y la persona comprueba que es verdad en el ensayo, entonces puede que se interese en oír acerca de la promesa.

Ahora vuelvo al tema de la niña. Según los juicios de los estándares humanos la ropa (el cuerpo físico) que ella se pone tiene tan sólo catorce meses, pero la portadora de esa ropa es tan antigua como Dios mismo, y Dios no tiene principio ni final. Él nos eligió en su interior, no cuando salimos del vientre de nuestra madre, sino antes de la fundación del mundo. Antes de la creación física tú y yo fuimos escogidos en su interior para un propósito, pues sin propósito ¿qué tendría importancia si la muerte fuese el fin? Muchos tiranos creen eso [que la muerte es el fin], y con ese tipo de pensamientos no los puedes culpar por ser tiranos. Si tú creyeras que con la muerte se acababa todo sin duda harías lo mismo que ellos. Estarías de acuerdo con Macbeth cuando Shakespeare le hizo decir: "Es un cuento contado por un idiota, lleno de ruido y furia que no significan nada".

Eso es lo que el mundo tendría que ser si no hubiera ninguna promesa, ningún propósito o significado detrás de él. Pero si captas el interés de ellos por la ley lo suficiente como para que la prueben y ésta se demuestre en la práctica, entonces puedes contarles la más grande historia del mundo con la esperanza de que la creerán o empezarán a creerla.

Absolutamente nada dicho de Jesús puede probarse en el exterior. Él sólo puede ser conocido por los visionarios. Mientras estoy viviendo en este cuerpo mortal y soy conocido sólo por la máscara que llevo, la increíble historia llamada Cristo Jesús se ha desarrollado en mí. Te he tomado, mi amigo, dentro de mi confianza y he compartido mis experiencias contigo con la esperanza de que me creerás. Me ves estando vivo y bien, sin embargo, yo sé lo que es ser crucificado, sepultado y resucitado. Mientras que en mi cuerpo celestial elegí a uno de entre ustedes para ofrecerle mis ojos inmortales que han sido dirigidos hacia dentro, no hacia afuera, esta confirmación de mis palabras puede provenir de ella. Ella me ha visto clavado en una cruz, que fue quemada en el suelo [y reducida a cenizas,] desprendiendo luz líquida dorada en su base, exactamente como le dije que me sucedió a mí. Nadie puede convencerla de que no tuvo esa experiencia, más de lo que alguien podría convencerme a mí de que no la tuve yo.

Ahora esta dama sabe quién es Jesús. Conociéndome como un hombre con todas las debilidades de la carne y sus limitaciones, ella ha ido más allá de la máscara a través de la visión y ha visto quien es Jesús realmente. Él me ha dado a conocer el misterio de su voluntad conforme a su propósito que estableció en Cristo como un plan para la plenitud de los tiempos, que pueda unir todas las cosas en él – las cosas del cielo y las cosas de la tierra. Jesús es el plan de salvación de Dios que está en ti. Ese plan ha entrado en erupción en mí y he compartido mis experiencias contigo que has venido aquí, y también en mi libro "Resurrección".

Ahora, sólo el visionario, sólo él que tiene los ojos inmortales, conocerá realmente quien es Jesús, porque él es de arriba y no es de este mundo en absoluto. Fue él quien dijo: "Vosotros sois de abajo y yo soy de arriba. Vosotros sois de este mundo y yo no soy de este mundo"; sin embargo, a lo largo de la historia, el hombre ha estado buscando a Jesús en Oriente Próximo. Aquellos que no han tenido las visiones afirman que conocen el lugar donde fue crucificado y enterrado, el camino que anduvo, e incluso afirman tener un pequeño pedazo de madera de la cruz en la que fue clavado. Perpetúan una tradición, invalidando la palabra de Dios como se nos dijo en el capítulo 15 de Mateo. Manteniendo vivas las tradiciones de un Jesús físico, la verdad ha sido anulada, ya que Jesús no es un ser físico sino un patrón enterrado en cada uno. Cuando este patrón hizo erupción en mí, yo estaba tan sorprendido como cualquiera podría estarlo, y aunque aún permanezco en esta pequeña y débil prenda de carne y continúo sufriendo a través de todas las tentaciones del mundo, no puedo negar mis visiones.

Ahora le he dado mis ojos inmortales a alguien que a su vez se los dio a otro, que a su vez se los dará a otro, de modo que todos puedan convertirse en testigos oculares, como habla Lucas en el principio de su historia, diciendo: "Puesto que muchos se han comprometido a compilar un relato de las cosas que se han cumplido entre nosotros, tal y como nos fueron presentadas por aquellos que desde el principio fueron testigos oculares...". Luego él agregó este pensamiento: "...y ministros de la palabra, me ha parecido bueno también a mí, escribir un relato, el muy excelente Teófilo, acerca de las cosas que se han cumplido entre nosotros". Lucas fue capaz de contarle a todos los que aman a Dios (llamados Teófilo) la verdad debido a los testigos oculares. Pero cuando los testigos oculares parten de este mundo los ministros se multiplican. Son hombres sin visión que nunca conocieron al que, mientras caminaba en la carne, dio sus ojos a los que dieron testimonio de su historia.

Habiendo presenciado el drama según se desarrollaba en él, ellos parten de este mundo y dejan solamente a los ministros de la palabra, que construyen organizaciones y hacen un pequeño dios del hombre que, así como todos los demás hombres, experimentó el plan de salvación de Dios en él. No dicen nada de la erupción del patrón, sino sólo del hombre exterior – cuando no hay un Jesús exterior.

Podrías buscar desde ahora hasta el final de los tiempos y nunca encontrar ninguna prueba convincente de la historicidad de un tal llamado Jesús – sin embargo, es real. Él es tu verdadero ser, tu esperanza de gloria. ¿No te das cuenta de que Cristo Jesús está en ti? A menos, claro, que falles en cumplir la prueba. Ponle a prueba en su nivel. Pon a prueba tu poder creativo, llamado la ley. Imita a mi amigo y permite que una lluvia suave de dinero caiga sobre ti. Cree que lo has recibido y lo recibirás. Luego comparte tu conocimiento con otros y muéstrales que las escrituras tienen una referencia específica hacia la vida, ¡ahora! No empieces con el más allá. Puedes hablarles de la promesa más tarde. Y recuerda: nada es imposible para la imaginación y el mundo es creado en la imaginación.

Como un ser racional no eres responsable de hacer que nada suceda. Pero como un hombre de imaginación ¡simplemente lo imaginas sucediendo! Mi amigo no sabe nada sobre el cáncer. Si viera una célula cancerosa bajo un microscopio no la reconocería. No es un doctor y no sabe más sobre el cuerpo humano que yo, pero sabe lo que su esposa le diría si el veredicto fuera revocado y la niña estuviera bien. Cuando su esposa le habló a su amiga del acto imaginario de su marido, la amiga (como el mundo) rechazó la idea, pues no pudo creer que la causa era mental. Para ella todo tiene una causa física y debe ser curada físicamente, sin embargo te digo: la vida misma es un viaje imaginario. Mi amigo escuchó a su esposa hablándole de la niña y entonces, sabiendo lo que quería escuchar, cambió sus palabras en su imaginación. Eso es todo lo que hizo. Y esas palabras no podían regresar a él vacías, sino que tenían que realizar lo que propuso en su interior. No hizo nada en el exterior para hacerlo suceder. Simplemente se mantuvo fiel a su acto imaginario y se cumplió.

Te pido que lo pongas a prueba, y luego vuélvete a tus vecinos y diles: "¿Se os ha ocurrido pensar que vuestro mundo está causado, no por lo obvio, sino por un acto imaginario invisible?" Puedes interesarlos de esta manera y si lo haces, pedirles que lo prueben. Si lo hacen y llega a pasar entonces puedes presentarles la promesa. Puedes decirles como su débil y pequeña vestimenta se transforma mientras ellos se elevan desde la muerte hacia la vida eterna. Te digo: serás un ser completamente transformado con rostro, manos y voz humanos; pero la forma que llevas no puede ser descrita como otra cosa que luz.

Lo único que separa al hombre del resto de la creación es su mano. El mono no tiene una mano [como la del hombre]. No puede dar forma, pero con una mano puedes empezar a construir. La primera palabra en el nombre YOD HEY VAV HEY significa "mano". Es la mano del creador que da forma. Si no pudieses hacer prendas de vestir para tu cuerpo tendrías que ir desnudo, pero con una mano puedes convertirte en la imagen del Padre, que es un ser de fuego al que despertarás y conocerás que eres tú mismo.

La mayoría de la gente a la que le hables no te escuchará. Prefieren seguir siendo el mismo pequeño ser que creen que son y continuar llevando un vestido de carne y huesos que debe ser llevado al baño varias veces al día para realizar sus funciones normales. ¿Puedes imaginar el infierno que experimentarías si la restauración fuese perpetuada para siempre? Pero este no es el cuerpo que llevas puesto cuando sabes que eres Dios. Es completamente diferente. Es un cuerpo celestial, un cuerpo de fuego y aire en el que estás destinado a despertar, pues ese es el único cuerpo que todos estaremos conscientes de ser. Pero mientras estés aquí no olvides la ley. Úsala a cada momento del tiempo. Nada está más allá de tu capacidad para imaginarlo. No es tu responsabilidad hacer que suceda, simplemente imagina que es así y ¡deja que así sea! Así es como el mundo en que vivimos vino a la existencia.

Antes de que me juzgues te pido que pongas a prueba mis palabras. Sería absurdo juzgar algo que no has probado. He conocido a aquellos que dicen que no les gusta algo a pesar de que nunca lo han probado, pero te digo: puedes adquirir gusto por cualquier cosa. Recuerdo la primera vez que comí una ostra. Yo tenía alrededor de once años de edad cuando mi madre y yo visitamos la pequeña isla de St. Croix. En aquellos días no había hoteles, sólo casas de huéspedes y todos nos sentábamos en la misma mesa común. Todo el mundo allí hablaba danés y yo no podía entender ni una sola palabra de lo que estaban diciendo, por lo que miré e hice lo mismo que ellos estaban haciendo. En la bandeja delante de mí había un plato con seis pequeñas cosas colocadas en conchas. Como yo nunca antes había visto nada como eso, miré a la anfitriona. Ella cogió un tenedor pequeño, lo metió en una de esas cosas, y al ponérselo en la boca su cara estalló en una sonrisa maravillosa. Esperando lo mismo, cogí mi tenedor, lo metí en la cosa y me la llevé a mi boca. Bueno, no podía bajar [por la garganta] ni podía escupirla. Paralizado, me di cuenta de que si moría en el intento tenía que tragar esa cosa, y cuando lo hice miré hacia abajo y me puse verde cuando me di cuenta de que tenía cinco más para comer. Pero lo hice, y ahora me encantan las ostras de cualquier forma.

Por eso digo: puedes adquirir gusto por cualquier cosa en este mundo al igual que en el mundo celestial. Comienza con la ley. Aprende cómo funciona, y después de probarla en el ensayo, [de comprobar que funciona en la práctica,] es posible que desees descubrir quién es realmente Jesús. Puedes haber sido enseñado a creer que una mujer llamada María fue fecundada por Dios y dio a

323

luz a un hijo físico que fue llamado Jesús; pero te digo: soy una persona normal, no educado anteriormente, casado, una vez divorciado, con dos hijos – pero he experimentado todo lo dicho de Jesucristo en el evangelio. Y le he dado mis ojos inmortales a una amiga (que se casó dos veces, con hijos de dos hombres diferentes) de modo que ella pudiera verme colgando de una cruz que fue incendiada y reducida hasta fundirse en luz dorada y líquida. Al ver el cuerpo que duerme en la cama situada en una plataforma, y luego en una cruz, ella ha visto el cuerpo que yo llevo por la noche, y ahora sabe quién es realmente Jesús. No, él no es la pequeña prenda de carne que llevas puesta, sino un patrón eterno de redención que duerme en ella. Se despertó en un ropaje que el mundo conoce como Neville. Habiendo despertado, sé que yo soy aquel que se convirtió en la humanidad para que la humanidad pudiera convertirse en Dios.

Dios ahora duerme en ti. Él se despertará y tú experimentarás el drama idéntico, según consta en los evangelios, de una persona llamada Jesucristo, porque no hay otro y nunca habrá otro ser. Aquellos que han sido enriquecidos por la ley que les has enseñado pueden alejarse de ti, porque a las tradiciones les toma bastante tiempo morir, como se nos dijo en el capítulo 15 del Libro de Mateo: "Por motivo de vuestras tradiciones habéis anulado la palabra de Dios". Manteniendo vivas las tradiciones a través del uso externo de todas estas túnicas tontas e insignificantes de color rojo y púrpura, los millones de irreflexivos se consideran a sí mismos bendecidos si, mientras el grandioso pasa por su lado caminando, ellos tocan su ropa, o asisten a un servicio donde él da misa. Pero debido a aquellas creencias tradicionales la palabra de Dios se anula.

Te estoy contando lo que sé por experiencia. Tómame en serio, porque debo partir pronto y aquellos de ustedes que tienen sus ojos internos abiertos verán cómo les he dicho que lo harían. Entonces partirán dejando atrás solamente a los ministros, que convertirán mis experiencias en sus conceptos institucionales y una vez más anularán la palabra de Dios.

Esta noche usa la ley y comprueba su poder al convertirte en el hombre que te imaginas ser. Pero no olvides la promesa, ya que sin la promesa ¿qué importaría si fueras el dueño de la tierra? Recientemente he leído el libro que la hija de Stalin escribió sobre su padre. En él ella cuenta que estuvo presente cuando su padre murió. Dijo que él estaba paralizado de un lado, su cerebro se había ido, y era físicamente ciego; sin embargo vio algo que le hizo levantar su mano buena y moverla, mientras una expresión de odio extremo cubría su cara. Era como si estuviera desafiando al mismo diablo que estaba de pie delante de él. Podría haber visto una imagen compuesta de las veinte millones de vidas que destruyó, personificadas como un solo hombre, causando que su pequeña mano se levantase en desafío mientras se marchaba. No creía en la vida después de la muerte. No creía que podía ser restaurado a la vida, por lo tanto se sentía libre para hacer todo y cualquier cosa que quisiese hacer. De pie en el balcón viendo a miles de personas animándolo, [seguramente] diría: "¡Locos!" Los veía como la paja de la vida, pero a día de hoy estas personas triviales engrandecen a Stalin como si se tratase de una figura importante de la historia. Pero, él tiene que enfrentarse consigo mismo ahora. Ya no más interpretando el papel de Stalin, el mismo ser es ahora un hombre joven, saludable y fuerte, continuando su vida, haciendo algo que es coherente con su vida para llevar a cabo ese plan de salvación llamado Jesús, que – oculto en él – negó mientras estaba aquí.

Te pido que uses este poder llamado la ley. Simplemente determina qué es lo que quieres e imagina una escena que implique que lo has realizado. Entra en el espíritu de la escena. Participa en ella dándole viveza sensorial. Luego relájate mientras sientes su realidad. No consideres los medios. Sé consciente de que tu deseo es ya un hecho cumplido y que lo estás disfrutando ahora. Entonces ten fe, porque la fe es lealtad a tu realidad invisible. Tu acto imaginario, aunque invisible, es una realidad porque Dios lo hizo. Si te preguntara quién lo está imaginando, responderías: *"Yo Soy"* y ese es el nombre de Dios por siempre y para siempre.

Aprende a vivir en tu imaginación mañana, tarde y noche. Este caballero cuyas experiencias he compartido contigo esta noche me dijo que cuando me escuchó por primera vez pensó que yo estaba loco; pero él lo puso a prueba, y aunque no tenía sentido le funcionó. Sé que la ley y la promesa no tienen sentido desde un punto de vista mundano, sin embargo te digo: hay un plan de redención enterrado en ti que entrará en erupción en la plenitud de los tiempos y experimentarás todo aquello dicho en las escrituras de un hombre llamado Jesús. Entonces sabrás que él nunca fue un ser físico, sino el nombre de un plan. Jesús es Jehová, que es tu propio maravilloso *Yo Soy*.

La raíz de la palabra griega traducida como "reunir" en la expresión usada en el primer capítulo de Efesios es "cabeza". Ahí es donde todos nos reuniremos juntos, porque ahí es donde fuimos todos crucificados y enterrados. Y es desde la cabeza que resucitamos. Al regresar de este mundo externo, nos reunimos todos juntos en el único estado que está en la cabeza. James Dean dijo una vez: "El creador de esta infinita unidad se parece a un cerebro infinito y nosotros a nada más que las células cerebrales en la mente del soñador". ¡Y ahora las células cerebrales se expanden dentro de este cerebro único!

EL PODER LLAMADO "LA LEY"

CAPITULO XX

CREE EN TI

CAPITULO XX

CREE EN TI

La realidad objetiva de este mundo es producida solamente por la imaginación humana, en la que todas las cosas existen. Esta noche espero enseñarte a cómo apropiarte subjetivamente de eso que ya existe en ti, y convertirlo en un hecho objetivo. Tu vida no es más que la representación externa de tu actividad imaginaria, pues tu imaginación se cumple en lo que tu vida llega a ser.

El último año que Robert Frost estuvo con nosotros, fue entrevistado por la revista LIFE y dijo: "Nuestros padres fundadores no creyeron en el futuro, lo creyeron en su interior". Esto es verdad. Habiendo roto con Inglaterra, nuestros padres fundadores podrían haber establecido su propia realeza aquí haciendo rey a uno de ellos, perpetuando de este modo una familia real. Podrían haber elegido una forma de dictadura, pero se pusieron de acuerdo en imaginar una forma de gobierno que no había sido probada desde la época de los griegos. La democracia es la forma de gobierno más difícil del mundo, sin embargo nuestros padres fundadores acordaron creerla en su interior. Sabían que podría tener lugar, porque conocían el poder de la creencia – el poder que espero enseñarte que eres, esta noche.

Decir: "Voy a ser rico", no va a hacer que suceda; debes creer en la riqueza afirmando en tu interior: "*Yo Soy* rico". Debes creer en el tiempo presente, porque el poder activo creativo que eres, es Dios. Él es tu conciencia, y Dios solamente actúa y es. Su nombre por siempre y para siempre es "*Yo Soy*", por lo tanto, él no puede decir: "Yo seré rico" o "Yo era rico" sino "¡*Yo Soy* rico!". Afirma lo que quieres ser consciente del aquí y ahora, y – aunque tu mente racional y tus sentidos lo nieguen – si lo asumes con sentimiento, tu actividad interna, establecida y perpetuada, se objetivará en el mundo exterior – que no es más que tu actividad imaginaria objetivada. Intentar cambiar las circunstancias de tu vida antes de que cambies su actividad imaginaria, es esforzarse en vano. Esto lo sé por experiencia. Yo tenía un amigo que odiaba a Roosevelt y él quería cambiarle. Cada mañana mientras se afeitaba, mi amigo regañaba a Roosevelt. Encontraba una gran alegría y satisfacción en esta rutina diaria, pero a pesar de todo no podía entender por qué Roosevelt permanecía igual. Pero te digo, si quieres que alguien cambie, debes cambiar tu actividad imaginaria, porque es la única y sola causa de tu vida. Y puedes creer cualquier cosa dentro de ti si no aceptas los hechos que te dictan tus sentidos; pues nada es imposible de imaginar, y la imaginación – persistida en tu interior y creída – creará su propia realidad.

Ahora, todas las cosas existen en Dios, y él existe en ti y tú existes en él. Tu cuerpo eterno es la imaginación humana, y eso es Dios mismo. Tu imaginación es, en efecto, un cuerpo en el que todas las cosas están contenidas. Cuando imaginas, la cosa misma sale de ese cuerpo divino, Jehová. La historia de Jesús es un maravilloso misterio que no puede ser resuelto hasta que descubras, desde la experiencia, que él es tu propia maravillosa imaginación humana.

Se nos dijo que Dios habla al hombre en un sueño y se revela a sí mismo en una visión. Ahora, la visión es un sueño despierto como esta habitación, mientras que un sueño ocurre cuando no estás completamente despierto. Hace unos años esta visión fue mía: Fui llevado en espíritu a una de las primeras mansiones en la 5ta Avenida de Nueva York a comienzos de siglo. Cuando entré, vi que tres generaciones estaban presentes y escuché al hombre mayor hablándoles del secreto de su abuelo a los demás. Estas son sus palabras: "El abuelo solía decir, mientras estaba de pie en un solar vacío: 'Recuerdo cuando esto era un solar vacío.' Y entonces describiría una representación verbal de lo que él quería construir allí. Lo veía vívidamente en el ojo de su mente mientras hablaba, y con el tiempo se estableció. Fue por la vida de esa manera, realizando objetivamente lo que primero había afirmado subjetivamente."

Te digo: todo en tu mundo externo fue primero apropiado subjetivamente, no me importa lo que sea. El deseo puede ser tu solar vacío en el que puedes hallarte, recordando cuando lo que ahora tienes era sólo un deseo. Si ahora digo: "Recuerdo cuando di una conferencia en el Woman's Club de Los Ángeles" estoy dando a entender que yo ya no estoy allí y que estoy donde quiero estar. Recordando cuando eras pobre, te he sacado de la pobreza y te he puesto en la comodidad. Puedo recordar cuando estabas enfermo, al sacarte de la enfermedad y colocarte en el estado de salud. Si recuerdo cuando eras desconocido, eso implica que ahora eres conocido. Cambiando mi recuerdo de la imagen de ti, puedo ahora recordar cuando tú, con toda tu fama y fortuna, eras desconocido y no tenías dinero. Ese era el secreto del éxito del abuelo.

Esto es lo que aprendí en la visión. No dejes de lado este pensamiento pues me vino en una visión. En el 12º capítulo del Libro de los Números se dice que Dios habla al hombre por medio de los sueños y se da a conocer a través de la visión. Si Dios se te da a conocer a través de la visión y te habla en el sueño, ¿qué es más importante que recordar tus sueños y visiones? No puedes comparar el diario de la mañana o cualquier libro que puedas leer, con tu visión de la noche, pues esa es una instrucción de la profundidad de ti mismo.

Dios en ti te habla en un sueño, como lo hizo conmigo cuando me llevó en un viaje en el tiempo a esa mansión hermosamente personalizada en el cambio de siglo. Como espíritu, era invisible a los presentes, pero oía más claramente que ellos, y comprendía las palabras más gráficamente que ellos, porque tenían sus millones; ¿y quién le va a decir a alguien que ya tiene millones cómo obtenerlos? Me introduje en su entorno para conocer su historia, con el fin de compartirla con los que querrán oír y creer mis palabras y luego probarlas.

Esto no quiere decir que, sólo porque has escuchado mi visión vas a disfrutar de la riqueza; debes aplicar lo que has escuchado y recordar cuándo. Si dijeras: "Recuerdo cuando no podía permitirme el lujo de gastar 400 dólares al mes para el alquiler", estás dando a entender que bien puedes permitírtelo ahora. Las palabras: "Recuerdo cuando era un esfuerzo vivir con mi sueldo mensual", implica que has trascendido esa limitación. Puedes colocarte en cualquier estado recordando cuándo. Puedes recordar cuando tu amiga expresó su deseo de casarse. Recordando cuando estaba soltera, te estás persuadiendo de que tu amiga ya no está en ese estado, ya que la has movido de un estado a otro.

Cuando digo que todas las cosas existen en la imaginación humana, me refiero a infinitos estados de conciencia; pues todo lo que sería posible de experimentar por ti ahora, existe en ti como un estado del que tú eres su poder operante. Sólo tú puedes hacer que un estado cobre vida. Tienes que entrar en un estado y animarlo a fin de que se plasme (manifieste) en tu mundo. Puedes luego volver a dormirte y creer que el hecho objetivo es más real que su estado subjetivo al cual has entrado; pero te puedo decir: todos los estados existen en la imaginación. Cuando un estado es penetrado subjetivamente, se vuelve objetivo en tu mundo vegetativo, donde tendrá muchos altibajos y desaparecerá; pero su forma eterna permanecerá para siempre, y puede ser reanimado y traído de vuelta a la existencia a través de la semilla del pensamiento contemplativo. Así que te digo: la cosa más creativa en ti es entrar en un estado y creerlo existente.

Ahora, la causalidad es el ensamblaje de estados mentales, que al suceder crea aquello que el ensamblaje implica. Digamos que tengo dos amigos que sentirían empatía conmigo (no confundir con simpatizar) si escucharan mis buenas noticias. Los pongo juntos y escucho (todo en mi imaginación) como hablan de mí y de lo que ha sucedido en mi vida. Siendo verdaderos amigos, escucho sus palabras de alegría y veo su felicidad reflejada en sus caras. Luego me permito hacerme visible a ellos y sentir su apretón de manos y su abrazo mientras acepto sus felicitaciones como un hecho. Ahora he ensamblado un estado mental, que al ocurrir, creó aquello que el ensamblaje implicaba; por lo tanto soy su causa. Mientras camino, creyendo firmemente en la realidad de lo que he hecho, y que ese acto imaginario se convierte en un hecho, puedo cuestionarme sobre la forma en que ocurrió. Entonces, recordando mi acto imaginario diría: "Lo hice". Si lo hice, entonces ¿no lo hizo Dios? Sí, porque Dios y yo somos el único *"Yo Soy"*.

¿Vas a seguir creyendo que hay otro en el exterior? ¿O vas a creer la gran confesión de fe, que te insto a aceptar? Es el gran Shemá: "Escucha, oh Israel, el Señor nuestro Dios, el Señor es Uno". Si el Señor es uno no puede ser dos; por lo tanto, si su nombre es *Yo Soy* y tú dices *"Yo Soy"*, debes ser uno con el Señor que trajo el mundo a la existencia.

Escucha estas palabras: "Por medio de la fe entendemos que el mundo fue creado por la palabra de Dios, de modo que las cosas que son vistas fueron hechas de cosas que no se veían". Aquí vemos que la palabra de Dios es una actividad imaginaria que, unida a la fe, creó el mundo. Y la fe no es más que la apropiación subjetiva de una esperanza objetiva.

Ahora, cuando hablas de tu deseo conmigo, no puedes ver mi acto imaginario relativo a ti. Si me dices que necesitas un trabajo y yo acepto ese pensamiento, cuando pienso en ti recuerdo tu necesidad. Pero si cambié tus palabras y te escuché decirme que amabas tu trabajo, podría recordar cuando necesitabas uno; porque ahora mi banco de memoria contiene el hecho de que tú tienes un trabajo que te gusta mucho. Y cuando nos reunamos otra vez me dirás que lo tienes y estarás sólo trayendo la confirmación de mi acto creativo imaginario.

Ahora, si la imaginación trabaja de esta manera y se prueba a sí misma en el ensayo una y otra vez, ¿qué importa lo que el mundo piense? No te cuesta nada intentarlo y el cambio que producirá para ti en la vida será muy significante. Inténtalo, porque lo demostrarás en la ejecución.

Esto puede estar en conflicto con lo que crees que Dios es. Tal vez todavía necesitas que sea alguien en el exterior, de modo que hay dos [YO-es] de ti y no uno. Está bien si es así, pero te digo: Dios no se convirtió en ti para que hubieran tú y Dios. Se convirtió en ti, para que pudieras llegar a ser Dios. Si Dios se convirtió en ti, su nombre debe estar en ti, y lo está; porque si te pregunto algo, debes primero estar consciente de la pregunta antes de que puedas responder, y tu conciencia es Dios.

Puedes no ser consciente de quien eres, de donde te encuentras o de lo que eres; pero sabes que existes. Consciente de lo que tus sentidos y razón dictan, puedes creer que estás limitado, que eres indeseado, ignorado y maltratado; y tu mundo confirma tu creencia en tu actividad imaginaria. Y si no sabes que tu conciencia está causando este maltrato, culparás a todos menos a ti; sin embargo te digo que la única causa de los fenómenos de la vida es una actividad imaginaria. No hay ninguna otra causa.

Si crees en los horrores del mundo tal como te son dados en el diario y en la televisión, tu creencia causa que los horrores continúen. Al creer las noticias de una escasez, comprarás lo que no necesitas aceptando ciegamente la presión de perpetuar una actividad imaginaria que te mantiene asustado. A lo largo de las escrituras se te dice que no dejes que se turbe tu corazón, que no te preocupes y que no temas. Si el miedo pudiera ser eliminado, no habría ninguna necesidad de psicólogos o psiquiatras. Es un montón de tonterías de todos modos. Cada día esta rama de la medicina cambia sus conceptos y siempre están en conflicto con respecto a cómo es la actitud del hombre hacia la vida.

Te digo: el vasto mundo entero está en tu imaginación humana ahora, y puedes producir de ella cualquier deseo creyéndolo existente.

En primer lugar, debes saber lo que quieres, luego crea una imagen [en tu imaginación] que lo cumpla. ¿Sabrían tus amigos lo que es y hablarían de ello? Imagina que están contigo ahora hablando de tu deseo cumplido. Podrías estar en un cóctel o en la cena de una fiesta que se está dando en tu honor. O tal vez es un pequeño encuentro mientras toman el té. ¡Crea una escena en el ojo de tu mente y cree en su realidad en tu interior! Ese estado invisible producirá el estado objetivo que deseas, pues toda realidad objetiva está producida solamente por la imaginación.

La ropa que ahora llevas puesta fue primero imaginada. La silla en la que estás sentado, la habitación que te rodea – no hay ninguna cosa aquí que no fuera primero imaginada; así que puedes ver que la imaginación crea la realidad. Si no lo crees, estás perdido en un mundo de confusión.

No hay ficción. Lo que hoy es ficción mañana será un hecho. Un libro escrito hoy como una historia ficticia sale de la imaginación de quien lo escribió, y se convertirá en un hecho en el mañana. Si tienes una buena memoria o un buen sistema de investigación, puedes encontrar los hechos de hoy. No todos los hechos se registran, porque no todos los pensamientos se escriben; sin embargo todas las personas imaginan. Un hombre que se sienta injustamente encarcelado y desee vengarse alborotará el mundo, porque todas las cosas por ley divina se mezclan con los demás seres. No puedes detener la fuerza que viene de alguien que está imaginando, porque detrás de la máscara que lleva, tú y él son uno. Empieza ahora a tomar conciencia de lo que estás pensando, porque tal como piensas, imaginas. Sólo entonces puedes dirigir un buen rumbo hacia tu objetivo definido. Sin embargo, si pierdes de vista ese objetivo, puedes y serás movido por los aparentes otros seres. Pero si mantienes tu mente centrada en la conciencia de permanecer [enfocado] en tu meta, no puedes fallar.

El final de tu viaje es donde empieza tu viaje. Cuando me dices lo que quieres, no trates de decirme ni el medio ni la manera necesarios para conseguirlo, porque ni tú ni yo los conocemos. Sólo dime lo que quieres para que yo pueda oírte decirme que lo tienes. Si intentas decirme cómo se va a cumplir tu deseo, primero debo borrar ese pensamiento antes de que pueda reemplazarlo con lo que quieres ser. El hombre insiste en hablar de sus problemas. Parece disfrutar al contarlos una y otra vez y no puede creer que lo único que necesita hacer es formular su deseo claramente. Si crees que la imaginación crea la realidad, nunca te permitirás preocuparte por tus problemas, pues te darás cuenta de que al hacerlo los perpetúas aún más.

Así que te digo: lo más importante que puedes hacer es creer existente una cosa, al igual que nuestros padres fundadores hicieron. No tenían ningún ejemplo actual de democracia. Existió en Grecia hace siglos, pero falló porque los griegos cambiaron su actividad imaginaria. Podríamos hacer eso también. No pienses ni por un segundo que tenemos que continuar como una democracia. Podríamos estar bajo una dictadura dentro de veinticuatro horas, pues todo es posible. Si te gusta la democracia, debes estar constantemente vigilante para mantener vivos sus conceptos dentro de ti. Es la forma más difícil de gobierno. Un hombre puede expresar su opinión y organizar una protesta aquí, pero en otras formas de gobierno no podría hacer eso. Si quieres disfrutar de la libertad de una democracia, debes mantenerla viva siendo consciente de ella.

Ahora, si mantienes (sigues) esta ley, no tienes que transmitir lo que quieres; simplemente asumes que lo tienes, pues a pesar de que tu mente racional y tus sentidos externos lo nieguen, si persistes en tu asunción tu deseo se convertirá en tu realidad. No hay límite para tu poder de creencia, y todas las cosas son posibles para el que cree. Sólo imagina qué enorme poder es ése. No tienes que ser agradable, bueno o sabio, porque cualquier cosa es posible para ti cuando crees que lo que estás imaginando es cierto. Ése es el camino hacia el éxito. Creo que cualquier hombre que haya tenido éxito en la empresa de su vida ha vivido como si fuera exitoso.

Viviendo en ese estado, él puede nombrar a aquellos que le ayudaron en la consecución de su éxito; y puede negar que siempre estuvo consciente del éxito, pero su conciencia forzó la ayuda que recibió.

Creer existente tu deseo es ejercer el maravilloso poder creativo que eres. Se nos dijo en el primer Salmo: "Bendito el hombre que se deleita en la ley del Señor. En todo lo que hace, prospera." Esta ley, como se explica en el Sermón de la Montaña, es psicológica. "Habéis oído que se dijo antiguamente, no has de cometer adulterio, pero yo os digo, cualquiera que desee a una mujer ya ha cometido adulterio con ella en su corazón". Aquí descubrimos que no es suficiente con frenar el impulso en el exterior. ¡Se comete adulterio en el momento en que se piensa el deseo!

Sabiendo lo que quieres, llévate hacia ello, pues el acto fue cometido en el querer. La fe debe ser añadida ahora, pues sin fe es imposible agradar a Dios. ¿Puedes imaginar un estado y sentir que tu acto imaginario es ahora un hecho? No te cuesta nada imaginar; de hecho estás imaginando a cada momento del tiempo, pero no conscientemente. Pero puedo decirte: si usas tu poder creativo imaginando que un deseo ya está cumplido, cuando lo consigas, las circunstancias parecerán tan naturales que será fácil negar que tu imaginación tuvo algo que ver con ello, y puedes fácilmente creer que hubiera ocurrido de todos modos. Pero si lo haces, habrás vuelto a dormirte otra vez.

Primero que todo, la mayoría de nosotros ni siquiera nos damos cuenta de nuestra propia cosecha cuando nos confronta. Y si recordamos que una vez lo imaginamos, la razón nos dirá que habría ocurrido de todos modos. La razón te recordará que conociste a un hombre (aparentemente por accidente) en una fiesta que estaba interesado en hacer dinero. Cuando escuchó tu idea, te envió a ver a su amigo, y mira lo que sucedió – así que realmente, hubiera sucedido de todos modos. Entonces, por supuesto, es fácil ignorar la ley, pero "Bendito es el hombre que se deleita en la ley del Señor. En todo lo que hace prospera".

No olvides la ley mientras estés viviendo en el mundo del César, y aplícala sabiamente; pero recuerda que no estás justificado por su uso. La justificación viene a través de la fe.

Debes tener fe en la increíble historia en la que Dios prometió manifestarse de ti, ¡como tú! Esta es la promesa de Dios para todos, y a todos se les pide que la crean.

No es lo que eres sino lo que le confías a Dios hacer, eso es lo que te salva. Y en la medida en que confíes en Dios para que te salve, serás salvado. Pero él nos ha dado una ley psicológica para amortiguar los inevitables golpes de la vida. La ley es simple: "Como siembres, así cosecharás". Es la ley de igual engendra igual. Como imagines, así será tu vida. Sabiendo lo que quieres, asume la sensación que sería tuya si lo tuvieras. Persiste en esa sensación, y de una manera que no conoces ni podrías concebir, tu deseo se convertirá en un hecho. El abuelo hizo su fortuna estando en un solar vacío y diciéndose para sí mismo: "Recuerdo cuando esto era un solar vacío". Entonces él describiría una hermosa representación verbal de la construcción que deseaba [ver establecida] allí. Esta es una técnica maravillosa. Puedes recordar cuando estabas enfermo, eras desconocido, pobre o un fracasado. Recordando cuando eras, implica que ya no eres eso, y tu poder está en su implicación.

Usa la ley y te llevará de éxito en éxito según como concibas lo que el éxito es. En lo que a mí concierne, el éxito es cumplir la promesa, y no puedes hacer eso a través de la ley. La promesa se cumple a través de la fe. ¿Te estás manteniendo fiel a la fe? Examínate para ver si lo estás. Te he contado una historia eterna. Créela pero no la cambies. La historia es ésta: Dios se convirtió en ti para que tú puedas convertirte en Dios. Usa la ley para amortiguar los golpes mientras Dios mantiene su promesa; y entonces un día, cuando tu viaje haya terminado, dirás: "En tus manos encomiendo mi espíritu. Tú me has redimido, oh Señor, Dios fiel". Este es el clamor en la cruz. Encomienda tu espíritu a tu acto imaginario, relájate y quédate dormido sabiendo que su redención está asegurada. Entonces cuando menos lo esperes, Dios te demostrará que te ha redimido a través de despertar en ti, como tú. Luego nacerás, no de la sangre ni de la voluntad de la carne, ni de la voluntad del hombre, sino de Dios.

CAPITULO XXI

LO QUE SIEMBRAS, COSECHAS

CAPITULO XXI

LO QUE SIEMBRAS, COSECHAS

En el octavo capítulo del Libro del Génesis se le hace una promesa al hombre, que "Mientras la tierra permanezca, la siembra y la cosecha, el frío y el calor, el verano y el invierno, el día y la noche, no cesarán". Entonces el hombre fue colocado en un jardín que era completo en cada detalle. Él no fue llamado para plantar nuevos árboles, o hacer crecer nuevas plantas, sino para mantener en buen estado su jardín y guardarlo.

El Libro de Juan nos dice, "Yo los he enviado a segar lo que ustedes no labraron". ¿Por qué? Porque la creación está terminada. Todo drama concebible humana, toda trama, todo plan en el sueño de la vida, ya está elaborado. Son meras posibilidades cuando tú las contemplas, pero muy poderosamente reales cuando entras en ellas.

La conciencia es tu jardín en el que tu imaginación puede ponerte en contacto con el estado del que tú desees ser consciente. Lo único que se te pide hacer es entrar en lo que ya está terminado, y ver tu mundo desde su consciencia.

Haz esto y has sembrado la semilla de su cumplimiento y cosecharás sus frutos en la forma de eventos y circunstancias en tu vida.

Desafortunadamente, la memoria del hombre es tan corta que él se olvida de su siembra, pero todos los finales son fieles a sus orígenes. Si el hombre imagina la desgracia, la experimentará. Te puedes preguntar por qué [ciertas] cosas te pasan a ti, y negar que tú las pusiste en movimiento, pero tu Dios nunca olvida, y siempre te permite recoger lo que tú, y sólo tú, has sembrado.

Tú y yo somos seleccionadores. No somos creadores. El vasto mundo entero de la creación está terminado, como se nos dice en el Libro de Eclesiastés. "Yo soy el principio y el fin. No hay nada que venga que no haya sido ya."

Considera la creación como terminada y tú y yo como seleccionadores de lo que es (de lo que ya existe). Es nuestro privilegio seleccionar un aspecto de la realidad, responder a él y traerlo a la existencia. Sin embargo, cuando no sabemos esto, vamos por la vida reflejando sus circunstancias en vez de usar nuestro poder para cambiarlas.

Ahora bien, si todo está terminado, ¿por qué se hace la promesa de que habrá una siembra y una cosecha mientras la tierra permanezca? Las actitudes son las semillas de la vida. En el momento que tú reaccionas a un objeto, una persona o una noticia, una respuesta emocional es sentida y tu actitud es formada.

Aunque puede que no recuerdes el momento en que reaccionaste, la naturaleza nunca olvida. Tu reacción aparecerá en la forma de circunstancias en tu vida, ya que su aparición está causada por una continuidad oculta.

Tú y yo podemos cosechar cualquier cosa que deseemos, pero primero tenemos que plantar la semilla. Cada cosecha ha de ser precedida por un momento de reacción o una actitud.

¿Cuántas veces te has arrepentido de tu actitud y deseado poder cambiarla? Sabes que cuando tus circunstancias cambian, tu actitud cambia automáticamente. Eso es un reflejo de la vida. Pero tú puedes, consciente y deliberadamente, cambiar tu actitud y, al hacerlo, cambiar tu mundo. Si lo haces, estarás controlando tu suerte.

El noventa y nueve por ciento de la gente espera a que ocurra cambio en el exterior para poder reflejarlo, pero eso no es un logro. Si despertáramos, nos volveríamos seleccionadores de la belleza del jardín que

Dios nos ha dado. Escogeríamos un aspecto que deseáramos expresar y deliberadamente cambiaríamos nuestra actitud hacia la vida misma.

La pequeña fábula de la zorra y las uvas muestra la importancia de la imaginación. No consiguiendo las uvas, la zorra se convenció de que estaban agrias y, al imaginarlas así evocó, dentro de ella, un cambio de actitud por el que ya no se sentía de la misma manera respecto a las uvas.

Aunque esta pequeña fábula tiene un tono negativo o trágico, puedes tomar la misma historia y hacerla positiva contemplando tu noble concepto de la vida.

Aunque puede que no te parezca que tienes el talento para realizar tu deseo, no afirmes que su posesión está más allá de ti y por lo tanto está agria. Por el contrario, regocíjate en el conocimiento de que es tuyo. Haz esto y producirás una respuesta emocional que es necesaria para la siembra.

Puede que no veas una cosecha inmediata. Quizá tu deseo es un roble y no un pequeño hongo que crece durante la noche. Tal vez tu sueño necesitará un intervalo de tiempo más largo entre su plantación y su cosecha, pero sabe que todas las cosas son consecuentes.

"¡Mira aquellos campos!

El sésamo fue sésamo,

El maíz fue maíz.

El silencio y la oscuridad lo sabían,

Así nace la suerte del hombre."

Si en tu momento de respuesta plantaste maíz, maíz debe aparecer en el tiempo de la cosecha.

Selecciona la naturaleza de las cosas que quieras experimentar, luego cumple los deseos de aquellos en tu círculo íntimo (familia y amigos). Después muévete más allá de tus amigos, luego [más allá] de conocidos, completos extraños e incluso estados impersonales, sabiendo que la ley siempre se mantiene cierta, que sin importar cuándo la emplees, ya sea consciente o inconscientemente, vas a obtener resultados en armonía con la plantación.

Supongamos que a tu amigo le llega una gran suma de dinero. ¿Te regocijarías con él?

Estoy seguro de que lo harías. Ahora, asume que esto es cierto y realmente mantén una conversación mental con tu amigo desde esa premisa. Mientras haces esto en tu imaginación, estás estableciendo un cambio de actitud hacia ese amigo y produciendo una respuesta emocional positiva deliberada dentro de ti. Esta es tu siembra.

Ahora bien, tu amigo puede no tener conocimiento de que tú sembraste riqueza en su jardín, así que no busques su alabanza, sino resultados. Cuando veas al hombre convertirse en la encarnación del éxito que tú deseaste para él, esa es suficiente alabanza, pues cada cosa es un regalo.

Tu Padre celestial te dio un jardín, completo y en plena floración. Luego te dio el mayor regalo de todos, plena libertad para elegir la naturaleza del fruto que cosecharías. Sin embargo, no puedes sólo irrumpir en el jardín y empezar a escoger fruta.

Debe haber una siembra antes de cada cosecha. El deseo, plantado, contiene todos los planes y energía necesarios para desarrollarse como un hecho objetivo para que tú lo coseches al volverte consciente de tu deseo como una realidad externa. En ningún momento añades ningún trabajo para hacer que así sea, ¡simplemente sabes que así es!

¿Puedes imaginar un Dios infinito que no sea infinito en todos los sentidos? Si fueras incapaz de asumir un estado desagradable, no podrías ser hijo de tu Padre, porque Él es infinito y tú y tu Padre son uno. Un Dios infinito te dio todo, incluyendo tu libertad de elección, con la esperanza de que llegarías a ser selectivo y plantarías todo lo que es bello en tu jardín.

Un piano contiene ochenta y ocho notas en su teclado. Si extrajeras toda disonancia que se pudiera tocar de esas notas, ya no tendrías un teclado. Pero si aprendieras el arte de tocar el piano, podrías sacar bella armonía de esas mismas ochenta y ocho notas.

Esto es cierto de ti. En vez de mirar la enfermedad que has producido en tu mundo, y aceptar la evidencia de tus sentidos como definitiva, puedes negar este así llamado hecho y afirmar la salud. No trates de analizar el problema desde fuera preguntándote cómo y cuándo pudo haber sucedido. Mira dentro.

Nunca encontrarás su causa en un laboratorio, pues la única causa reside en tu consciencia. En un momento en el tiempo, quizás hace mucho olvidado, plantaste la pobre salud que ahora estás cosechando.

Su causa nunca será encontrada en ningún análisis externo, pues las cosas vistas siempre están hechas de cosas que no aparecen, como se nos dice en el capítulo 11 del Libro de Hebreos.

No creyendo esto, el hombre insiste en extraerse sangre, analizar trocitos de piel y afirmar que en uno de estos ha encontrado la causa. Él puede haber encontrado el problema, ¿pero por qué está ahí? Porque, en algún momento en el tiempo, mientras ejercías tu derecho como un hijo de Dios libre, elegiste un estado desagradable, sentiste su dolor y lo pusiste en marcha en tu mundo.

Todos los pensamientos resultan en lo esperado. Lo que siembras, recoges. No te sorprendas por su repentina aparición. Es sólo repentina porque tu memoria es realmente muy corta, y has olvidado la plantación. George Meredith escribió un pequeño poema encantador con respecto a esta idea:

"Olvidadiza es la verde tierra,

Los dioses sólo recuerdan.

Eternamente golpean despiadadamente,

LO QUE SIEMBRAS, COSECHAS

Y siempre igual por igual,

Por su gran memoria

Los dioses son conocidos."

Si sólo pudieras recordar esos momentos de siembra, nunca te sorprenderías cuando su cosecha apareciera. Cada vez que respondes emocionalmente a algo que contemplas, aciertas a oír u observas, su semilla cae en tu fértil mente. No tendrás que trabajar para llevar el pensamiento a cosechar, sino que lo encontrarás como algo ya completamente crecido. Habiendo seleccionado tus semillas por tu actitud y tu reacción, cosecharás aquello a lo que no has añadido ningún trabajo.

Ahora, ¿eres responsable de las otras personas en tu mundo? Sin duda lo eres. No pienses que sólo porque tu Padre te dio tu imaginación, puedes usarla mal y no dañará a otro. Lo hará, por la sencilla razón de que la conciencia está enraizada en ti, y tú estás enraizado en cada persona, como todos nosotros estamos enraizados en Dios. No hay ser despegado, individual separado en el reino del Padre. Somos todos una gran Imaginación, cada uno completamente responsable de su buen o mal uso.

Catorce años antes del espantoso hundimiento del Titanic, un inglés con el nombre de Walter Lord escribió un libro titulado, "Una noche para recordar". En él concibió un fabuloso transatlántico llamado el 'Futilidad'.

Tenía 800 pies de largo, triple hélice y transportaba tres mil pasajeros. Creyendo que era insumergible, el transatlántico llevaba sólo unos pocos botes salvavidas. Entonces, una noche, el Sr. Lord lo llenó hasta el borde de ricos y complacientes y lo hundió contra un iceberg en el Atlántico.

El Titanic fue construido por la White Star Line. Tenía 800 pies de largo, triple hélice y era capaz de transportar tres mil pasajeros. Creyendo que era insumergible los botes salvavidas eran pocos.

Terminado catorce años después de que fuera imaginado el ficticio 'Futilidad', el Titanic zarpó de Southampton en su viaje inaugural todo lo lleno que era capaz con los ricos de Europa. Cinco días después, este glorioso barco chocó contra un iceberg y se hundió en una fría noche de Abril.

No conozco el motivo detrás del libro del Sr. Lord, pero sí sé que el barco idéntico fue construido catorce años más tarde. Que llevaba el mismo tipo de lista de pasajeros y se fue a pique del mismo modo que el barco ficticio.

Te digo, no hay ficción. El mundo de mañana es la ficción de hoy, lo mismo que el mundo de hoy es la ficción de antaño. Un hombre soñó con hablar con alguien a través del espacio utilizando sólo un cable, otro con escuchar música que estuviera siendo tocada a través de la tierra en su propia sala de estar, otro deseó tener luz sin usar una vela. Todos estos deseos se han hecho realidad, pero cuando fueron concebidos por primera vez eran todos ficticios, todos productos irreales de la imaginación.

No hay nada irreal porque Dios, que es infinito, ha terminado la creación. Tú no puedes concebir nada que tu Padre no haya creado ya y resuelto cada detalle de su cumplimiento en todas sus ramificaciones. Tú y yo sólo estamos tomando conciencia de porciones crecientes de lo que ya es. No estamos creando cosa alguna, sino descubriéndola.

Deja de reflejar la vida a tu alrededor y empieza a seleccionar los pensamientos que eliges plantar en tu maravillosa mente e imaginación. Escoge ese aspecto de la realidad al que quieras responder, sea éxito, salud, la dignidad o nobleza. Hazlo algo maravilloso donde tú contribuyas al bien de la sociedad, la comunidad y el mundo.

Si ves la necesidad de una iglesia en tu comunidad, o una escuela, no esperes hasta que la gente se reúna para discutir la posibilidad; en cambio, contempla la alegría de tener una iglesia para elevar al hombre espiritualmente y una maravillosa escuela para los niños.

Siente la emoción de atestiguar estas cosas desde dentro y habrás plantado tu semilla.

No necesitas trabajar para producir tus semillas, pues ellas ya están terminadas, espera a que te las encuentres en tu comunidad. Planta tus semillas y deja que los demás piensen que las están trayendo a la existencia.

Vuélvete a un amigo, y en el ojo de tu mente felicítale por su buena fortuna. Siente la emoción de tal contacto. En ese momento de respuesta (o reacción emocional) descubrirás que tu actitud ha cambiado con respecto a él, y tu semilla se ha plantado. Esa semilla pasará por su normal y natural travesía oculta y aparecerá como una realidad.

Entonces conocerás el poder latente dentro de ti y dejarás de reflejar la vida convirtiéndote en un sabio seleccionador de estados, dándole expresión a todo lo que es bello en este mundo.

Cada momento es tu tiempo de siembra y de cosecha. No esperes a que las circunstancias cambien; cambia primero tu actitud. Si tu jefe es grosero y no está dispuesto a subirte el sueldo, pregúntate cómo sería si él ahora te viera como la persona útil que tú sabes que eres.

Supón que viera, en ti, a alguien a quien pudiera elogiar y subirte el sueldo debido a tu esfuerzo aportado. Contempla al jefe viendo esas cualidades en ti y recompensándote en consecuencia, y has plantado esa semilla. Puede que él no te llame esta noche y te hable de tu aumento salarial. Puede que incluso no aparezca en tu nómina de esta semana, pero vendrá.

Debes seguir plantando pensamientos hermosos [sobre ese asunto], sin embargo. No puedes marcharte de la oficina pensando que tu jefe es un tacaño. No puedes ir a casa y decirle a tu madre o marido lo malo que él es pues ellos, creyéndote, simpatizarán contigo, ya que están

359

teniendo el mismo enfoque negativo reflector hacia la vida. Por el contrario, ahora debes marcharte de la oficina en la actitud de que él te ha subido el sueldo y elogió tu trabajo.

Haz esto día tras día, a pesar de que las cosas digan lo contrario, y producirás, en tu jefe, un cambio de ánimo porque lo produjiste tú primero en ti mismo. Él verá entonces cualidades en ti que no había visto antes y te recompensará abiertamente.

¿Conoces a alguien que se encuentre solo y le gustaría estar felizmente casado? ¿O a alguien deseoso de tener un agradable hogar? No seas envidioso. Siente su alegría y habrás plantado la semilla de cumplimiento para ellos que ellos cosecharán.

Desafortunadamente, muchos de los movimientos de la iglesia tienen una actitud muy seria hacia la vida. Orígenes muy sabia y humorísticamente dijo una vez, "Los cristianos creen que Dios tiene una enorme lucha contra los pronósticos impotentes; por lo tanto, Él produce, en el individuo, la emoción de 'Padre que ayuda al pobre'." – ¡este es un Padre que creó el mundo entero y se lo dio a sus hijos!

Luego, Orígenes, trajo a colación otro punto interesante con respecto a la actitud científica hacia la vida. Después de haber descubierto la construcción ordenada de lo que hace al mundo, la actitud de los científicos es de "insignificancia ordenada".

Creyendo que el mundo está quemándose gradualmente, y por lo tanto consumiendo todos sus recursos, no será nada de todos modos, así que no importa qué tan ordenado esté hoy, aún es sólo insignificancia ordenada.

Pero yo te digo, yo he visto más allá del velo y sé que no hay final. La vida es para siempre. El tuyo es un peregrinaje eterno, siempre en movimiento ascendente hacia la revelación de tu gloria infinita como Dios Padre. Decídete a ser más selectivo, más cauteloso en tu elección de las ideas que entretienes. Elige un pensamiento que bendecirá a un individuo.

Produce dentro de ti la respuesta emocional del cumplimiento del pensamiento y sabe, en ese momento de respuesta, que él está enraizado en ti. El pensamiento fue plantado en relación con él y es él quien lo cosechará. Todo lo que tienes que hacer es plantar y dejar que la cosecha cuide de sí misma.

CAPITULO XXII

DEJARLO MORIR

CAPITULO XXII

DEJARLO MORIR

Si estás con nosotros por primera vez, esto es lo que creemos y enseñamos aquí. Creemos firmemente que tú, el individuo, puedes realizar cada uno de tus sueños, y la razón es que Dios y el hombre son uno. Creemos que la diferencia no está en la mentalidad con la que operamos sino sólo en los grados de intensidad del mismo poder operante, y que llamamos imaginación humana.

Keats [John Keats (1795-1821)] dijo: "Puedes tomar cualquier pasaje importante y espiritual y te servirá como un punto de partida hacia los treinta y dos palacios". Toma esta simple sentencia de las cartas de Pablo a los Corintios: "Muero cada día", o la declaración de Blake en su carta a Crab Robinson: "La muerte es lo mejor de la vida. No hay nada en la vida como la muerte, pero la

365

gente toma mucho tiempo en morir. Al menos, sus vecinos nunca los verán levantarse de la tumba." Si entiendes a Blake no podrías pensar de la muerte como el mundo piensa de la muerte, sino que verías que nadie puede crecer sin superar situaciones y condiciones con la edad. Pero el hombre no está dispuesto a superar situaciones y condiciones con la edad y, sin embargo, quiere cosas distintas de las que tiene. Pero si permaneces en un estado, siempre tendrás que sufrir las consecuencias de no estar en otro estado. (De la "Hermética") Si me quedo en el estado de la pobreza tengo que sufrir las consecuencias de no estar en el estado de la riqueza. Por lo tanto debo aprender el arte de morir. Pablo dice: "Muero cada día". Blake dice: "La gente toma mucho tiempo en morir". El hombre no supera con la edad su estado de mala salud o su viejo empleo o su entorno. Debemos aprender el arte de morir, y esta semana es la gran muerte y se nos dice que Dios muere para que el hombre pueda vivir.

Nosotros decimos que la Imaginación de Dios y la del hombre son una, sin importar cuán lejos vaya. Los universos son creados y sostenidos por "el mismo poder que sostiene nuestro entorno". Nosotros decimos que el poder es el mismo, pero reconocemos una gran diferencia entre el poder que sostiene el universo y el que sostiene un ambiente. La diferencia está sólo en el grado de intensidad del centro de imaginación. Por tanto, si incrementamos la intensidad [en] el centro de imaginación, crearemos cosas cada vez más grandes. Así que veo mi sueño, y debo aprender a morir a lo que soy para vivir a lo que quiero ser.

Ahora, este es el significado místico de una muerte en la Biblia – la muerte de Moisés, una historia familiar para todos nosotros. Se nos dice que Moisés viene de la tierra de Moab (Deuteronomio 34) y después escala la montaña de Nebo, va a Pisga, ve Galaad, y finalmente él observa la tierra prometida de Jericó. Pero el Señor le dice: "Te dejaré ver la tierra, pero no podrás entrar en ella". Luego Moisés muere. (El estado actual no puede ser llevado al nuevo; tiene que morir como consecuencia del nuevo [estado] vivificado.) "Pero sus ojos no se oscurecieron y su vigor no disminuyó". Y nadie sabe dónde está enterrado.

En primer lugar recuerda que todos los personajes de la Biblia se desarrollan en la mente del hombre. *Yo Soy* Moisés, tú eres Moisés. Su significado es "levantar" o "sacar de". Se nos dice al principio de la historia que él fue sacado de entre los juncos. La palabra ["Moisés" – en hebreo, "Moshe"] escrito al revés en el antiguo hebreo significa "el Nombre"[haShem] o *"Yo Soy"*. Así que estoy sacando de mi propio ser, o el *Yo Soy*. Moisés viene de "Mo ab". Esto viene de dos palabras hebreas que significan "Madre-Padre", o "matriz". Después él escala la montaña de Nebo, que significa "profetizar", o que representa el estado subjetivo que se anhela. Voy a profetizar para ti, o tú para otro. Tú singularizas el anhelo de una persona. Si él anhela algo significa que no lo tiene,

DEJALO MORIR

de lo contrario no podría estar anhelándolo. Pero Moisés escala Nebo – es decir, él participa en ver el estado anhelado. Yo singularizo algo que implica que soy el hombre que quiero ser.

Yo escalo la montaña. Luego viene Pisga, que significa "contemplar". Yo contemplo lo que quiero ser. Entonces él ve Jericó, que significa "un olor fragante". Voy a contemplar el estado deseado hasta que obtenga el sentimiento o la reacción que satisface. No sólo he escalado Nebo sino que he alcanzado Pisga y observado Jericó. Estoy lleno de la emoción que implica que el acto se ha completado. Luego está Galaad, que significa "cerro de los testigos". Entonces yo, como Moisés, muero. No puedo entrar en la tierra prometida, y nadie puede encontrar el lugar donde estoy enterrado.

¿Qué significa eso? Si estoy asolado por la pobreza y el miedo y entonces te encuentras conmigo y me ves [en tu imaginación] tan libre como un pájaro y feliz, en ese momento no soy el hombre que conocías que estaba asustado. Entonces, ¿dónde está ese otro hombre enterrado? Pues Moisés es el poder en el hombre (en el hombre genérico, macho-hembra) para sacar de sí mismo cualquier cosa que él desee en este mundo, y para así representar el drama de que él muere a lo que era, para que él pueda vivir a lo que él está representando. Eso es Moisés – y nadie puede saber dónde está enterrado.

Pero se nos dice: "Su ojos no se oscurecieron ni perdió su vigor". Es decir, cuando yo muero, es cuando represento el drama. No espero a que aparezcan señales; es cuando estoy más consciente de mis limitaciones y siento la presión, entonces es cuando debo aprender a morir. Tengo que aprender a dejar ir lo que mis sentidos dictan y "volverme loco" y entregarme a lo que es sólo un sueño. Pero sosteniéndolo y viviendo en él, muero a lo que físicamente era real mientras gradualmente elevo lo que sólo era un sueño. Tú conocías únicamente al hombre asustado y no al otro. Nadie puede decir a dónde se fue el hombre asustado.

De esta manera es como el arte de morir se dramatiza en la Biblia como la muerte de un hombre. Pero no tiene nada que ver con un hombre específico, pues la historia de la Biblia tiene lugar en la mente de cada hombre. Me crucificaré a mí mismo, porque Dios se crucificó en mí para que yo pueda vivir. Pero ahora debo clavarme a mí mismo sobre lo que deseo y, permaneciendo fiel a ello, levantarlo como [hizo] Dios [cuando] se clavó en mí. (Hablando de su cuerpo actual) se cree un hombre llamado Neville, dándole a Neville el mismo poder que es suyo (pero con menos intensidad) con la esperanza de que yo levantaré el poder para más grandes cosas en mi mundo en las que pueda clavarme, y así levantarlas. No hay ninguna posibilidad de que el hombre dé vida a su sueño a menos que Él se clave en esta cruz que es el hombre. Estamos viviendo porque Dios se clavó a nosotros. Ahora el hombre, con menos intensidad, le da paso a otros estados y no a lo que los sentidos dictan, se hace uno con el estado y se clava a él (fijándose en el estado mediante la emoción y el sentimiento) y entonces él será elevado.

Porque la crucifixión viene antes de la resurrección. La crucifixión sin la resurrección sería impensable; sería el triunfo total de la tiranía. Si pudiera entregarme a mi sueño y no se convirtiera en carne, sería la tiranía total sobre este maravilloso concepto de la vida. Pero no puedes fallar si te entregas. Si te retienes en tu interior, preguntándote "¿Qué voy a jugar como mi última carta si esto no funciona?" entonces no te has entregado, no te has clavado a él. Es una entrega completa. Es el gran grito "¡Dios mío, Dios mío! ¿Por qué me has abandonado?" Si sabes que eres Dios haciéndolo, puedes entregarte. Pero debe haber total abandono, como si fuera verdad y entonces lo conviertes en una realidad. El precio es esa forma de abandono mental que Blake llama "locura". Pero el hombre tiene miedo; no se atreve a abandonarse de ese modo a su sueño, así que nunca "muere". Por tanto Blake tenía razón cuando dijo: "No hay nada como la muerte: lo mejor en la vida es la muerte".

Muchas personas sólo envejecen, pero nunca cambian interiormente. Sólo maduran físicamente, pero no han muerto en el sentido místico. No hay poder transformador en la muerte física, y todavía estarán anclados en un mundo más grande con todas las tendencias de este mundo. Para nuestros sentidos ellos parecen estar muertos, pero todavía, en otro plano, tendrán que aprender el arte de morir. Yo puedo en cualquier lugar desprenderme tan completamente de lo que está ocurriendo que puedo "morir" a ese estado. Así que cada pequeña muerte es el levantamiento de la imagen divina. Esto significa morir como el místico da a entenderlo. Significa morir mentalmente. El hombre muere a la mala salud, o a la pobreza, o a la falta de armonía, etc., pero lo hace entregándose a los otros estados.

Blake considera a todos los estados como permanentes, al igual que en su gran poema respecto a *Los Salones de Los*: "Maldigo la tierra para el hombre y lo hago permanente". Así que los estados permanecen y el hombre pasa a través de los estados, como si fueran ciudades. Si no paso a través de algún estado pero permanezco en él, creo que [ese estado] es la única realidad. No puedes concebir que un estado no existe, porque la totalidad está terminada; pero el hombre sólo está despertando al morir a un estado tras otro.

Toma a un amigo que no esté bien o que no pueda liberarse de algún estado. Represéntate a ese amigo como debería ser visto por el mundo entero, y en el grado en que tú seas fiel a esa representación, a tal grado, lo sacarás del viejo estado. No importa si él sabe que tú lo hiciste o no; él no tiene por qué saberlo. Pero permanece fiel y lo sacarás del viejo estado hacia el nuevo estado que estás viendo. Todas las cosas se extinguen cuando dejamos de observarlas. Moisés pudo ver la tierra prometida pero no pudo entrar en ella. Si soy fiel a la semejanza de lo que observo, entonces yo – el hombre "antiguo" – no puedo entrar al nuevo estado. Algo llamado el poder entra en él, pero [nadie] lo reconoce, porque ellos no pueden reconocer al ser transformado.

Todos nosotros nos sentimos muy seguros en la recurrencia. Si sabemos que una cosa es fija y que la próxima semana las cosas seguirán como hoy; me siento seguro en esa recurrencia. Puedo haber hecho algo que viole los códigos morales, puedo haber llegado desde el lado equivocado de las vías, pero puedo aceptar eso, porque estoy acostumbrado a ello. Pero decir que algo se despierta en mí y que puedo llegar a ser lo que quiera – eso asusta al hombre. Así que se nos dice que despertemos del sueño, porque la recurrencia trae seguridad al vasto mundo entero. Uno hace lo que hace como si lo hiciera en una pesadilla. Pues Dios tuvo que "olvidar" que él era Dios para convertirse en hombre y esa reducción gradual a este nivel es el mismo límite de la contracción. Pero luego viene el despertar de ese sueño profundo en el cual se sumergió para darme vida.

Por lo tanto, este poder de elevación se ocupa de liberar a los hombres, pues Dios se convirtió en cada hombre, de modo que cada hombre pudiera despertar con el tiempo como Dios. Finalmente el mundo entero despertará y el poema estará en plena floración y será noble más allá de nuestros sueños más locos. Y entonces existirá para nosotros y seremos uno con el creador del gran poema. Eso es el arte de morir.

El próximo domingo es el gran drama. Estoy montando a un animal y estoy en una encrucijada. "Traedme un pollino al que ningún hombre ha montado antes, que está amarrado en una carretera donde dos caminos se encuentran." Aquí tenemos al estado al que nunca antes he montado. Es tan poco natural sentir que soy el hombre que quiero ser y realmente pasar a ese estado y montarlo sin ser tirado por la razón, que me dice que estoy loco. Pero si sabes que el Señor es tu Imaginación, puedes montarlo a Jerusalén.

Se nos dice que encontraremos al animal en una encrucijada donde dos caminos se encuentran. Siempre estamos en una encrucijada de lo que soy y lo que quiero ser. Así que, ¿puedo montar al animal que encontré en la encrucijada y llevarlo a Jerusalén?

Entonces voy hacia el "cielo", pero no es continuo en mi línea de movimiento. Es contiguo. Está al lado de donde yo estoy, pues el cielo es un estado de conciencia. Trato de captar la sensación que sería mía si yo fuera el hombre que quiero ser, pero eso implica una muerte. Debo abandonarme a mi sueño como si fuera cierto, y – viviendo en él – lo levanto y lo hago realidad. Todos tenemos que pasar por este estado, porque esta es la única religión verdadera del mundo. La religión, como la caridad, empieza en casa, con uno mismo. La semilla madre de todas las creencias religiosas se encuentra en las experiencias místicas de la persona. Todas las ceremonias

373

no son sino agregados secundarios superpuestos sobre ella.

Religión significa, "estar atado o dedicado a". Pero si yo no estoy enamorado de [eso] a lo que estoy atado, debo entregarme a algo más encantador y hacerlo real. Debo llevar mi cruz. Voy hasta cierto punto y luego quiero cruzar a la otra línea donde está mi cielo. Pues todo está interrelacionado. Todos nos interconectamos los unos a los otros. Todos somos uno. Así que el mundo entero se interconecta y entonces aparece el conflicto, y de eso viene la solución del conflicto. Pues tenemos que estar en conflicto si estamos todos interconectados. Pero luego debemos traer la reconciliación. Cualquiera que sea la solución, eso es la reconciliación. Pero no podemos permanecer en un estado o en alguna condición para siempre. Cada nuevo estado lleva en sí las semillas de un nuevo conflicto. Todo cielo se convierte con el tiempo en infierno. Una cosa es nuestra por un momento, pero a medida que continuamos en ella, traerá conflicto. Mientras haya interpenetración siempre habrá conflicto. Por tanto, vive en cualquier estado deseado y entonces, cuando surja el conflicto, resuélvelo y muere a él y luego muévete a otro estado. Así es como crecemos y nos superamos; así es como el hombre despierta.

Ningún hombre puede nacer en un entorno y luego realizar otro si no se entrega al estado deseado. Por tanto Blake tenía razón: "Lo mejor de la vida es la muerte, pero al hombre le toma tanto tiempo morir que sus amigos jamás le verán levantarse de la tumba." ¿Puedes ver entonces lo que pasa con tu amigo que siempre te dice las mismas cosas, incluso si no le has visto desde hace diez años? Todo se sigue repitiendo, nada es nuevo, pero eso le hace sentirse seguro. El hombre no quiere cambiar; le asusta.

Te digo que tu Imaginación es Dios. Créelo. Ejercítala. Yace con baja intensidad, pero conforme la levantas la intensificas y luego visión tras visión serán tuyas a medida que empiezas a despertar. No creas que eres codicioso porque estás exigiendo cosas o el cambio de las cosas. Estás aquí para crear como tu Padre crea. Quiere lo que quieres y entrégate a ello y créalo. Luego querrás cosas cada vez más grandiosas. Pero nada bendice a un hombre a menos que baje de su estado celestial y se encarne. Tú eres el único que puede vestirlo en la realidad. Pero permanece como un estado a menos que te entregues a ello.

Este drama de la Biblia es todo sobre ti, pues el Jesucristo de los evangelios es tu propia maravillosa Imaginación. Sólo hay un Dios infinito y la creación que él amaba. Y tanto la amaba, que quiso darle vida y luego compartirla e incluso cambiarla, así que Dios se hizo hombre para que el hombre pudiera convertirse en Dios. Esa es la gran historia de los evangelios. Cada místico en el mundo cuenta esta misma historia. Por tanto, cada hombre es libre. No hay juicio, porque no importa lo que el hombre haya hecho, es Dios haciéndolo en una pesadilla.

Sólo hay completo perdón del pecado – nada de juicio ni objeción, sin embargo el hombre puede cambiar los hechos. El pasado se puede deshacer. De modo que un hombre ha hecho esto o aquello. Usa tu poderosa Imaginación y "haz girar la gran rueda hacia atrás hasta antes del incendio de Troya". Eso significa revisar.

Conozco a una señora que se quemó la mano y luego se la "desquemó". Se vertió agua hirviendo en la mano. Se tumbó en el sofá y trató de deshacer mentalmente lo que había hecho. Era difícil por el dolor, pero ella siguió intentándolo. Rehízo la escena y vertió el agua hirviendo sobre el té y lo preparó y luego se lo bebió. Lo hizo una y otra vez y, finalmente, en el acto de hacer de ese modo el té se quedó dormida. Cuando se despertó unas horas más tarde no había ni rastro de la quemadura. Ella escribió: "Se podría haber pensado que debería haber ido directamente al hospital, pero ahora no hay ni siquiera una señal de la quemadura."

Comentario: El pasado y el presente son uno en un momento mayor.

CONCLUSION

CONCLUSION

Después de haber logrado crear el libro y quedar satisfecho, descubro que material tan fascinante contiene; una bitácora para superar etapas duras, momentos difíciles, hábitos marcados, adicciones, patrones y mucho mas.

A través de la vida vamos eligiendo los ingredientes que queremos colocar a nuestra aventura en la Tierra, las tareas que debemos terminar para seguir avanzando son solo el principio de cada nuevo reto que aparecerá en camino del siguiente capítulo de nuestro propio libro. Tu vida estará llena de obstáculos atraídos por ti. Cuando decides aprender algo especifico, te estás alistando para comenzar un nuevo crecimiento interno donde utilizaras herramientas que ya posees de experiencias pasadas y te permitirán si eres ingenioso usar para lograr tu avance, ese avance será acelerado si ya estas internamente capacitado para dejar atrás el obstáculo, de lo contrario seguirá allí presente como una caja de pandora esperando ser resuelto. La vida te ofrecerá de acuerdo a tu deseo, muchas veces tu petición irá acompañada que una serie de lecciones que te permitirán comprender tu misma petición y lo que conlleva ser parte de ella misma.

Tus deseos nunca son superficiales, ya que cada pensamiento, palabra o decreto es una manifestación al Universo que te rodea, por ello debes afinar tus sentidos para saber en qué espacio te encuentras y a que espacio deseas llegar. El Universo en que vivimos es frecuencia o modulación que encierra todas las cosas, características, situaciones, momentos, marcas, personas, etc. Para lograr sintonizar tu frecuencia debes dejar ir otras frecuencias que te impiden llegar allí con claridad. Tu vida será alterada y es obvio que toda alteración trae consigo cambios, los cuales serán posiblemente momentos de tensión, momentos de dudas o desconfianza, sin embargo si lo que deseas es puro y viene de tu corazón no interferirá para nada el que te puedas desprender de ese otro patrón que ya es obsoleto para ti y tu nuevo estado de conciencia.

En el Universo todo continua existiendo, es decir nunca desaparece pero si cambia; ese cambio es posible que bajo tu enseñanza sea una muerte o desaparición, pero es solamente una transformación a una nueva frecuencia o estado de conciencia, al lograr sintonizarla veras como allí se encuentra sea el pasado o futuro. Todo ser humano está en un proceso de cambios y alteraciones en frecuencias distintas por ende ninguna de las frecuencias o espacios modulares dejan de existir. Todo existe, el lugar donde te encuentras hoy no es el mismo de ayer ni de mañana porque su entorno ha cambiado y tus peticiones voluntarias o involuntarias también influyen en tu entorno, a pesar de ver todo igual a simple vista, la realidad es que no es así. En un mundo microscópico las células mueren y nuevas crecen, las bacterias son contrarrestadas para ser superadas por un sistema inmunológico que las rechaza, los glóbulos sanguíneos realizan su función también; pero en el mundo exterior eso no lo percibimos a simple vista, porque no somos capaces de sintonizar esa frecuencia con nuestros sentidos. Lo mismo ocurre a otra escala en el Universo, si miraras la Tierra desde afuera no podrías diferenciar los cambios que se están manifestando, pues tendrías que tener un equipo sumamente potente para poder llegar a ver con detalles que hay cambios como: calles nuevas, casas y urbanizaciones nuevas, oleaje, bosques produciendo flores, animales, fuego, corrientes de agua y así un sinfín de detalles que existen y no podrían ser vistos, simplemente porque estamos a una frecuencia distinta a la en ese momento nos encontramos.

De manera que podríamos decir que el año 1 y el año 4000 existen, existen y hay vida en ellos, aunque no estemos en la frecuencia en la que ese momento esta, no significa que ha dejado de existir o aun no existe. Todo en

CONCLUSION

el Universo ya existe, todo lo que imagines existe, el más remoto invento ya existe, solo re-descubrimos algo con lo cual habíamos perdido la alineación o la modulación de frecuencia.

Crea un mecanismo que te permita ampliar tu imaginación y a su vez re-programar tu persona y las situaciones que aparecen inconscientemente (supuestamente) en tu vida, pues todo lo que llega a tu vida es petición tuya; eres el creador de tu mundo y tu Universo, las cosas que allí están son parte de tu vida y mundo, si deseas que algunas desaparezcan y otras se multipliquen solo debes atender sus grados de vibración y poder comprender que todo es posible cambiarlo.

Tu mente es quien crea y manifiesta la película que vives, esa que vives todos los días, en la que abres los ojos y sales a la calle. Tu mente es tuya y posees el poder y la capacidad para darle ordenes y decirle que deseas en tu vida; enfócate en este concepto varios momentos del día, dedica a este concepto atención y aplica tus verdaderas ordenes basándote que todos somos uno; veras como tu mundo comienza a transformarse. No es cuestión de esperar, el asunto es disfrutar el instante, regocijarse en el momento de la ejecución y día a día hacer que se haga más real, y se hará mas real, porque tu deseo cada día va cristalizándose en algo que vas sintonizando y al tiempo cuando estés allí, veras como esa otra melodía que solías oír ya no está. Esas melodías son, tus problemas, tus vicios, tus miedos, tus limitaciones.

Tienes en tus manos hoy un manual que me ha hecho superar momentos que nunca pensé superar, que me ha regalado confianza a mis instantes de abandono, que me ha iluminado en momentos oscuros, que me ha permitido haber logrado muchos de mis logros.

Muchas veces se esta colmado de situaciones difíciles, momentos que producen tensión, todo es por falta de serenidad interna. Es muy posible que cuando te sientes así no estás cumpliendo con la norma de enfocarte en lo que te hace feliz; la felicidad y el amor siempre te dejaran un gran sabor en tu boca y corazón, pues es una frecuencia divina llena de energía y paz. No permitas que tus problemas estén en la lista de prioridades, pues no deberían estar ni siquiera en una lista, problemas son sinónimos de lecciones que aun hay que resolver y nos guste o no son atraídos por nosotros como parte del aprendizaje que buscamos, el conseguir la solución del problema es el final del mismo, este llega cuando no te enfocas en el sino en lo agradable de tu petición.

Cuando oigas que el mundo es un lugar imaginario, no es que no existe o no es real, al contrario es real y si existe, solo que se refiere a que el mundo imaginario es creado por ti, todos somos grandes autores y protagonistas en nuestro mundo. Y aunque sea complicado entenderlo, no desesperes, atiende a tus sentidos y sigue manteniendo esa idea e imagen de lo que te hace feliz. La imaginación es un Instrumento poderoso que trae al mundo físico lo imposible, sin ella nada

CONCLUSION

existiría hoy. Estás rodeado de pura imaginación manifestada, todo lo que ves, palpas, saboreas, entre otros ha sido creado antes en la imaginación.

El lugar donde te encuentras ahora es de tu agrado, si no lo es, pues elimínalo de tu mente y pronto dejarás de estar allí. Lo ideal es que rodees a tu imaginación de gratos momentos e ideas y esta a su vez te ofrecerá gratas sensaciones y traerá los resultados que esperas.

No pienses que porque aparezcan momentos duros en tu vida no estás haciendo las cosas bien, al contrario, son herramientas y lecciones que recoges para seguir avanzando hacia tu meta, tu petición, tu sueño. Como se puede saborear algo y darle la importancia que merece si es entregado al pedirlo? ¿qué lecciones te puede dejar?, ¿qué gratificación puede existir? El Universo se encarga de darte el paquete completo de tu inquietud y tu deseo; siempre piensa en tu deseo, obvia los obstáculos, dale la importancia que también ellos merecen porque ellos son esos maestros que tocarán a tu puerta, para que logres conseguir esa graduación hacia tu medalla.

Cuando sintonizas tu cuerpo, tu espíritu y tu vida, puedes darte cuenta que es importante saber realmente lo que te inquieta y que deseas a cambio. El cambio es a donde quieres llegar o lo que deseas pedir o simplemente cambiar. Neville lo explica muy bien son sus experiencias vividas, con ejemplos sencillos y con evidencias que todos podemos poner en práctica.

CONCLUSION

REFERENCIAS

HOW TO USE YOUR IMAGINATION (Neville Goddard 1955)

IMAGINING CREATES (Neville Goddard 6-3-1968)

IMAGINATION, MY SLAVE (Neville Goddard 02-13-1967)

AWAKENED IMAGINATION (Neville 1954)

IMAGINATION FULFILLS ITSELF (Neville Goddard - no date)

CATCH THE MOOD (Neville Goddard – no date)

THE PERFECT IMAGE (Neville Goddard 04-11-1969)

ALL THINGS ARE POSSIBLE (Neville Goddard 05-12-1969)

A DIVINE EVENT (Neville Goddard 12-08-1969)

YOURS FOR THE TAKING (Neville Goddard 09-18-1967)

WONDER WORKING POWER (Neville Goddard 02-03-1969)

FREE OR SLAVE (Neville Goddard 10-07-1966)

FEED MY SHEEP (Neville Goddard 7-01-1956)

THE GAME OF LIFE (Neville 3-7-1969)

THE SECRET OF PRAYER (Neville Goddard 10-06-1967)

WALK ON THE WATER (Neville 06-20-1968)

RAZEN IMPUDENCE (09-27-1968)

THE FIRST PRINCIPLE (Neville Goddard 6-9-1969)

POWER CALLED "THE LAW" (Neville 4-21-1969)

BELIEVE IT IN (Neville Goddard 10-6-1969)

SEEDTIME AND HARVEST (Neville Goddard 1956)

THE ART OF DYING (Neville Goddard 03-23-1959)

Made in the USA
Monee, IL
17 February 2023